不想青史留名，只想獨自

！

淹沒於歷史的「配角」

白痴皇帝 × 失蹤進士 × 無為御醫 × 終身賤民

歷史不全是凱歌和掌聲，
還有許多未留名的默默無聞！

張程 著

當史家只寫勝利的英雄、差點勝利的英雄、慘烈死亡的英雄，
那些淡泊一生籍籍無名，只願安穩過活的「小人物」卻乏人問津，
難道史書沒有著墨，就代表沒有價值、不夠優秀？
世上多的是只過著小日子的小人物！

勝利者書寫歷史，失敗者——成為歷史。

目錄

目錄

宋茲甫：世間再無宋襄公

周襄王十四年（西元前六三八年）十一月初一，凜冽的北風呼嘯在冬日的大地上。

泓水北側，宋茲甫統帥宋國軍隊搶先列好陣勢，等待著楚國南蠻大軍的到來。雙方約好在此廝殺。遠方的天際線上揚起了塵土。茲甫靜靜地聽著軍旗獵獵的飄揚聲，感受夾雜其間的大地的顫動，任由思緒蔓延向十幾年前……

十四年前（周襄王元年），父親御說把宋茲甫叫到病榻前，要把國家託付給他。茲甫真心誠惶誠恐，他雖是嫡子，但自認才能遠在庶出的哥哥宋目夷之下，懇求父親傳位給目夷。父親嘆了口氣，把大兒子目夷也叫了過來。目夷叩頭哭訴：「弟弟能把國家讓給我，這不是最大的仁嗎？我品德趕不上弟弟。況且廢嫡立庶，不合禮制。」御說猶豫期間，目夷逃往衛國躲了起來。第二年春，御說去世，茲甫繼位，請回哥哥目夷，任為國相。

茲甫繼位後，頗想有一番作為。宋國出自商朝王裔。周滅商後，以商朝舊地置宋國，封末代商王紂王之庶兄微子啟為宋國公，統領商朝舊民，定都商丘。傳到茲甫，已經是第二十代了。茲甫看到「禮崩樂壞」，周王室日漸衰微，戎狄蠻夷侵擾華夏，而諸侯熱衷征伐，強大吞併弱小。戰爭頻發，百姓苦不堪言，茲甫等貴族也覺得荒唐難堪。茲甫與其他有心改變的貴族不同，他既是前朝天子貴胄，又是現實中的諸侯上公，有理想也有實力撥亂反正。繼位後，茲甫積極參與諸侯會盟，熱

心恢復大一統的和諧與榮光，與一切不合禮制、危害中原諸侯和禮制道德的亂象抗爭。比如，春秋首霸齊桓公暮年，諸公子爭位，齊國大亂。齊桓公活活被餓死乃至屍蟲爬滿屍體也無人問津。茲甫邀請諸侯共同護送流亡宋國的齊國太子昭歸國繼位。雖然只有衛國、曹國、邾國三個小國響應，茲甫還是毅然殺向齊國，扶持太子昭繼位。又比如，宋襄公扣押了行為非禮的滕宣公，又將鄫國國君當作祭品祭祀睢之神，發兵包圍曹國。因為宋君熱心為公且小有所成，衛、邾、曹、滑等若干諸侯國聚集到了宋國周邊。

茲甫自我感覺聲名鵲起，而齊桓公之後霸主空缺，便想效仿齊桓公，會合諸侯稱霸，協調天下進止。目夷勸諫道：「宋乃小國。以小國之力會合諸侯，禍患將至。」但他不聽。

周襄王十三年（西元前六三九年）春，茲甫召集諸侯在鹿地盟會。前來的大國只有齊、楚。齊國是東方強國、前任霸主，雖經內亂，實力仍遠超宋國。「南蠻」楚國跨地千里，帶甲武士數以萬計，北伐之勢咄咄逼人。茲甫卻自顧自地以盟主自居，劃定各國勢力範圍。齊君姜昭因宋國對自己有扶立之恩，隱忍不發，但此後再未參加任何宋國召集的盟會；楚王芈惲參會本為打探中原諸國虛實，鹿地盟會期間同宋國虛與委蛇。茲甫都毫無察覺，反而認為霸主地位已成，又自作主張，召集諸侯當年秋天在盂地再次盟會。他計劃在盂地會議上，讓諸侯簽訂盟約，收拾亂局、重塑秩序。

茲甫感覺自己正向著人生的巔峰衝刺，其實他正迅速從峰頂跌落。

赴會盂地前，目夷提醒茲甫楚人毫無信義，勸他帶兵參會。茲甫震驚了：一場以禁止使用武力或以武力相威脅為宗旨的盟會，怎麼能攜帶軍隊前往？況且，盟主以信義服人，率領軍隊赴會，成何體統？茲甫斷然拒絕，反而為了阻止目夷搞小動作，拉上目夷一同赴會。

盂地大會，參會有宋、楚、鄭、陳、蔡、許、曹七國。後五國看宋、楚兩國態度行事。茲甫滿心歡喜地羅列盟約，楚王羋惲都點頭讚許。到了簽約環節，羋惲一躍而起，要署名為盟主。茲甫反對，認為宋國是上公，理應為盟主。羋惲說，按爵位論，楚國是王，更應為盟主。茲甫直斥「楚王」是僭越自封的，周天子封授楚君的只是「子爵」！羋惲哈哈大笑，揮揮手，場外埋伏的楚軍蜂擁而入，將茲甫拘為階下囚。其他諸侯順勢尊楚王為盟主。

茲甫蒙受的羞辱還只是開頭。楚王羋惲抓住茲甫後，本想乘虛直取宋國。不料，目夷已經乘亂逃回商丘，組織抵抗。楚軍強攻的成本會很大。羋惲又想殺掉茲甫，但群臣擔心此舉犯眾怒。可釋放茲甫，羋惲又不甘心。可憐的茲甫淪為了牢籠中的雞肋。

雄心善謀的羋惲很快想出了向魯國「獻捷」的把戲。魯國是宗室周公的封國，地位特殊，有權代表周王接受獻俘獻捷。於是，多年不向周王進貢的楚國，突然向魯國獻捷。其實便是將五花大綁的茲甫，招搖過市，送到魯國。魯國姬申是位明白人，給雙方都預備了臺階。姬申緊急邀請諸侯在薄地相會，請求楚國釋放茲甫。楚國當眾把茲甫批評訓斥一番後，順水推舟予以釋放。可憐的茲甫在這一出尷尬表演中充當了一個可憐兮兮的丑角。

茲甫的過人之處在於，儘管顏面喪盡，心中理想之火依舊炙熱。目夷迎接他回國復位後，茲甫繼續致力於恢復前朝的秩序，維護諸侯的榮耀，用力更猛、用情更深。劍戈首先對準了鄭國。鄭國與周王室同宗，卻諂媚南蠻楚國。茲甫難以忘記盂地大會上鄭君提議羋惲為盟主的那副嘴臉。於是，茲甫不顧目夷勸阻，於周襄王十四年夏天，聯合衛、許、滕三國軍隊討伐鄭國。鄭國求救於楚國。羋惲率軍直接攻宋以救鄭。茲甫回軍。雙方軍隊在泓水相遇……

耳邊傳來目夷急促的聲音，茲甫一下子從回憶中回到了現實。他定睛一看，泓水南岸的楚軍正在渡河。目夷建議：「楚兵眾而我寡，不如趁楚軍渡河未半，突擊滅之。」茲甫不假思索，斷然拒絕：「仁義之師怎能趁人渡河而擊？」是啊，茲甫的目的是恢復仁義道德，消滅恃強凌弱現象。使用自己反對的方式，即便達到了目的，也是沒有意義的。

小半時，楚軍渡過泓水，在水邊抓緊列陣。目夷再次建議：「楚軍陣型穩固，我們便難以戰勝了。趁現在楚軍列陣未成，掩殺過去還有勝算。」茲甫再次斷然拒絕：「君子不困人於厄，不鼓不成列。趁人不備而殺之，更是不道德的。」目夷嘆息而退。

楚軍列陣完成，甲胄鮮明。戰車前出，戰馬刨地低吼；堅盾環繞，方陣長矛如林。

茲甫抬頭仰望一下天空，陽光刺眼，浮雲散去。莫名的信心溢滿茲甫的胸膛。他堅毅地注視前方，猛地拔出佩劍，高喊：「仁義！」茲甫驅動馭手，身先士卒，衝向楚軍。國君的戰車，猶如射出的箭鏃，引著宋軍跟進，迎接他們的是楚軍的車陣、盾牌陣和如刺如林般的戈矛利刃……一場廝殺，宋軍幾至全沒。率先入陣的茲甫，車毀倒地，腿部中箭，陷身重圍，賴得目夷拚死相救，才領著少數殘兵逃回商丘。

泓水之戰成了貴族時代的謝幕之戰，茲甫不幸擔當了那個悲壯的拉幕之人。

商丘城內，目夷等大臣埋怨茲甫一再錯失勝局。茲甫朗聲說道：

君子不重傷，不禽二毛。古之為軍也，不以阻隘也。寡人雖亡國之餘，不鼓不成列。

「重傷」意指繼續加害傷者，「二毛」指頭髮花白的老人，不趁人之危、不欺負老者是君子的基本素養。而不以險要地形取勝、不擂鼓進攻未成列的敵人，則是君子行軍打仗的準則。身為前朝天子後裔，茲甫自然以君子自居，不為追求勝利而敗壞規則。不擇手段達成目的，君子不齒。茲甫深深自豪於自己是時代的貴族。先秦時代是貴族的時代，世官世祿，貴族群體壟斷了政治權力。政治制度與宗法制度高度重合，天子為天下大宗，分邦建國，諸侯為小宗，雙方存在明確的權利與義務關係，進而推廣至卿、大夫和士人。西周王朝在此之上茁壯發展，數百年來持續融合周邊，撫育萬民。茲甫深信這套周禮是完美的，是有效的。他自豪中原華夏族的文化與道德優越於蠻夷戎狄，對後者侵蝕中原痛心疾首，以夷變夏，禍伏其中；他堅信禮法與道德是天下和諧的根基，對於兵戈四起弱肉強食痛心疾首，禮樂崩壞，天下何在？自己乃上公國君，有匡扶天下、去濁揚清之責，使中原重歸盛世，為宋國摘取榮光。這難道不是貴族天經地義的永世擔當嗎？

茲甫是一個合格的貴族。一個合格的貴族心中時刻裝著：規則、責任、尊嚴、榮光等等。規則為其中最重者。它是貴族群體給天下設計的藍圖，是諸侯言行的準則，也是每個人安身立命的法則。貴族之責，在捍衛規則體系，它要優於謀取勝利與財富。茲甫自然清楚按照目夷的建議，宋軍勝算很大；也清楚敵強我弱，正面衝鋒沒有勝算。然而，真照著目夷的建議去做了，自己不就推翻了自己的堅持，淪落為蠻夷的同類了嗎？貴族的榮光，就來源於這份「明知不利而為之」的堅持。再落魄的貴族，也不會俯身撿拾地上的黃金，更不會接受嗟來之食；再富裕的暴發戶，也可能為了一點蠅頭小利喜形於色。真正的貴族，為自己、也為他人堅守道德與規範，表率社會發展的方向。

茲甫的所作所為，不能說錯。他錯在機械僵化地奉行原則，空喊仁義口號。但是，實踐層面的差錯，不能掩蓋精神的光芒。茲甫的悲劇，在於他遭遇了新舊規則交替、貴族精神沒落的春秋亂世。僭越、欺凌、

謀殺、滅國……是這個時代的常態，茲甫以為天經地義的尊王、攘夷、恭謹、禮讓……反而成了異態。春秋滅國者數以十計，禮樂征伐自諸侯出。時人追求的是結果，為了達成目的而謀劃過程。目夷便毫不客氣地指出：

兵以勝為功，何常言與！必如公言，即奴事之耳，又何戰為？

在目夷看來，勝利是戰爭行為的評價者，勝者為大，成王敗寇。為了取勝，哪還講什麼規則？在傳說為姜太公所著的春秋戰爭條例《司馬法》中，戰爭觀是「以仁為本，以義治之」「爭義不爭利」。典型的戰爭場景是「結日定地，各居一面，鳴鼓而戰，不相詐」。茲甫恪守的就是這套戰爭法則。他不知道，同時代有一個叫孫子的人正在寫另一本兵書《孫子兵法》，開宗明義即指出：「兵者，詭道也！」戰爭是沒有常規的，為了取勝可以行使各種陰謀詭計。兵法的主要內容就是教人使詐。茲甫估計會對《孫子兵法》嗤之以鼻，但千百年後華夏後代基本都知道孫子及其兵法，卻沒幾個人知曉《司馬法》了。更讓茲甫痛心的是，貴族精神日漸淡薄，不僅淡出了戰場，也淡出了政治甚至社會。堅持「仁義道德」的人，被人們看作是迂腐的人、幼稚的人、不可靠的人，往往成為政治鬥爭的失敗者；而深謀遠慮、複雜多變的人，更容易成為英雄豪傑。後人逐漸沒了內心的堅守、精神的法則，崇尚「識時務者為俊傑」，見機行事、應時而變，無非是出於利益考量，重私利而輕公義，貪小得而昧大道最終複製出一群群唯利是圖、精緻利己的同類。茲甫和他的時代，正在被歷史車輪無情碾軋進大地。

泓水之戰後第二年（周襄王十五年，西元前六三七年）夏，宋茲甫因箭傷惡化，不治而死，謚號「宋襄公」。從此，宋國一蹶不振，深陷三流小國的泥潭，古代再無宋襄公式的政治人物。

耿恭：大漢帝國在西域

東漢永平十八年（西元七五年）三月，西域絕域孤城，遠離中原萬里。

戈壁炙熱，大地顫抖。校尉耿恭扒在金蒲城（地在今新疆吉木薩爾縣）的牆頭，看著北匈奴左鹿蠡王率領的兩萬騎兵將城池包圍得水洩不通。匈奴馬匹揚起的黃塵，遮天蔽日，頃刻間覆蓋了這座漢軍駐守的小城。

耿恭率領的駐軍只有區區數百人，離金蒲城最近的友軍在千里之外。

敵我兵力對比懸殊，形勢危如累卵，城中不免騷動。幾天前，匈奴人大舉進犯鄰近的車師國。車師是降附漢朝的屬國，耿恭毫不猶豫地派司馬領兵三百人前往援救，不料中途遭遇匈奴埋伏，全軍覆沒。北匈奴大軍迅速攻破車師，殺國王降服其國，繼而轉攻金蒲城。耿恭不畏危難，召集剩下的守軍動員說：

南越殺漢使者，屠為九郡；宛王殺漢使者，頭懸北闕；朝鮮殺漢使者，即時誅滅。前代陳湯鎮西域，有言：「明犯強漢者，雖遠必誅！」我光武帝光復大漢，重整西域，以金蒲、柳中兩城為柱梁。金蒲雖小，不容有失。我們在，西域尚存；我們敗，西域將不復為漢家所有。我們就是大漢！

言畢，耿恭帶頭整肅戎裝，登牆迎戰匈奴攻城。敵我對比過於懸殊，幾百名駐軍肯定擋不住兩萬敵人的車輪戰，只能智擋，不能硬扛。耿恭下令大家在弓箭上塗抹毒藥，預先向敵人喊話：「漢家神箭，其中瘡

者必有異。」匈奴人不信。漢軍紛紛射出毒箭。中箭的匈奴人傷口處止不住流血，大為驚慌。入夜，戈壁天氣驟變為暴風雨，耿恭帶領數百漢軍在風雨夜色掩護下偷襲匈奴大營，「殺傷甚眾」。經此兩役，匈奴人驚恐地哀嘆：「漢兵神，真可畏也！」潰敗而去，金蒲城之圍遂解。

耿恭出身於東漢初年的開國元勛扶風耿氏。祖父是早期歸附劉秀的隃糜侯耿況，伯父是位列雲臺二十四將前茅的大將軍耿弇，耿家算是世代將帥、滿門衣冠。但是耿恭的父親耿廣早逝，家族的光芒並沒有給予耿恭多少蔭庇，成年後的耿恭還是需要為前程打拚。西漢曾設置統轄天山南北的西域都護府，經過王莽之亂，中原王朝對西域的控制力大減。北匈奴重入西域，掌控諸國。永平十七年（西元七四年），站穩腳跟的東漢王朝嘗試重新經營西域，派遣軍隊降服車師等國。耿恭以司馬身分，隨軍出征。事後，東漢重設西域都護府，任命陳睦為西域都護；耿恭為戊己校尉，屯西域天山北的金蒲城；關寵並列為戊己校尉，屯西域天山南的柳中城（今新疆鄯善縣），各派駐兵馬數百人。

東漢投入西域的資源有限，而北匈奴自然不會放棄西域，在第二年就傾注精銳鐵騎來爭奪失地。耿恭在金蒲城取得勝利，並不能扭轉大局。耿恭預料到抵抗匈奴將是一場持久戰，趁著戰爭間隙尋找一個有利的據點，以備堅守。他選定疏勒城（地在今新疆奇臺縣）為新據點。疏勒城城邊有溪流水源，可以固守。永平十八年（西元七五年）五月，耿恭率軍轉移到了疏勒。

耿恭等人備戰疏勒，準備迎戰四面八方湧來的敵人，同時等待援軍。

遺憾的是，後方自顧不暇。當年六月，依附匈奴的焉耆、龜茲兩國攻打西域都護陳睦，陳睦全軍覆沒。同時，柳中城陷入北匈奴重圍，自顧不暇。耿恭的疏勒城和關寵的柳中城成了黃沙汪洋中的兩座孤島，望眼方圓數千里之地，不是匈奴敵人，就是匈奴的附庸國。

七月，北匈奴重整旗鼓，圍攻疏勒城。短兵相接失利後，匈奴人堵絕城外溪流。漢軍在疏勒城中掘井十五丈，仍不出水，很快陷入困境。官兵焦渴睏乏，甚至擠馬糞的汁來飲用。如此下去，疏勒城將不戰而破。耿恭虔誠地跪地禱告上天：「我們為國守城，如果上天不滅大漢，就賜給我們井水吧。」說完，耿恭帶著大家奮力挖井運土。突然，奇蹟出現！泉水湧出，眾人齊呼萬歲。象棋中的「耿恭拜井」，典出於此。耿恭還從城上向下潑水給匈奴人看。匈奴人大感意外，認為是上天護佑著漢軍，快快而退。

八月，匈奴人捲土重來，還裹挾著車師的軍隊一道進攻疏勒城。耿恭率軍繼續抵抗。敵人一波又一波地蜂擁而上，又如潮水般一次又一次地退去。疏勒城中有人怒吼，有人怨恨，有人哀嚎，也有人墜入永夜。但碩大的「漢」字大旗始終在城牆高處獵獵作響。

匈奴轉而常駐城外，打消耗戰，耗盡疏勒城的糧草，餓也要餓死漢軍。起初，由於車師王后是漢人後裔，王后時常暗中送些糧食接濟漢軍，還將敵情告訴耿恭。可惜個人接濟杯水車薪，幾個月後疏勒城糧盡。城內顆粒無存，又無草木鳥獸可以充饑。耿恭帶領殘存的上百名官兵，戰鬥意志絲毫沒有衰落，用水煮鎧甲弓弩，咀嚼其上的獸筋皮革充饑。耿恭和士兵們同甘共苦，奮戰在先，休息在後。全城將士有死志無二心，無奈饑餓的戕害是實實在在的，數日後陸續有戰友死去，數量日漸增多，最後只剩下了數十人。

匈奴單于推斷耿恭已陷絕境，派遣使者去招降耿恭。匈奴給出的條件是：「若降者，當封為白屋王，妻以女子。」孤城殘兵，匈奴能給出如此優渥的條件，是對耿恭等人英雄氣概的變相褒獎。務實而言，匈奴勢力已經蔓延天山南北，一座孤城，數十餓卒，對匈奴的統治沒有實質影

響。但只要耿恭他們還在，東漢王朝的西域都護府就在，大漢帝國的光芒就在。匈奴單于是用顯爵美色與耿恭交換那一面旗幟。

耿恭佯裝應允，引匈奴使者進城，親手將他殺死，然後在城頭用火炙烤使者屍體。圍城匈奴兵丁莫不膽寒。千年之後，南宋岳飛將此典故寫入慷慨激昂的〈滿江紅〉：「壯志饑餐胡虜肉，談笑渴飲匈奴血。」

單于聞訊大怒，增派兵力圍攻疏勒城。城池巋然不動。匈奴圍城更加緊密……

一年多過去了，這支孤軍依然釘在疏勒城。耿恭等人每一天都登牆眺望東方，希望祖國軍隊來援，漸漸地眺望本身成為希望。登高望遠，就有一線希望；遠處有大家的故鄉和親人，有城頭旗幟所代表的朝廷，當然也有生的希望。一天，一位年輕的士兵問耿恭：「校尉，朝廷還記得我們嗎？」耿恭堅定地回答：「記得。朝廷記得每一支隊伍。」小夥子又問：「中原今年是永平幾年啊？」這一回，耿恭無言以對。

朝廷確實知道西域還有大漢孤軍堅持奮戰，之前，關寵遇圍時遣使向朝廷求援。但中原也的的確確換了年號。西域大戰爆發的八月，漢明帝駕崩，新君漢章帝繼位。東漢朝廷新舊交替，遲至十月才商議西域問題，此時耿恭浴血奮戰已經整整半年多了。

漢章帝時期的國力遠遜於西漢中期，朝廷並無大規模經營西域的實力與意願，尤其是在之前的嘗試遭遇失敗以後。因此，多數大臣反對出兵西域。其中一條重要理由是：事隔半年，朝廷的孤軍還在嗎？還有人提出：為了區區幾百人，犧牲成千上萬人去救援，值得嗎？唯獨司徒鮑昱力排眾議道：

今使人於危難之地，急而棄之，外則縱蠻夷之暴，內則傷死難之臣。此際若不救之，匈奴如復犯塞為寇，陛下將何以使將？

每一位為國家浴血奮戰的戰士，國家都不應該忘記。方如此，國家才有威望，天下才有保障。年輕的漢章帝為鮑昱的陳詞所說服，決意救援西域殘軍。一場「萬里拯救袍澤」的行動就此拉開帷幕。朝廷派酒泉太守秦彭、謁者王蒙、皇甫援徵發張掖、酒泉、敦煌三郡以及鄯善部隊，共七千多人，西出玉門關，救援柳中城而去。

建初元年（西元七六年）正月，秦彭等人進至柳中城。此時，關寵已經在先前的殘酷戰鬥中陣亡。漢軍進一步進擊車師國，與匈奴人鏖戰，斬殺三千八百人，俘虜三千餘人。北匈奴驚慌而逃，車師再度投降東漢。出師成果不可謂不顯著，王蒙等人打算就此罷兵東歸。

王蒙麾下軍吏范羌，原本是受耿恭所遣前往敦煌郡領取本部過冬寒衣的部屬，如今加入救援大軍重回故地。他堅持要求繼續去援救耿恭：「同是袍澤，兄弟們在前方生死不知，我等豈可畏難而退？」將領們不願前往，就分出兩千兵馬交給范羌行動。

范羌從當地人口中得知疏勒城有緊張戰事，但傳聞是幾個月前的事了，戰友們是否還活著？從柳中至疏勒的千里長途埋伏著多少匈奴人？援軍一無所知。范羌依然義無反顧地踏上征途，經由山北之路去接耿恭「回家」。時值寒冬，西域的冬天飄起大雪，范羌和兩千援軍艱難跋涉在一丈多深的積雪原野中，沒有補給，沒有後方，只有惡劣的自然和無知的危險。他們望見疏勒城傷痕累累的城牆時，已經衣衫襤褸、精疲力竭了，不像援軍，更像等待救援的殘兵。

那是一個春寒料峭的夜晚，疏勒城頭的哨兵發現雪地裡有一批黑黝黝的身影，緩慢靠近城門。哨兵趕緊報警。耿恭叫醒百戰餘生的勇士們，大家收拾起雪地裡的武器，迎接最後的戰鬥。「敵人」越來越近，耿恭發現這是一支同樣殘破不堪、步履蹣跚的隊伍，似乎走的每一步都很勉強。真奇怪！匈奴人搞什麼名堂？耿恭下令準備戰鬥，突然傳來一

句虛弱卻清晰的呼喊：「我范羌也。漢遣軍迎校尉耳。」

片刻沉寂之後，城中爆發出吼聲，打碎沉寂的夜。吼聲此起彼伏，最後變為整齊劃一的齊呼萬歲。疏勒城門洞開，內外眾人擁抱致禮、痛哭流涕。戰士在哪恪盡職守，祖國就去哪迎接他們回家。

兩支隊伍來不及休整，第二天便一道返回東方。算范羌在內，耿恭所部只餘二十六人踏上歸途。歸途一點都不亞於戰場，他們跨越幾千里沒有支援、沒有朋友的荒漠雪野，隨時準備與層出不窮的匈奴追兵激戰，邊戰邊走，終於在三月抵達了東漢帝國最西部的邊關 —— 玉門關。

從疏勒城出發的二十六人，沿途陸續英勇陣亡、凍餓而死，抵達玉門關時只剩下了十三人。史稱「十三勇士歸玉門」。

玉門十三勇士留下姓名的只有：耿恭、范羌、石修、張封，其他九名普通士卒湮沒無聞，沒能留下名姓。十三人「衣屨穿決，形容枯槁」，在玉門關得到了英雄凱旋般的待遇。中郎將鄭眾為十三人安排洗浴，更換衣帽，並上書朝廷說：

> 恭以單兵守孤城，當匈奴數萬之眾，連月踰年，心力困盡，鑿山為井，煮弩為糧，出於萬死，無一生之望。前後殺傷醜虜數百千計，卒全忠勇，不為大漢恥，恭之節義，古今未有。宜蒙顯爵，以厲將帥。

朝廷提升耿恭為騎都尉，任命所部司馬石修為洛陽市丞、張封為雍營司馬，任命軍吏范羌為共縣縣丞，其他九人都授予羽林之職。耿恭孤懸鏖戰之時，母親不幸去世。耿恭回來後，補行喪禮。漢章帝特地派五官中郎將饋贈牛和酒解除喪服。

耿恭抵達洛陽後，司徒鮑昱上奏稱，耿恭節操超過蘇武，當封爵厚賞。耿恭與蘇武，都深陷敵國，忠貞不屈、堅忍不拔，讓大漢榮光閃耀匈奴，歷經千辛萬苦才回歸祖國。蘇武歸國後封關內侯，恩寵無比。朝廷只是提升耿恭為騎都尉，一年後（建初二年）再升任長水校尉。兩人歸朝後的待遇相差巨大。與蘇武所處的西漢中期不同，漢章帝時代的朝廷關注重心在內政，在如何重塑西漢輝煌，而不在開疆拓土，不在重返西域，因此宣揚對外作戰的典型的動力不足。更重要的原因在於勛貴豪強是東漢建立的支柱，卻是承平時期帝王打壓的重點。耿恭恰恰出身開國勛貴扶風耿氏家族。他本人雖然沒有多少門蔭，但是耿氏其他宗支權勢猶存，漢章帝斷不會再主動增強耿氏勢力。統而論之，耿恭節操不遜蘇武，卻注定不會有蘇武那般恩遇，甚至沒有得到東漢朝廷的宣傳，以至於「玉門十三勇士」的英雄事跡快速湮沒，如斷線風箏滑進深深的歷史隧道。

耿恭的後半生，也很快無聲無息。

朝廷將耿恭當作普通將領，使用在與西北少數民族的戰爭中。建初三年（西元七八年），東漢發動對西部羌人部落的征戰，出征將領中就有耿恭。耿恭斬殺、俘虜一千多人，迫降羌人十二部落共數萬人。耿恭在戰場上功勞卓著，卻在為人處世方面存在缺陷，得罪了出征羌人的主帥馬防。馬防是皇太后之兄，權勢熏天，「位愈九卿，班同三府」。很快就有人彈劾耿恭不留心軍事，桀驁不恭。朝廷將耿恭罷官，逮捕回洛陽，關入監獄，不久遣送原籍。

此後沒有發生東山再起的傳奇，也不存在造福鄉里的故事，耿恭老死家中。他是一位被忽視的英雄。忽視之深，以至於後人連他準確的生卒年份都不知道。

郝普：東吳邊緣人

西元二三〇年，是吳國的黃龍二年，在魏國是太和四年，入蜀漢則成了蜀興八年。

建業城的吳國廷尉署來了一個年輕人。二十二歲的隱蕃，自帶光芒，從北方青州南投孫吳，除授為廷尉監，前來上任。

隱蕃正處於閃耀的頂峰，一舉一動吸引眾人的目光。建業城內盛傳，隱蕃是青州的世家子，家學源遠且聰慧勤奮，加之儀表堂堂、口若懸河，真真是英姿雄發，前程不可限量。這樣的人才，不辭艱辛，投奔吳國，是朝野矚目的「歸義」之舉。吳大帝孫權並沒有立刻召見他。或許，孫權將隱蕃當作普通的投誠者。隱蕃的過人之處在於能夠讓性情剛硬的孫權很快便易容接待。他主動上書說：

臣聞紂為無道，微子先出；高祖寬明，陳平先入。臣年二十二，委棄封域，歸命有道，賴蒙天靈，得自全致。臣至止有日，而主者同之降人，未見精別，使臣微言妙旨，不得上達。於邑三嘆，曷唯其已。謹詣闕拜章，乞蒙引見。

奏章開篇即貶魏文帝曹丕為商紂王，抬高孫權為漢高祖，而隱蕃自比微子、陳平。而他們所處的時代，無不是革故鼎新、英雄輩出的時代。寥寥幾筆便將身處的時代類比為大破大立的機遇時期，閱者不禁好奇：機遇何在？言者又有何高見？然而，隱蕃並不鋪陳開去，而是自述非一般降人，要求面談。進取心旺盛的孫權立刻召隱蕃來談。會談的具體內容，外人自然無從得知，但是廷尉署和朝野諸人一般都流傳隱蕃在

君上面前指點江山、陳述政見；侃侃而談、雄姿英發，君上拍案叫好，當即委任其為廷尉監。

如此英才赴任廷尉署，上下官吏都覺與有榮焉。時任廷尉大人郝普熱情接待、寒暄勉勵之餘，對隱蕃尤其有好感。郝普原以為年輕人缺乏實際政務的歷練，安排隱蕃來廷尉署應該是觀政考察，以備大用。接觸幾次後，他驚喜發現隱蕃不僅對天下大事瞭然於胸，對廷尉執掌的司法刑獄也頗有見解，且待人接物謙恭有禮，絲毫沒有後起之秀咄咄逼人之勢。郝普頗為驚喜。只是，如此英才怎麼會安排到略顯邊緣的廷尉署呢？

郝普好奇打探君上安排隱蕃來本官署的深意。從宮中各處匯聚來的消息，讓他的內心飄來了厚厚的烏雲。原本，君上孫權對隱蕃非常滿意，有心重用。他詢問陪同接見的老友、右領軍胡綜的意見。胡綜回答：「看隱蕃的上書，語氣誇大，很像東方朔；觀隱蕃的表現，靈敏擅辯，很像禰衡，但是論起才幹都比不上兩人。」孫權又問可以授予什麼官職，胡綜建議：「浮誇之人不可治民，不過可以在京城安排一個小職位觀察時日。」孫權想起隱蕃剛就刑獄發表了一番議論，便任用隱蕃為廷尉監。顯然，郝普的判斷與胡綜是截然相反的。他隱隱覺得這位君上的心腹，總有壓制才俊、排斥異己的嫌疑。那是一種多麼熟悉的苦澀味道啊。

每位公卿大臣，在成熟、穩重的表象之下，都隱藏著屈辱、受傷、不甘與激憤。數不清的錘煉摔打造就了壓制一切的平靜如水。只不過，再過人的情緒控制能力，也有不能及之處，滑動著負面情緒的蛛絲馬跡。有的人，是將自身遭受的苦難不公施加到下級與晚輩身上，成為頑疾的捍衛者和醜惡的加害者；有的人，則想透過肅清權限範圍的不公、減輕年輕俊才的困難，來彰顯過往的錯與惡……

郝普在隱蕃的身上看到了自己的過往。

郝普的家並不在江東，而是千里之外的荊州義陽（今湖北棗陽）。他和隱蕃一樣，是東吳的降人，也和隱蕃一樣，才華橫溢、年少成名。和隱蕃不同的是，郝普青年時代即出仕荊州，青雲直上，直至零陵（在今湖南永州）太守。當時荊州的統治者是劉皇叔劉備。在荊州士人群體中，劉皇叔風評極佳，挾赤壁大勝曹操之雄風，招攬本地士人聚匯麾下。荊州便成了劉備陣營發展壯大的根據地，荊州士人也成了劉皇叔統治的基本盤。他們支持劉軍進占了巴蜀，事業如日初升、噴薄而上。回想起短暫的零陵歲月，幾十年後的郝普還能感知到當日的意氣風發、彼時的指點江山，彷彿全滅曹賊、重振漢室的榮光正在向自己招手。自己的前途，將沐浴在偉大征程的光芒之下，自太守由刺史、將軍、公卿，終將封侯拜相。

建安二十年（西元二一五年），夢突然碎了。

夢碎的場景，郝普把它深深掩埋在心底深處。好幾次深夜人靜難以入眠，思緒已經來到了記憶掩埋地的周圍，他也刻意扭頭而去。那是他畢生最不願觸摸的傷痛。可是，隱蕃的到來，迅速照亮了他的心底，曝光了苦痛的記憶。

有兩個仇人，矗立在郝普的苦痛之上。他終身不能原諒！

一個是呂蒙。當年，孫權毀約，發兵奪取劉備的荊州。劉軍主力遠在巴蜀，荊州空虛。孫軍大將呂蒙率兩萬兵士進攻取長沙、桂陽，二郡不敵而降。呂蒙乘勝渡過湘江，撲向零陵。郝普手下將不滿十、兵不過千，但決心做個忠臣，招募民壯，堅守城池，等待劉備援軍。他在焦慮忐忑之中，等待一場血腥鏖戰的到來。

在焦慮的等待之中先來到零陵的，是第二個仇人鄧玄之。當時，鄧玄之尚且是郝普的摯友。鄧玄之並不避諱自己是呂蒙的說客。呂蒙進軍途中路過酃縣，徵召居於當地的鄧玄之。鄧玄之在一個夜晚趕赴孫軍營

壘，來到呂蒙的營帳時正趕上他連夜招集將領，布置攻城。軍事會議散後，呂蒙對鄧玄之說：「郝子太（郝普的字）聞世間有忠義事，亦欲為之，而不知時也。劉備在漢中，和魏軍纏鬥廝殺，難以回援荊州，而我主孫權親自率軍來攻，攻城略地、連敗劉軍，這都是你親眼目睹的。劉備首尾倒懸，救死不給，豈有餘力顧及零陵？今我軍士卒精銳、援兵相繼於道，郝子太命在旦夕，卻還在奢望救援。我大軍兵臨城下，零陵孤城必破！城破之後，郝子太身死何益於事，而令家中老母戴白受誅，豈不痛哉？」鄧玄之深以為然，入城轉告郝普。郝普內心頓起波瀾，前途、家人、性命等等都成了考量因素。權衡之事一多，恐懼擔憂慢慢占據了郝普的心頭。零陵地處邊彊僻壤，山嶺環繞，難道就是我郝普的葬身之地？荊州眼看便要落入孫權之手，劉備陣營前程黯淡，群雄逐鹿，結果難料。

人生兜兜轉轉，無非是在叢林迷宮中做出一個個選擇。選擇決定命運。郝普熬不過鄧玄之的反覆規勸，決定投降。

翌日，郝普大開四門，自己奉印出降。郝普剛一出城，呂蒙預先安排的四名將領，各帶百人，馬上搶入城門，迅速占領了零陵。郝普來到吳軍營壘，呂蒙笑臉相迎。寒暄之後，呂蒙拿出孫權的緊急文書給他看。郝普遲疑了一下，接過來閱讀。幾眼過後，巨大的不適差點讓他背過氣去，又瞬間將他打擊得僵在原地。這是呂蒙昨日剛收到的告急文書。原來：劉備得知孫權大舉進犯，緊急從成都趕到荊州長江南岸的公安督戰。大將關羽南下爭奪三郡，前鋒進至益陽。孫權一邊派遣萬人屯駐益陽抵擋關羽，一面緊急傳令呂蒙放棄零陵，回師增援。呂蒙的可怕之處，也是可恨之處，在於他的執著，在於他的急智。呂蒙硬是壓下孫權的告急文書不表，找出了鄧玄之，演了一場戲，騙了鄧，更騙了郝普。

郝普原本可以等不遠處的關羽大軍趕來救援，成就自己的「忠名」，更得前途的「實利」。卻中了呂蒙的詭計，成了獻城的降人！郝普「慚恨入地」，羞愧自己的意志不堪一擊，痛恨自己的動搖和輕信、恨呂蒙的奸詐狡猾。一旁的呂蒙只顧拍手大笑，這更讓郝普慚恨羞恥。幸福的光輝在這一刻，永遠從郝普的人生中褪去了。

呂蒙智取零陵後，撤換郝普，另委他人善後，自己即率軍赴援益陽。孫劉雙方最終達成以湘江為界，平分荊州的協議。故鄉恢復均勢，郝普卻難以回到前路，留在了孫吳陣營為官。三國時期有一個突出的現象：戰爭的張力、分裂的縫隙，最終都匯聚到了荊州這塊土地。最大規模的戰爭——赤壁之戰爆發於此，戰後曹劉孫三家分占荊州；孫劉再經白衣渡江、夷陵大戰，孫權完全吞併劉備的領地。時代亂象凝結於此，荊州人承擔了更多的不幸。荊州士人四分五裂，各尋其主，相互敵友，命運多舛。譬如，郝普的家鄉為曹魏所占，他得遇於劉備，大半生卻出仕孫吳。

大半生的仕途表面上位列公卿、風風光光，底下的清冷寒意只有郝普自己知道。亂世之中，朝堂公卿輕如狗，地方太守、刺史才是實權人物。孫吳政權還有一個特殊情況，它植根於軍事征伐集團，兵權是權力的來源。將領、大族擁有部曲，部曲的多少通常決定軍政職務的高低，而且常是世襲的。而郝普既沒有地方實職履歷，也沒有獲頒部曲，始終如油浮水一般漂在東吳朝堂之上。兩漢以來，廷尉署在政體中日趨邊緣，如今又逢亂世，郝普更有門廳蕭索，漸有無公可辦的窘況。

突如其來的隱蕃，給廷尉署帶來了熱議，也在郝普的心裡掀起了波瀾。同是降人，同是東吳的邊緣人，同樣在年輕時才華橫溢、指點江山，他不希望隱蕃在冷衙門裡耗盡時光，希望看到隱蕃平步朝堂、青雲直上。隱蕃的成功，一定程度上就是郝普的成功，就是對現有權力格局無聲卻有力的抨擊。

郝普公開表達對隱蕃的讚賞：「蕃有王佐之才」，還時常嘆息隱蕃屈才埋沒了。隱蕃也沒有讓他失望，出眾的辯才和耀眼的交際能力獲得了建業城一片稱讚。許多人以結交隱蕃為時尚，其中不乏東吳豪門，包括左將軍朱據、衛將軍全琮。朱、全兩位出身於東吳政權的支柱家族，手握兵權，他倆對隱蕃的肯定，讓青年明星的聲譽如日中天。隱蕃府裡賓客滿門，門前車水馬龍。不過，光芒之中也有黑斑。少數官員就不和隱蕃來往，如太常潘濬和羊衜、楊迪等。郝普難以理解，羊衜、潘濬和自己一樣，都來自荊州，都是東吳朝堂的邊緣人，為什麼就不結交隱蕃呢？最費解的是，潘濬聽說兒子、騎都尉潘翥和隱蕃應酬交往，勃然大怒，寫信責罵：

吾受國厚恩，志報以命，爾輩在都，當念恭順，親賢慕善，何故與降虜交，以糧餉之？在遠聞此，心震面熱，惆悵累旬。疏到，急就往使受杖一百，促責所餉。

「志在報國自然沒錯，但也不必直呼隱蕃為『降虜』吧？如果隱蕃是降虜，我郝普何嘗不是，你潘濬也何嘗不是？有必要做得這麼決絕，讓兒子把已經饋贈給隱蕃的禮物都拿回來嗎？你還打你兒子一百杖，我看，該挨打的是你潘濬！」一想到這個潘濬，郝普便渾身不自在。他對隱蕃的激烈反應，令人費解；他在東吳的作為，更令人驚訝。潘濬是荊州土著，武陵郡漢壽縣（今湖南漢壽）人，蒙劉備提拔為荊州治中從事。呂蒙白衣渡江，東吳全占荊州，劉軍將吏紛紛投降，但是潘濬稱病不出。而孫權單單就看上了潘濬，親自慰勞有加。潘濬涕淚交下，孫權掏巾幫他拭去淚水。至此，潘濬北向稱臣，孫權任命為荊州治中，荊州事務常向他諮詢。他是少數在東吳政權中擔任地方實職且掌握軍隊的荊州人，留在荊州鎮壓南蠻。黃龍元年（西元二二九年），孫權稱帝，任命潘濬為少府，進封劉陽侯，後遷任太常。與郝普同列公卿久居朝堂不同，潘濬則浸淫江湖，長期與大將陸遜屯駐武昌，協理荊州事務。

郝普對潘濬的態度，費解之餘夾雜著羨慕嫉妒。三國政權各有基本盤。曹魏的基本盤是曹操起兵的「元從集團」曹氏、夏侯氏家族，及緊隨加入的穎川、汝南士人組成的「穎汝集團」；劉備的基本盤是關羽、張飛、趙雲等元從集團，及流亡入川的「荊州集團」，郝普原本也是荊州集團的一員；孫權的基本盤是周瑜、魯肅、黃蓋等父兄的老人和以張、朱、顧、陸為代表的「江東大族」。隨著各自老人和元從們的逝去，後者掌握了三國的實權，邊緣群體要想在各家政權中分享實權，要加倍付出，且未必得償所願。主導群體的強勢和黨同伐異，也給邊緣人造成了無處不在的不適。潘濬能在江東大族的壟斷格局中搏出一方天地，過人之處和備極艱辛，自不待言。他對兒子的激烈訓斥，並且有意將書信泄露出來，其中的謹慎郝普可以理解，其中的自我貶低，郝普覺得沒有必要，平添自己的尷尬與苦澀。可憐人何必為難可憐人？

在漣漪蕩漾的朝堂北邊，是東吳和曹魏對峙的前線。兩國沿著荊北、江淮一線反覆爭奪襄樊、合肥、壽春等據點，多年來各自難有突破。魏軍略占優勢，且居高臨下，一心劍指長江。東吳抓住魏軍心理，在西元二二八年實施了一起成功的誘敵深入。時任鄱陽太守周魴詐降，致書曹魏的淮南主將曹休，表示願意納土歸降，請魏軍南下接應。曹休喜出望外，輕易揮師，孤軍深入，結果在石亭遇伏，幾乎全軍覆沒。曹休事後慚恨而死，魏軍的爪子隱隱作痛。三年後的黃龍三年（西元二三一年）十月，又一封降書傳遞到了淮南的魏營。這是東吳的中郎將孫布寫的。孫將軍在信中表示要率部歸降，請魏軍上將王凌南下接應。這是不是又一個騙局呢？

王凌立功心切，寧可信其有不可信其無，遲疑之後揮師南下。前方等待他的，不是孫布投誠的軍隊，而是孫權佈下的重重伏兵！

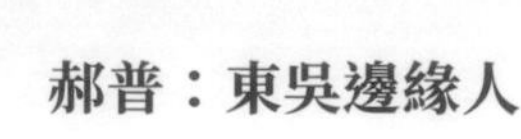

東吳政權將計畫中的伏擊戰視為扭轉江淮戰局的重要機會，孫權高度重視，親自督戰。在緊張而興奮的氣氛中，它成為了一個公開的祕密流傳在建業城的官寺衙署，很快傳到了隱蕃的耳朵裡。

隱蕃大驚！他和孫布一樣，都是詐降。隱蕃的真實身分是魏明帝直接指派到南方的間諜，執行反間之計，離間東吳君臣及豪門。魏軍即將進入東吳的口袋，隱蕃怎能袖手旁觀？而此時，王淩大軍已經南下，隱蕃派人向他告急，不僅沒有聯絡的管道，時間上也不一定來得及。危難見忠誠，隱蕃決定犧牲自己，在東吳首都建業發動武裝叛亂，希望能打亂東吳的部署，引起王淩的警覺。

這注定是一場自殺式的叛亂。隱蕃事先毫無準備 —— 他的任務是反間而非叛亂，倉促之下率領奴僕沖出家門，鼓噪、放火。他不求成功，只求鬧出聲響。果然，城內吳軍迅速戡亂，鎮壓了叛亂，隱蕃逃亡不成成了階下囚；果然，「都城有變」的警報傳遞到了吳軍前線，進而傳到了魏軍那邊。王淩對孫布投降一事本就無確實把握，一聽聞風吹草動，立刻撤軍北返。東吳伏兵無功而返。

孫權恨恨而歸後，親自審訊隱蕃。武士押著隱蕃上殿，孫權說：「何乃以肌肉為人受毒乎？」意欲誘導隱蕃招出同黨。隱蕃說：

孫君，丈夫圖事，豈有無伴！烈士死，不足相牽耳。

言罷，隱蕃至死閉口不答。好一句「烈士殉難，不能去牽連別人」，卻是最大的牽連。它充滿想像與猜疑的空間，對於多疑的孫權而言，極可能是開啟殺戮的根源。隱蕃雖死，牽連的大臣極多。之前與之交好的朱據、全綜諸人都為孫權所猜忌，去職閒置，或解除兵權。細思之下，隱蕃臨死前，還在忠實執行離間的使命，可謂是忠誠盡職的曹魏間諜。

受到衝擊最大的是隱蕃的上司、之前高調稱讚隱蕃的郝普。孫權倒不覺得郝普是叛黨，而是當面痛罵郝普的無知、無能：

卿前盛稱蕃，又為之怨望朝廷，使蕃反叛，皆卿之由！

眾目睽睽之下，郝普不知自己是如何回的家。他失魂落魄地癱倒案几之側，聽見噗通噗通的心跳和沉重發燙的呼吸。郝普終於能夠理解潘濬的謹小慎微和高調示弱了。他承認潘濬確實在自己之上，早就把自身處境和突圍之道看得通通透透的。

郝普冥冥之中又想起了之前的好友，後來斷了聯繫的糜芳。郝普在劉備陣營是零陵太守，糜芳則是重要得多的南郡太守。糜芳還是劉備的小舅子。糜家本是徐州富豪。劉備入據徐州時，糜竺、糜芳兄弟便傾盡家產、奴僕資助劉備，還將妹妹嫁為劉妻。糜家是劉備陣營的元從集團之一，跟隨劉備顛沛流離。但在孫軍突襲荊州時，糜芳也投降了。類似的經歷，讓郝普和糜芳在建業一度走得很近。

身為原劉備陣營的核心成員，糜芳遭受了更多吳人的鄙視。一次，糜芳乘船出行，遇到東吳大臣虞翻的船。糜芳的船工想要虞翻讓開，喊道：「迴避我們將軍的船！」虞翻厲聲喝斥：「失忠之人，憑什麼侍奉君主？獻城敗將，何以妄稱將軍？」糜芳默默躲進船艙，關上船窗，讓虞翻先過。又一次，還是虞翻。他乘車經過糜芳營地，因營門未開，車馬不能通過。虞翻又說道：「應該打開的門關閉著，應該關閉的門卻打開了。」糜芳再次不發一言。此後便很少與人走動，即便與郝普等舊友也漸漸不通音訊了。郝普如今多少能體味糜芳的沉默。糜大人，你現在何處，近況可好？我是一點都不好。

原來，只有自己渾渾噩噩地生活在茫然之中，如同肆意生長的野草，成不了氣候還遭人嫌棄。罷了罷了，案几上恰好擺有佩劍，郝普一把抓過……郝普「見責自殺」。這四個字是《吳書・胡綜傳》的記載，郝普的生平還在《吳書・呂蒙傳》、《蜀書・楊戲傳》中有所提及。

司馬孚：大魏純忠之臣

甘露五年（西元二六〇年）五月的一天，洛陽城風雨如晦，雨水傾盆而下，沖刷著街道上的鮮血。

當天，魏帝曹髦不滿司馬昭專政，率宮人討伐司馬昭，於宮門處為司馬氏爪牙所殺，史稱「甘露之變」。風雨聲很好地掩蓋了廝殺聲，現在似乎要繼續掩蓋曾經發生過的事件本身。洛陽城裡的貴族官宦也像雨水一般，在緊張思索如何洗去突發事變對自己的影響。司馬昭之心路人皆知，反對司馬昭，連皇帝都必死無疑，沒有人會站在死去的君王一邊指責權臣。於是，百官不敢奔赴，任憑曹髦的屍體躺在露天，風吹雨打。

風雨中，只有一位鬢髮斑白的老人，衝到現場。他跪在曹髦屍體旁，把年輕皇帝的頭顱枕在自己大腿上，失聲痛哭：「殺陛下者，臣之罪！」空曠的場地上，這一聲自責蓋過了風雨聲，傳到很多官民耳朵裡，一直流傳到千百年後……

五年後，泰始元年（西元二六五年），司馬昭的兒子司馬炎正式篡奪曹魏的天下，建立西晉王朝。魏末帝曹奐被貶為陳留王，遷出皇宮居住。辭舊迎新之際，眾臣逢迎新主人，沒人會去恭送舊君王。自古只聽新人笑，誰人顧得舊人哭？這是情理之中的事，也是臣工自保之術。因此，曹奐出宮場面十分冷清，老奴哀嘆、瘦馬氣喘。

淒涼中，又是五年前的那位老者，鄭重趕來。他沒去朝賀新皇帝登基，而來恭敬迎送廢帝出宮，還拉著廢帝的手流淚道：「臣死之日，固為大魏純臣也。」亡國之時，有人如此高調的宣誓，可算是王朝最佳的輓歌。

這位老者就是司馬孚。

司馬孚到底是何許人也？為什麼敢在新政權車輪滾滾駛來之際，逆「潮流」而動？更奇怪的是，司馬孚竟然能安然而退！

司馬孚如此作為，最大的資本就是他崇高的輩分。晉朝皇室源於河內司馬氏。東漢末期，河內溫縣人司馬防，歷任洛陽令、京兆尹、騎都尉，生有八子，依次為：司馬朗、司馬懿、司馬孚、司馬馗、司馬恂、司馬進、司馬通、司馬敏。

八子中最為早成的是老大司馬朗，從小見識不凡，為曹操闢為司空屬官，官至兗州刺史，於征討東吳時不顧軍中時疫，親自視察、派送醫藥，不幸染病去世，享年四十七歲。曹操對司馬朗讚譽有加，繼而陸續招用司馬懿、司馬孚等兄弟。司馬孚首先以東漢官員的身分，踏入仕途。他先是擔任曹植的文學掾，對年輕氣盛的曹植多有規勸；遷為太子中庶子，成為曹丕的屬員。曹操逝世時，司馬孚隨同曹丕在鄴城。消息傳來，曹丕與群臣「相聚號哭，無復行列」，悲痛至極。司馬孚則勸諫曹丕整頓禁衛，抓緊繼位。他臨危不亂，沉穩務實的作風深得曹丕賞識。曹丕建政後，司馬孚累官至黃門侍郎、加騎都尉；魏明帝時又任度支尚書，負責國家財政；正始年間受封昌平亭侯，拜尚書令，成為宰輔高官。

曹魏王朝有厚恩於司馬孚，司馬孚也把最精彩的時光、最漫長的歲月奉獻給了曹魏王朝。

司馬孚人生最大的變數，來自於他的二哥司馬懿。

司馬懿是曹魏核心權力圈的成員之一，捲入了與曹氏宗親的殘酷鬥爭。一度大將軍曹爽擅權，司馬懿失勢。三弟司馬孚審時度勢，韜光養晦，「不視庶事，但正身遠害而已」。正始十年（西元二四九年），司馬懿發動「高平陵之變」，趁曹爽和皇帝曹芳離開洛陽去謁陵之際，發兵控制洛陽，誅殺曹爽及其黨羽。在這場二選一的政變中，司馬孚站在了二哥一邊。畢竟，一邊是自己的骨肉至親，一邊是要迫害自己家族的他姓人。這個選擇在情理之中。在兵變中，司馬孚與侄子司馬師一起屯兵司馬門，控制洛陽進出要道。但是，他不是政變的策劃者。司馬懿、司馬師父子才是。事後，司馬孚以功封侯，加侍中。

之後數年，司馬家族似乎便是曹魏王朝。司馬孚分不清是在為國效力，還是替自家分憂。他督師在揚州前線擊退了東吳二十萬大軍的進攻，也曾坐鎮關中，指揮諸軍應對蜀漢姜維的北伐騷擾。嘉平三年（西元二五一年），二哥司馬懿去世。兩個侄子司馬師、司馬昭先後接任大將軍，執掌大權。司馬家族在朝野勢力日漸膨脹，司馬孚也愈加尊榮。

事難全遂，月盈則虧。尊榮之下，司馬孚存有難以名狀的隱憂。直到嘉平六年（西元二五四年），司馬師廢皇帝曹芳，立高貴鄉公曹髦為帝。雖為至親，但司馬懿父子行事，事先並未商訊司馬孚。如果說高平陵政變尚有你死我活的爭鬥，那麼司馬孚認定司馬師廢黜曹芳純粹別有用心。基本的政治敏銳讓司馬孚明白，自己家族開始超越權臣的界限，朝著謀朝篡位的危險方向前進了。可他究竟是司馬家族中人，平素行事又謹慎低調，難道還出面制止不成？

司馬孚只能用細小的行動來委婉表達態度。曹芳被廢后，垂涕與太后分別後出宮，「群臣送者數十人，太尉司馬孚悲不自勝，余多垂涕」。在悽慘悲涼之中，司馬孚完成了第一次無聲的反抗。第二次便是曹髦遇害，司馬孚在風雨中的失聲痛哭。然而，這些抗爭都不能阻止司馬家族代魏建晉。咸熙二年（西元二六五年）十一月，侄孫司馬炎迫皇帝曹奐退位，自稱皇帝，建立晉朝。司馬家族彈冠相慶，一躍而成皇族。而司馬孚又不合時宜地去與曹奐拜辭。此次的拜辭不同於往常，彼時是曹魏天下，此時卻已是大晉王朝了。儘管如此，司馬孚還是痛哭流涕，說出：

臣死之日，固大魏之純臣也。

後人多有批判司馬孚偽善，諸如惺惺作態、大偽似真、大奸似忠等等。魯迅先生在《古小說鉤沉》中的〈裴子語林〉部分記載：

景王（即司馬師）欲誅夏侯玄，意未決間，問安王孚云：「己才足以制之否？」孚云：「昔趙儼葬兒，汝來，半坐迎之；泰初後至，一座悉起。以此方之，恐汝不如。」乃殺之。

夏侯玄反對司馬家族，誅殺他的決定看似是司馬師決策的，細究起來卻是司馬孚推動的。因此「魏之純臣」沒有什麼值得誇耀的。嚴格而論，司馬孚還曾經是「漢臣」呢？

司馬孚「三代老臣」的身分，是沒法洗刷的。但是他的內心肯定經歷過掙扎。改朝換代之時，別人面臨的是忠義與私利的選擇，司馬孚多了一份國與家的糾結。一邊是骨肉至親，是自己的晚輩侄子、孫子，一邊是為之奮鬥了大半輩子的曹魏的江山社稷，選擇哪一邊司馬孚都是艱難的。要他以死相抗甚至公開與全族至親為敵，實在是要求太高了。司馬孚沒有以死為曹魏盡忠，也沒做出對司馬家族有害之舉，這是一個人在複雜環境中做出的情理之中的選擇。

選擇決定命運。而歷史人物面臨選擇之時，壓力隨處交錯、考量錯綜複雜，再夾雜個人好惡情緒，實在沒有一個可以量化的分析體系。

晉朝代替曹魏的過程，是司馬家族的集體奮鬥事業。「在漫長而充滿政治風險的亡魏成晉事業中，整個司馬氏家族逐步凝結成了一個一榮俱榮、一損俱損的政治共同體。家族內的各個房支中都曾為帝位的取得做出過貢獻。」司馬孚自然出過力，但肯定算不上積極。相反，他的「小動作」更值得玩味，對家族的影響也是負面的。

晉朝建立後，司馬孚年老輩高，是晉武帝司馬炎唯一在世的祖父輩尊長。司馬炎對他十分尊寵，封司馬孚為安平王，食邑四萬戶，進拜太宰、持節、都督中外諸軍事，又賜予雲母輦、青蓋車。晉朝「邑二萬戶為大國」，為了顯示對司馬孚的尊重，安平國封四萬戶，為最大的諸侯國。每次朝會時，司馬孚乘車上殿，皇帝司馬炎反而降階相迎。就座後，司馬炎親自獻酒祝壽，以家人之禮對待。皇帝每次祝酒下拜，司馬孚也都下跪來制止。

西晉以大封宗室聞名。晉初所封的二十七王之中，若以司馬懿這一輩來確立房支，共有六個房支的成員受封為王。司馬孚一支數目最盛，其房支一共有十人封王，除司馬孚本人之外，尚有七子（望、輔、晃、環、珪、衡、景）二孫（分別為司馬望之子洪、楙）封王。緊隨其後的才是司馬懿一支，有九人封王。《藝文類聚．職官》記載了這曠古絕今的盛況：

獻王（司馬孚）一門三世，同時十人封王，二人世子父，位極人臣，子孫咸居大官，出則旌旗節鉞，入則貂蟬袞冕，自公族之寵，未始有也。

司馬孚雖見尊寵，不以為榮，常有憂色，至死以魏臣自稱。泰始八年（西元二七二年）司馬孚臨終，遺令：

有魏貞士河內溫縣司馬孚，字叔達，不伊不周，不夷不惠，立身行道，終始若一，當以素棺單槨，斂以時服。

「不尹不周」出典《漢書》，指的是王莽身為宰輔不做周公、伊尹，而謀取代。司馬孚用在此處是自責，身為曹魏老臣，卻沒有盡責，也暗含將司馬氏代魏看作王莽篡位的意思。「不夷不惠」出自《法言》，分別指伯夷、柳下惠，不夷不惠就是「不屈其意，不累其身」，不違背自己的心意侍奉新主，也不過於偏執導致身死族滅。這是司馬孚的人生自我總結。

當年，司馬孚薨，享年九十三歲，在古代是極為長壽的。

司馬炎在太極東堂舉哀三日，下詔：「王勛德超世，尊寵無二，期頤在位，朕之所倚。庶永百齡，諮仰訓導，奄忽殂隕，哀慕感切。其以東園溫明祕器、朝服一具、衣一襲、緋練百匹、絹布各五百匹、錢百萬，谷千斛以供喪事。」司馬孚葬禮規格，比照東漢東平獻王劉蒼的舊例。劉蒼是東漢早期的皇室尊長。

司馬孚家庭遵照遺囑，對晉武帝司馬炎所賜器物，一不施用。而司馬炎兩次御駕親臨葬禮，親拜盡哀；司馬孚下葬時，司馬炎又親臨都亭，望靈柩而拜，哀動左右。朝廷給司馬孚的葬禮配置鑾輅輕車、介士武賁百人、吉凶導從二千餘人，前後鼓吹，配饗太廟。用備極哀榮，無以復加來形容司馬孚的葬禮，絲毫不為過。

司馬孚死後，其子孫很快不復往日的尊榮。司馬孚在世，因為輩分極高，司馬炎不好發作；司馬孚故去，司馬炎將對其「大魏純臣」的不滿全都打擊報復到了子孫身上。

泰始九年，司馬孚孫子司馬隆繼位為安平王，但司馬隆不久去世，死後因無子國除。咸寧三年，司馬敦繼位為安平王。當年，司馬炎調整諸侯分封，諸侯王國普遍增邑，安平國卻被降為次國，僅食一萬戶，是此次調整受影響最大的諸侯國。安平國由盛轉衰。

慕容超：最後的大燕皇帝

西元三八四年，是殺戮無常、命如草芥的魏晉南北朝亂世的一年。

涼州張掖郡的監牢中又多了一批冤魂。太守下令處死聚居在郡城中的一戶鮮卑人。哀嚎聲、抽泣聲塞滿了監牢的每一處空氣，一個叫納的鮮卑男子緊緊拽住幾個年幼的兒子，不願分離，劊子手惡狠狠地把他們父子往牢門外拉。身子脫出牢門之際，納深情回望了一眼縮在監牢牆角瑟瑟發抖、滿頭白髮的母親公孫氏和身懷六甲的妻子段氏。

另一邊，獄吏呼延平正在向太守力保公孫氏和段氏。兩個老弱婦人——段氏還懷有身孕，不會威脅官府，相反，真正威脅官府的是屠戮公孫氏和段氏後彰顯出來的官府殘暴不義。張掖太守覺得有理，同意將兩位女眷收監待命。呼延平暫且保住兩人性命後，又策劃了劫獄！獄吏將管下人犯劫救而去，稱得上是驚世傳奇。亂世多奇事，誠然如此。

呼延平帶上家小，護著公孫夫人和段氏，遁入羌人所居的蠻荒之地。

在羌地，段氏生下一子，取名為超。

超，這個遺腹子，奔跑在山山壑壑、蠻夷雜居的貧瘠之地，如野草般勃發，如白雲般散漫。也如同野草、白雲一樣，羌人的孩子們過著山林草木一般不為人知、自生自滅的一生，過早地承擔生活的重擔，無奈地品味著貧苦的煎熬，或者乾脆死於權勢者的徵發、爭鬥與擺布，最後也同草木那般化為塵土。公孫氏、呼延平等的日子也不富裕，還是需要為生計操勞，但他們盡最大的努力讓小孩子衣食無憂。超，漸漸發現自己和周邊的羌族朋友們不同，在夥伴們早早低頭伏身生計之時，他繼續

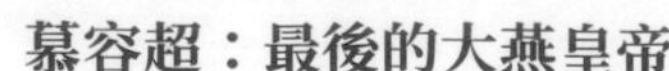

無憂無慮地奔跑。

人生不是單行線，不可能沿著一條路徑慣性到底。超的無憂歲月在十歲時戛然而止。當年，老祖母公孫氏病逝。臨終，公孫氏將愛孫叫到跟前，吐露了他的身世：超全名慕容超，出身於昌黎棘城（今遼寧義縣）的皇室貴胄 —— 慕容氏。慕容超是大燕太祖慕容皝之孫、烈祖慕容儁之侄。公孫氏即燕太祖的妃子，育有慕容納、慕容德兩個兒子。

慕容氏是魏晉南北朝的梟雄家族，子孫繁衍眾多，且人才輩出。慕容皝就生子數以十計，父子四處征戰，統一了華北大部。可惜強強相斥、同胞猜忌，西元三七〇年，大燕國亡於前秦大帝苻堅。前秦優待慕容家族，苻堅任命慕容納為廣武太守、慕容德為張掖太守。幾年後，慕容納辭去官職，奔涼州張掖投靠弟弟慕容德。一家人團聚。沒想到西元三八三 年，苻堅南征東晉，意圖統一全國。慕容德告別母兄妻兒，隨征南下，將家眷留在了張掖郡。很快消息傳來，前秦大軍在淝水戰敗，帝國分崩離析，豪強軍閥四起。慕容皝之子慕容垂縱橫河北，恢復燕國。滯留軍中的慕容德也追隨這個同父異母的哥哥恢復故國。

消息傳到張掖，便引發了張掖太守處死慕容納父子及慕容德留在此處的妻兒。之前，慕容德任太守時，有恩於呼延平。呼延平知恩圖報，全力保下了公孫氏、段氏婆媳，並舍家護佑著慕容超流亡，後世視為一代義士。

十歲的兒童，顯然不能明瞭家世的曲折，不能理解祖父輩孜孜以求的復國夢想。公孫氏的臨終教誨，給孫子刻下了兩個印記，一是不能忘記自己是慕容家的子孫，是大燕的皇室貴胄；二是拿出珍藏的金刀傳給慕容超 —— 這是慕容德南征前留下的信物，囑咐說：「汝得東歸，當經此刀還汝叔也。」

公孫氏逝世後，呼延平帶段氏、慕容超母子奔入後涼。此時前秦已覆滅，呂氏家族割據涼州，建立了後涼政權。慕容超在後涼相對安全。呼延平一行人便定居後涼都城姑臧（今甘肅武威）。

少年慕容超關於姑臧的記憶很多，卻沒有一條與美好有關，而是充滿饑餓、死亡、毀滅。後涼政權建立不久即內外交困，戰火四起。末代君主呂隆透過骨肉相殘上臺，強權立威，但凡豪強、名門乃至宗親大臣不順己者，全部誅殺。後涼朝野內外人人自危，無心生產。尚稱繁榮的姑臧城內，百姓生活很快無法維持。饑餓感頻繁光顧慕容超的記憶。更可怕的在後面，後涼末期戰火燃燒到首都姑臧。青壯紛紛被硬拉入伍，兵丁肢體殘缺、痛苦而終等記憶也開始侵入少年慕容超的頭腦。在政權的最後時光，姑臧陷入後秦軍隊的重圍，出現了人吃人的地獄景象。十多萬百姓活活餓死，屍體散落城內各處，無人收殮，任由腐爛。空氣中瀰漫著惡臭。尚未餓死的百姓千方百計逃往城外活命。後涼末主呂隆擔心人去政亡，坑殺了幾百人，還是阻止不了零星的逃亡。後人無從得知剛剛成年的慕容超是如何逃過拉丁入伍、扛槍打仗的厄運，又是如何在餓殍遍地的姑臧城奇蹟般地存活下來的。

西元四〇三年，後涼亡於後秦。僥倖存活的慕容超跟隨呼延平、母親段氏一道，身為平民，踏上了遷往後秦都城長安的漫長旅途。黃沙漫道，千里移民。成為長安百姓不久，一代義士呼延平去世了。段氏做主，為慕容超娶了多年相隨的呼延平之女為妻。

呼延平死後，慕容超一家人失去了收入支柱。全家人向赤貧境地淪陷。長安城裡多了一個年輕的鮮卑乞丐，為了一口吃食，聽人吆來喝去；長安城裡多了一個年輕的鮮卑瘋子，為了莫名來由，四處瘋癲遊蕩。不知為何，有人得知了慕容超的身世。不過幾乎沒有人重視這個落魄貴族，反而增加了鄙視他、嘲笑他的談資。少數忠厚者扔給他一兩口殘羹冷炙。只有後秦大臣姚紹見而怪之，勸皇帝姚興授以爵位、優容牽制。姚興召見慕容超，面試審核。慕容超匆忙而去，見姚興後既收斂了瘋癲之態，又盡露對榮華富貴的貪戀。事後，姚興鄙夷慕容超，對姚紹說：「諺話說的『妍皮不裹痴骨』，一句荒誕話而已。」姚興認定慕容超不會有所作為，置之不理，任由他來去自由。

幾個月後，後秦發現慕容超不見了！

母親段氏、妻子呼延氏都還在長安，艱難度日。慕容超則不見蹤影，不知瘋到何處去了？

原來，叔叔慕容德得知哥哥的遺腹子尚在長安，派人來接慕容超。話說前秦亡後，慕容垂一度恢復燕國，統一華北大部，史稱後燕。不幸的是，新的霸主拓跋氏北魏已經崛起。燕魏決戰，慕容鮮卑主力喪盡，慕容垂英雄遲暮，抱憾而終。轉年，北魏大軍攻占後燕首都鄴城，將燕國斷為南北兩截。北燕收縮遼東，後為他姓篡奪。鎮守鄴城的慕容德，率南部殘餘進占河南滑臺，再轉進山東站穩腳跟。慕容德稱帝，定都廣固（今山東青州），延續了燕國血脈，史稱南燕。

慕容家族子嗣雖多，英才雖眾，卻在不斷的仇殺、內訌和對外征戰中消耗殆盡。慕容近支皇族幾乎為北魏殲滅，慕容德碩果僅存。而他的子女早已拋屍張掖，自己又年近古稀，沒有繼承人。由誰來延續國祚，成了燕國迫在眉睫的大事。親侄慕容超現身，慕容德喜出望外，再三禱告列祖列宗，慶幸上天不絕燕國。

出現在慕容德面前的青年，身軀高大、相貌堂堂，更重要的是血統純正。慕容超呈上金刀信物，敘說祖母遺言，慕容德撫摸著金刀，古稀之軀禁不住的顫抖、悲號。歲月造化、權力弄人，慕容家族為了燕國大業著實付出了太多、承受得太重。

南燕多了一位侍中、驃騎大將軍，慕容超並且襲封北海王——那原是燕國復國後追封慕容納的爵位。不久的建平六年（西元四〇五年），七十歲的慕容德去世，二十歲的慕容超即皇帝位，改年號為太上。

遺腹子、逃難、殺戮、饑餓、圍城、猜疑、生離死別……二十載磨難，換來了九五之尊南面稱帝。慕容超迎來了人生的大喜！

人生的歡愉冥冥之中早已標價，只是苦難的過往遮蔽了年輕的雙眼，慕容超南向而坐之時，沒有意識到皇權的需索正無情湧來。

每個人身處不同的社會環境，環境塑造了他的能力，框定了他的視野，設限了他的格局。人可以流動，卻是個長年累月的緩慢過程，短暫的身分變化、地位升降，不能說沒有成功適應的案例，但也猶如甘栗移植青藏、椰子北遷漠北一樣，成活者寥寥。

慕容超品盡了正常人所能經歷的一切苦難，也擁有正常生活的必要能力，甚至有超常的計謀、隱忍。可是，皇冠對承載之人的要求是異常嚴苛的。皇帝不僅要有過人的能力素養，還要有超凡的格局、視野和謀略，承受常人難以想像的壓力，做出常人難以企及的決策。可惜的是，驟得富貴的慕容超不具備這樣的內在素養，駕馭不了偏居山東一隅、在強敵環伺之中求生存謀發展的燕國大局。「南燕政權是由慕容德在後燕亡國之際率領慕容部殘餘以及部分世家大族在青齊地區共同創立的……在慕容德統治時期，執掌南燕軍政大權的主要是慕容鮮卑貴族，南遷士族的政治角色要麼充當近侍顧問，要麼承擔中央機構的底層行政工作，與政府高層決策無緣。隨著南燕政權的穩固，慕容氏統治者為了加強皇權，逐漸開始抑制士族勢力，對他們採取打壓政策……由於慕容超儲君之位的正當性在即位前就遭到部分慕容氏貴族與士族的質疑，因此，為穩固自身統治，慕容超即位後不久即啟用以公孫五樓為代表的私人勢力。這使得新權貴勢力在慕容超的支持下，與以慕容鐘、段宏和封孚等人為首的元老重臣之間的矛盾不斷激化，最終演變成慕容鐘聯合部分慕容氏宗族成員和青州大姓封氏等族聯合策劃的謀反活動。」慕容超的執

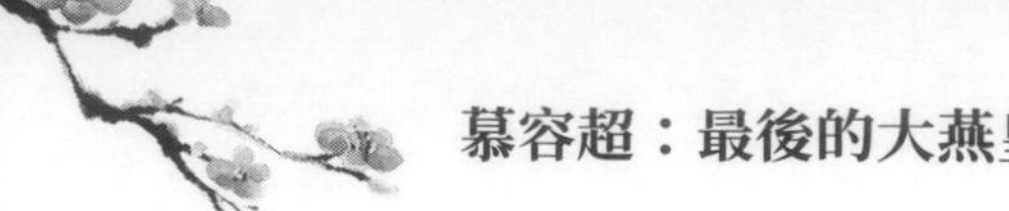

政，史書記載最多的就是用女樂從後秦換回來母親段氏、妻子呼延氏，其餘的時間和精力似乎都耗費在內部爭鬥上。

客觀而言，慕容氏諸位君王能力、表現都在均值之上。慕容氏還相當在意輿論公議。說明他們有底線、知敬畏，這在帝王群體中難能可貴。慕容德曾問文武大臣：「朕可比自古以來何等君主？」青州刺史鞠仲回答：「陛下中興國運，當比夏之少康、漢之光武帝。」慕容德喜形於色，當眾宣布賞賜鞠仲一千匹綢緞。厚賞如此之重，鞠仲連忙辭謝。慕容德說：「你拿話來調笑我，朕就不能調笑你嗎？你評價我的不是實話，朕也就虛言賞賜你。」中書侍郎韓范進言：「天子無戲言，今日之論，君主與臣下都不對。」慕容德斂容致謝，賞賜韓范絹綢五十匹。太上二年（西元四〇六年），慕容超也提出同樣的問題：「朕可比自古以來何等君主？」太尉封孚回答說：「桀、紂。」慕容超慚愧又氣憤，封孚緩緩而出，神色不改。司空鞠仲對封孚說：「怎麼能如此與天子說話？你應回去謝罪。」封孚說：「我已年過七十，只求死得其所！」封孚坦然而去，慕容超慮其聲望，寬容不予追究。

持敵對立場的《晉書》對慕容超評價很低：「不恤政事，畋游是好，百姓苦之。」

南燕殘破，地小財寡，支撐一個中央政權已經勉為其難。南燕與北魏的仇殺又持續不斷。慕容超錯誤地做出了轉向東晉擄掠人口和物資的決策。此時掌握東晉實權的是氣吞萬里如虎的一代梟雄劉裕。劉裕正欲立威篡權，北伐南燕就成了最合理的選擇。

太上五年（東晉義熙五年，西元四〇九年）夏，劉裕北伐南燕。慕容超不顧反對，放棄在南疆的大峴關布防，反而收縮主力在平地與晉軍決戰。劉裕率軍通過不設防的大峴關，笑稱已經勝券在握。果然，晉軍接連告捷，燕軍最終被壓縮在廣固城內。

姑臧圍城的經歷，慕容超在廣固再次品味。陷入重圍的日子越來越糟糕，城內一多半人都身患疾病。太上六年（義熙六年，西元四一〇年）正月初一，慕容超登上城門，召見群臣大加賞賜，並殺馬犒賞將士。寵姬魏夫人跟隨上城，目睹晉軍的強盛，握著慕容超的手，兩人相對哭泣。大臣韓規諫說：「陛下遭逢困厄，正是盡力抗爭之際，如今反而對著女子悲泣，多麼庸俗啊！」慕容超忙拭淚致歉。

尚書令董鋭勸說慕容超出降，慕容超憤怒地把董鋭投進監獄。尚書悅壽再次進諫：「天地不仁，助紂為虐，將士患病，日漸衰弱。如今困守孤城，外援絕望，上天的傾向已經相當明顯了。假使國運已盡，堯舜讓位，轉禍為福。皇上納城歸降，可保全宗族。」而慕容超恰恰是為了宗族考慮。慕容氏是驕傲的家族，建功立業已經融入他們的血液，對權勢的渴望和責任的堅守是他們的特性。慕容超拒絕了一切勸降：「興衰皆有天命。我寧願揮舞寶劍戰死，也不能銜璧投降求生。」

歲月曾經折磨慕容超，也曾經厚愛他、親吻他。一個人歷經人生的風雨悲歡，於彈盡糧絕命懸一線之際，依然堅持的就是他的真性情了。

不日城破，慕容超被俘。劉裕數說慕容超罪狀，慕容超神色自若，一言不發。只是在發現勝利者隊列中有曾經投降南燕、後來叛回東晉的劉敬宣，慕容超才開口，淡然將母親託付給劉敬宣。

南燕亡，慕容超押赴東晉首都建康（今江蘇南京），在街市公開受刑斬首，時年二十六歲。

對宏觀歷史而言，慕容超是劉裕揚名立威的配角；對慕容氏而言，慕容超是大燕王朝的最後一位帝王。慕容超無子嗣，無謚號，無廟號；他死後，慕容家族成為歷史長河的一個傳奇符號。

司馬德文：願不再生於帝王家

晉朝不幸，第二位皇帝和倒數第二位皇帝都是白痴。第二位晉惠帝司馬衷是著名的「何不食肉糜」的白痴皇帝；倒數第二位皇帝晉安帝司馬德宗殘障程度遠超司馬衷，他從生到死不會說話，不辨寒暑，不知飢飽，生活都不能自理。《晉書・安帝紀》承認「帝不惠，自少及長，口不能言，雖寒暑之變，無以辯也。凡所動止，皆非己出」。

政令非司馬德宗所出，倒不全是因為他白痴，而是晉安帝時期的東晉王朝軍閥林立、豪強並起，皇帝無一兵一卒，皇權幾乎衰敗到地底。先是桓玄攻占首都，篡位自立；緊接著，劉裕削平群雄，東征西討，朝野都清楚劉裕即將代晉自立。皇帝是不是白痴，其實並不那麼重要。

但是對於親人來說，司馬德宗畢竟是摯愛的親人。司馬德宗沒有子嗣，只有一個弟弟、琅琊王司馬德文。司馬德文一直在哥哥身邊照顧他，不全是料理哥哥的衣食住行，更是保證哥哥的人身安全。兄弟二人感情很好，同患難共命運。桓玄廢司馬德宗，司馬德文陪伴著哥哥遷往潯陽；桓玄敗死後，又一起遷到江陵，再由劉裕迎回建康，顛沛流離，朝不保夕。

桓玄死後，部將桓振躍馬奮戈，衝到皇帝面前，瞪眼怒喝司馬德宗：「臣桓氏一家有何辜負國家，要遭到朝廷的屠滅之禍？」司馬德文正在榻上陪伴瑟瑟發抖的哥哥，見事情緊急，下榻對桓振說：「這難道是我們兄弟的意思嗎？」這句話駁得桓振無話可說。的確，皇帝司馬德宗是個天下皆知的白痴，連話都說不全，更不用說屠殺桓氏家族了。桓玄爭

權奪利而死，與這兩個可憐的兄弟有什麼關係？

這一句話出自司馬德文之口，恰好是他一生的寫照。

義熙十四年（西元四一八年），劉裕急於篡位，密令黨羽中書侍郎王韶之買通司馬德宗左右侍從，要伺機謀害皇帝。司馬德文知道劉裕伺機謀害哥哥，而哥哥又不辨安危，毫無自衛能力，便天天隨侍於皇帝左右。司馬德文整日陪侍皇帝，一時讓王韶之等人無法下手。

年底，司馬德文突患急病，不得不暫離兄長就醫。王韶之乘機入後宮東堂，指揮黨羽用散衣結成帶子，將晉安帝司馬德宗活活勒死。司馬德宗時年三十七歲。司馬德文突然聽聞皇帝「暴病駕崩」的噩耗，痛哭失聲。他哭的不僅是兄長，還有東晉的國運。

劉裕殺死晉安帝後，懾於社會上有圖讖盛傳「昌明之後有二帝」。劉裕覺得時機還沒有完全成熟，人心對晉朝還有依戀，因此決定再等一兩年。他指使黨羽偽造遺詔，於當年年底改立司馬德文為皇帝，次年（西元四一九年）改年號為元熙。

司馬德文傳奇般的成為了皇帝。他很清楚自己只是一個傀儡。

皇帝一旦無權，便是任人擺布的傀儡、任人宰割的羔羊。

元熙元年正月，司馬德文為了表彰劉裕的「策立之功」，下詔晉封劉裕為宋王，將徐州、豫州、兗州、司州十個郡增劃為宋王封地。年底，司馬德文又允許劉裕佩帶十二旒的王冕，建天子旌旗，出警入蹕，乘金根車，駕六馬，備五時副車，置旄頭雲罕，樂舞八佾，設鐘虡宮縣；進封宋王親屬為太后、王后、太子，王子、王孫各有爵命。劉裕距離九五之尊只有半步之遙了。

第二年（西元四二〇年），五十八歲的劉裕迫不及待地要篡位。一生的征戰讓劉裕遍體鱗傷，身體情況並不好。劉裕相信，在生命的長跑中自己必然會輸給新皇帝司馬德文。因此他急於在有生之年稱帝。很快，中書令傅亮入宮，將事先草擬好的禪位詔書遞給司馬德文，讓他謄抄一份。敏感的司馬德文立刻就明白是怎麼回事了。

片刻的驚訝之後，司馬德文欣然允諾。他邊抄邊對左右說：「桓玄篡位之時，晉朝便已經亡國了。多虧劉公出兵平定，才恢復晉朝。我司馬家族繼續君臨天下近二十載，全賴劉公之力。今日禪位，我心甘情願，沒有任何怨恨。」司馬德文謄抄完詔書，交給傅亮，不待下文便主動攜同后妃等眷屬搬出宮去。傅亮隨即宣布了皇上禪讓的消息。

劉裕得知意料之中的消息後，依照慣例上表推辭。但是司馬德文早已經自去了帝號，搬進原來的琅琊王官邸居住。天下已經沒有皇帝，劉裕送上去的讓表也就沒有了呈送對象。相反，建康權貴豪門、文武群臣競相向劉裕上表勸進。新王朝的好戲開場了。劉裕稱帝，建立了宋朝，他就是宋武帝。

司馬德文被降封為零陵王，遷居秣陵縣城，由冠軍將軍劉遵考帶兵監管。新朝給司馬德文的待遇是：「全食一郡。載天子旌旗，乘五時副車，行晉正朔，郊祀天地禮樂制度，皆用晉典。上書不為表，答表勿稱詔。」表面待遇相當優渥：司馬德文不僅保持皇帝的待遇和禮儀不變，宋朝還規定零陵王在貴族百官中的排位是「位在三公之上、陳留王之下」。之所以將零陵王放在陳留王之後，因為朝野認為天下是先由陳留王所代表的曹氏傳給零陵王司馬家族，再傳給劉氏。後來，宋朝又規定「零陵王位在陳留王上」，給予了司馬家族特殊的禮遇。

遺憾的是，史載：「（遜帝）有其文而不備其禮。」遜帝的待遇是新王朝給的，更得由新王朝來落實。在司馬德文之前，中國歷史上有兩位禪位的皇帝：漢獻帝劉協、魏末帝曹奐。他倆的待遇都還不錯，但是司馬德文就沒有前輩那麼幸福了。劉裕一開始就沒打算讓司馬德文繼續活

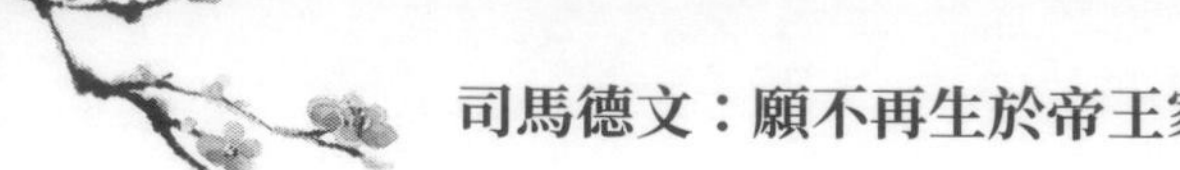

在世上。

劉裕常年征戰，養成了置對手於死地的習慣。對年近花甲的他來說，保留一位年輕的遜帝，危險異常。司馬氏篡奪曹魏江山，花費了數代人的精力，爭取了天下士族大家的支持。而劉裕的崛起只有短短一二十年，驟然奪取江山，根基不穩。劉裕擔心自己百年之後，根基盤錯的司馬氏復辟怎麼辦？所有一切決定了司馬德文必須死。

劉裕的黨羽監視著司馬德文的一舉一動，不放過任何一個可以下手的機會。

司馬德文皇后的哥哥褚秀之、褚淡之是晉朝的太常卿和侍中，在妹夫落難後迅速投靠劉裕，協助監視帝后。司馬德文的褚皇后在禪讓之時已經懷孕，遜位後生下一個兒子。劉裕認定這個剛出生的嬰兒是個潛在威脅，下達了暗殺令。褚秀之兄弟執行劉裕的命令殘忍地將剛出生的外甥殺死了。

歷喪子悲劇後，司馬德文夫婦心驚膽顫，日夜生活在驚恐之中。夫婦倆整天共處一室；一切飲食也都由褚皇后親自動手。劉裕爪牙一時無法下手。

永初元年（西元四二〇年）九月，劉裕命令曾任琅琊侍中，司馬德文原先的部屬張偉前去毒殺遜帝。張偉不忍心謀害故主，對劉裕又無法交代，在路上飲毒酒自盡了。

劉裕一計不成，又生一計，派遣褚淡之兄弟出馬。兩兄弟假意去探望褚皇后，士兵悄悄地跟隨在他們身後。褚皇后聽說兄長來了，暫時離開丈夫出門相迎。士兵們乘機越牆跳入司馬德文室內，將毒酒放在他面前，逼他速飲快死。

司馬德文搖頭拒絕說：「佛曰：人凡自殺，轉世不能再投人胎。」

幾個兵士一擁而上，將司馬德文按在床上，用被子矇住他的臉，用力扼殺了他。事畢，兇手跳牆而回。宋朝宣稱遜帝「暴斃而亡」。司馬德文死時才三十六歲。

司馬德文死後，劉裕對司馬皇室痛下殺手，幾乎夷平了全族，開了後世受禪之君屠殺遜帝及先朝宗室的惡劣先例。半個多世紀後，這個惡劣的先例又發生在劉裕的子孫身上，這恐怕是劉裕沒有料到的。

權臣蕭道成要代宋自立，無奈宋朝末帝劉準是一個十二歲的貪玩小孩，不知禪讓是何事。禪讓的進度一度停頓，蕭道成不得不動用軍隊逼宮。升明三年（西元四七九年）春，禁衛軍官兵在王敬則的率領下湧入宮中，大喊著「齊王當繼大位」的口號，逼劉準遜位。劉準正在一個小房間捉迷藏，嚇得不敢出來。禁衛軍逼皇太后親手把小皇帝從角落裡拽出來，官兵們架著劉準去完成「禪讓之禮」。劉準坐在飛速出宮的車上，於驚嚇過度後反而不哭了。他問王敬則：「你們要殺我嗎？」王敬則回答：「你要搬到別的地方住。你家祖先取司馬家的天下時便是如此作為。」劉準哭道：「願後身世世勿復生在王家！」

蕭道成建齊朝後，封劉準為汝陰王，位在三公之上，同樣給予了優渥的待遇。劉準搬離建康，在丹陽縣居住。當年五月己未，汝陰王府門外馬蹄聲雜亂。監視劉準的官兵以為有人想劫持劉準復辟，自作主張將十三歲的劉準殺害。劉準禪位後存活了不到一個月。劉準死後，蕭道成同樣將殘存的劉宋宗室不論年紀大小，一律幽殺。

魏晉南北朝時皇冠落地，天子遇害猶如屠戮牛羊一般，像一把把寒光閃閃的利刃，擺在龍椅上的後來者面前。

皇帝是沒有退路的，他的退路就是死路。一旦登上大寶，皇帝只有不斷鞏固手中的權力，扼殺任何潛在威脅，追求自己的絕對安全。這或許是中國皇權不斷強化的心理邏輯。

王義方：管不住嘴的人

大唐顯慶元年（西元六五六年），侍御史王義方在家宴請賓客。

數日前，王義方購入一處宅院。長安居，大不易，王義方為官多年才購宅安居，賓客們紛紛道賀。席間，他指著庭院中一株參天大樹，說這是一名貴樹種，價值不菲。房產交易時，買賣雙方都沒有意識到樹的價值，定價也未包含樹木。王義方想補給賣家差價。賓客們嘖嘖稱奇，其中一人說，王御史生活在雲端，不知道民間交易的慣例，房價本就包含庭院樹木，況且房產已經交割清楚，賣家無須補差額了。王義方覺得不妥：「此佳樹，得無欠償乎？」既然是嘉木，怎麼能無償獲取呢？事後王義方找到原房主，補上了四千錢。

席間，賓客們還談起了長安城裡的一樁奇案。

不久前，有一美貌婦人淳于氏因事入大理寺大獄。中書侍郎李義府貪圖淳于氏的美色，託大理寺丞畢正義枉法放出。李義府暗中納為側室。如此大膽操作，自然議論紛紛。高宗皇帝敕令給事中劉仁軌、侍御史張倫調查此事。誰料到，關鍵證人畢正義突然自縊而亡。劉仁軌、張倫以查無實據而草率結案，卻給長安城的街頭巷議平添了諸多「猛料」。

在王義方府上宴席中，賓客們的議論很快從案情本身，轉到了中書侍郎李義府身上。李義府比王義方大一歲，卻在不惑之年就榮登宰相高位。他的前半生仕途並不出彩，雖然早早進入高宗皇帝的潛邸晉王府擔任屬官，但在高宗繼位後僅升遷為中書舍人、弘文館學士，遠談不上位高權威。相反，宰相長孫無忌很討厭李義府，奏得皇上同意貶其為壁州

司馬，詔書都已寫成，就待第二天頒布。李義府提前探知消息，問計於同事王德儉。王德儉鑽研高層動態、揣摩皇帝心思，指點道：

「武昭儀方有寵，上欲立為后，畏宰相議，未有以發之。君能建白，轉禍於福也。」

高宗李治寵愛昭儀武則天，想以武氏取代王皇后。無奈武則天是先皇才人，又曾出家，歷史過於複雜，高宗對武則天的寵愛一直受到元老宰執長孫無忌、褚遂良等人的激烈而明確的反對，更不用說立為皇后了。李義府倒不如捅破這層窗戶紙，倡議立武則天為皇后，說不定能冒險轉危為安。李義府當夜即叩閣上表，盛讚武則天，請求廢立皇后。李治大喜，當即召見李義府，賜珠一斗。李義府貶官的詔書，自然作廢了。在李義府的倡議下，高宗李治終於在永徽六年（西元六五五年）堅持廢王立武。李義府因此贏得了皇帝寵信和武氏奧援，迅速發跡，拜為中書侍郎、同中書門下三品，封廣平縣侯，日漸飛揚跋扈，氣焰囂張。他私納囚犯為妾證據確鑿，對畢正義之死嫌疑重重，可滿朝官員「無敢白其奸」。

說者無意，聽者有心。王義方恰好正在猶豫是否揭發檢舉李義府。

王義方與李義府很熟。十多年前，兩人同為晉王府的屬官，年紀相仿又同處為官，自然走動不少。後來宦海紛紜，一個青雲直上，一個原地踏步。李義府位高權重後，沒有放棄與王義方的舊情，在王義方從地方縣丞調京任著作佐郎上提供便利，又在十多天前親自舉薦王義方榮升侍御史。這份幫助，不能說恩重如山，也讓王義方感佩在心。王義方清楚，李義府看重兩人的友情，也希望將他拉攏在自己的身邊。畢竟，新崛起的宰相很需要自己的人馬。王義方在政治上跟隨李義府，合情合理，前途光明，為何蹦出揭發檢舉的念頭呢？

因為王義方是御史，匡扶正義、激濁揚清是他的職責；更因為王義方性格剛正耿直，眼裡容不得沙子。《舊唐書》載王義方「謇傲獨行」，《新唐書》說他「性謇特，高自標樹」。兩處共同的「謇」字，是嚴肅、正直的意思。

儒家思想培育出了一批又一批剛正之士。儒家積極入世，教導關注現實，並且堅持原則。儒家的理想政治，高於個人命運，高於朝廷律令，高於統治者的好惡。信徒或在野或從政，都要踐行仁義道德等政治理想。李義府身為朝廷重臣，寡廉鮮恥為非作歹，顯然是儒家信徒抨擊的對象。王義方理應彈劾他。可是，道德說教與複雜現實，堅持原則與個人利益，往往不盡相符甚至相悖。恰恰是這種衝突，真正考驗一個人的本性。個人所做的抉擇，彰顯他的品性，也決定了他的命運。

王義方擔心彈劾李義府不會有結果。李義府聖眷正隆，勢力急速擴張，王義方與他為敵，勝券不大，斷送政治前途的可能極大。王義方沉吟良久，自言自語道：

「可取萬代名耶！循默以求達耶！」

一邊是遵循聖賢教誨，可以天下留名；一邊是和其他人一樣沉默以對，可以穩步升遷。王義方年過四旬，家小眾多，一度覺得沒有必要冒險。各家自掃門前雪，不惑之人種好自家一畝三分地、過好自家的小日子就行了，管什麼他人冤屈、是非曲直？匡扶正義的代價，為什麼要我來承擔呢？過了一天，王義方又想開了：

「非但為國除蠹，亦乃名在身前。」

彈劾之舉，不僅是為國除奸，更是堅持原則。不能因為愛惜身家利益而放棄原則。「名在身前」，名是名聲，更是原則，是人之所以頂天立地的精氣神。放棄了原則，就如同人抽掉了精神，和飛禽走獸有什麼區別呢？

可是，李義府權勢強盛，是不是暫避鋒芒、等待合適的時機再彈劾

呢？王義方也想過等到李義府開始失寵，或者他人群起攻之之際再行彈劾，到時候新帳舊帳一起算，而且勝算更大。除惡揚善，也要講究策略。轉念一想，如果李義府常年占據高位，沒有露出可以扳倒的破綻，難道就要一直蟄伏下去？難道就默視李義府繼續為非作歹，禍害良善，這和助紂為虐有何區別？沉默者是作惡者的幫兇。王義方更加堅定了彈劾之舉。

面臨勢必得罪權臣遭來的家庭禍患，孝順的王義方放不下的是老母親要跟著受苦。他向母親問計。母親深明大義，給了王義方堅定支持：

「昔王母伏劍，成陵之誼。汝能盡忠，吾願之，死不恨。」

「王母伏劍」典出楚漢相爭，項羽挾持了王陵的母親，誘逼王陵依附自己。王母伏劍自盡，堅定兒子投靠劉邦的決心。王義方母親以王母自比，希望兒子盡忠，先顧大家再想小家。有了母親的支持，王義方毅然上章彈劾李義府「於輦轂之下，擅殺六品寺丞」。即便沒有謀殺的直接證據，假設畢正義是自殺的，「亦由畏義府威，殺身以滅口」。如此，「生殺之威，不由上出」，權臣暗操生死之權的風氣不可長。王義方奏請重新查核畢正義之死。

奏章遞上去，唐高宗幾天都沒有聖斷。帝國官方文書系統繁雜不離其宗，那便是皇權掌握著最終的決定權。皇帝往往將不願意、不方便、不希望處理的文書摁下。眼看彈劾要石沉大海了，王義方毅然決然地決定在朝堂上當面揭發李義府的嫌疑。這是大唐制度賦予御史的最後的監察權。

翌日的朝堂上，王義方抖擻精神，出班朗聲宣稱要彈劾中書侍郎李義府不法。按照大唐律例，官員當堂遭到彈劾，無論是否屬實，都要立即俯僂趨出，立於朝堂待罪。遭遇彈劾後，李義府卻出班抵賴，強詞否認指控。王義方對這種不顧禮法、驕橫跋扈之舉極為憤怒，激動地脫下身上的獬豸法冠，高聲叱責。王義方喝斥一次，李義府反駁一回；王義方再喝斥，李義府又反駁。彈劾變成了對喝，其他朝臣噤若寒蟬。唐高宗李治端坐龍椅，面無表情。

當王義方第三次喝斥後，李義府不得不悻悻離開朝堂待罪。王義方略為整理衣冠，拿出彈文當堂誦讀：

「義府善柔成性，佞媚成姿。昔事馬周，分桃見寵；後交劉洎，割袖承恩。」

闡述了李義府品行諂媚後，王義方列舉畢正義之死的疑點，指責李義府有重大謀殺嫌疑，建議嚴懲。其中，「分桃見寵」典出春秋時期，衛靈公寵愛美少年彌子瑕，兩人共食一桃，後多指男寵之事。「割袖承恩」典出西漢末期，漢哀帝與董賢共寢，董賢壓住了漢哀帝的袖子，皇帝不忍驚醒他，斷袖而起，後多代指男同性戀。王義方以這兩個典故來鋪陳李義府起初依靠馬周、劉洎的曖昧寵信得以崛起，卻犯了重大的戰術錯誤。且不說他並沒有掌握李義府是同性戀的證據，即便李義府真的靠男色起家，那豈不是說前朝重臣馬周、劉洎都是貪戀男色之人，而且間接引人遐想：唐高宗李治如此重用李義府，是否也是貪戀男色之人？

高宗皇帝與李義府正處於政治蜜月期，內心根本不想處置李義府。李義府善解人意，尤其在後宮事務上是少數堅定支持皇帝的大臣之一，唐高宗根本離不開他。先前，他將王義方的彈劾奏章留中不發，本想給雙方都留餘地，希望王義方就此罷手。適才，他見王義方在朝堂上三呵李義府，心中早就不滿。現在，王義方彈文開頭的戰術失誤，引得唐高宗極為不適，抓住不放。高宗李治待讀完彈文，直斥王義方「毀辱大臣」，「言詞不遜」，當場下令貶其為萊州司戶參軍。

王義方猶豫再三、慷慨赴義的正義之舉，轉瞬之間一敗塗地，無可挽回。

退朝後，李義府得意地問王義方：「王御史妄加彈劾，慚愧否？」王義方嚴肅回答：「孔子擔任魯國司寇，僅七天就誅殺了少正卯。我王義方擔任御史已經十六日了，離開前不能誅殺奸臣，確實有愧。」

四十一歲的王義方攜帶母親、妻小前往山東萊州任職。第二年，李義府遷中書令、檢校御史大夫、太子賓客，封河間郡公，並賜長安豪宅，一時間寵冠朝廷，家中子弟都被封為清要官職。宰相大人李義府平易近人，待人接物和顏悅色，對不順己意的人或事都一笑了之。但凡是稍有觸犯他的人，不久都或貶斥或遇害。朝野官民私下評價李義府笑中有刀，人送外號「李貓」。

王義方在萊州兢兢業業，勤勉政務，卻多年得不到升遷、調任。幾年後，王義方辭官客居昌樂，以教授學生為業。母親去世後，王義方乾脆隱居不出，於唐高宗總章二年（西元六六九年）去世，享年五十五歲。

王義方是個「極有故事」的人。

王義方，泗州漣水（今江蘇漣水）人，生於隋煬帝大業十二年（西元六一五年）。父親早逝，母親含辛茹苦將王義方拉扯長大，並且供他讀書。好在當時科舉已興，聰穎又好學的王義方於唐太宗貞觀十一年（公元六三七年）考中科舉，名列明經之榜。王義方年僅二十二歲，前途一片光明。前往京師的路上，王義方在道旁遇到一位疲憊的步行者，後者自我介紹說：「家父在遠方為官，遭到革職並且臥病在床，我想去探望，困不能前。」王義方很同情他，當即贈送自己的坐騎，而且不告姓名而去。

來到長安後，王義方不肯拜謁權貴、攀附顯宦。在一次聚會上，享有儒學盛名的尚書員外郎獨孤悊出席，給事中許敬宗等人推崇獨孤悊的觀點為確論。王義方不以為然，引經據典指出百家異同，連連暴露獨孤惩的錯誤。大家不歡而散。

王義方的才華還是得到了一代名相魏徵、刑部尚書張亮等人的高度讚賞，紛紛舉薦。王義方很快出任晉王府參軍，又入弘文館兼職。宰相魏徵十分欣賞王義方，只恨沒有適合婚配的女兒，就想把夫人的侄女許配給王義方。王義方一介寒儒，初入仕途，撞上這樣的機會，理應求之不得、立馬點頭。誰料到，王義方堅持不娶，直到貞觀十七年魏徵去世，又主動上門提親。其他人詢問原因，王義方回答：「當初不娶，是不想攀附宰相；如今提親，是感念宰相的知遇之恩。」

也就在貞觀十七年（西元六四三年），王義方侍奉的晉王李治被立為皇太子。王義方頓時成為太子侍從，日後便是潛邸舊人，令人豔羨。不想，王義方於三年後（貞觀二十年，西元六四六年）受張亮謀反案牽連，外貶儋州吉安（今海南昌江縣）任縣丞。儋州與中原遠隔千山萬水，環抱驚濤巨浪，是唐朝人地理認知的世界邊緣。旅途不便，疾病頻發，漢人稀少，直至宋朝任職此處仍是對官員極重的懲罰，僅次於處死。而在唐朝，王義方貶官儋州與半個死刑無異。

考查王義方受貶緣由，卻極可能是一樁冤案。重臣張亮言行不檢點，聽信妖言，蓄養義子，確有其罪，是否謀反卻值得商榷。廷議張亮罪行時，群臣順承皇帝旨意，都說其罪當誅。殿中少監李道裕卻認為證據薄弱，罪名尚不能成立。唐太宗正在氣頭上，不加詳查，下令將張亮斬首抄家。歲餘，刑部侍郎出缺，唐太宗令執政者推薦人選。宰相們推薦多人都遭駁回。最後唐太宗說：「朕得其人也。之前，李道裕議張亮云『反形未具』，此言當矣。我當初沒有聽從他的意見，至今追悔。」於是授李道裕為刑部侍郎。可見，唐太宗本人對「張亮謀反案」感到後悔，覺得應推翻案子的。那麼，王義方因為深受張亮賞識，得到張亮舉薦，就貶官天涯海角，就更加冤枉了。

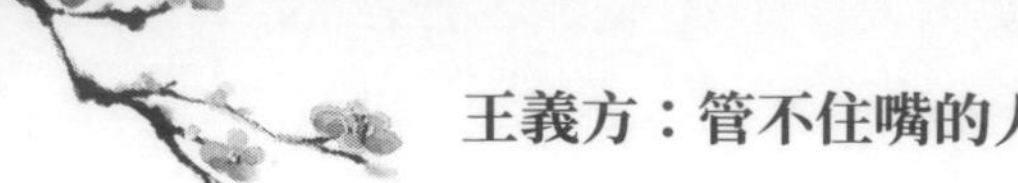

當日遠航儋州，南海的驚濤駭浪常常吞噬生命，舟師都需持酒脯請福。王義方酌水誓曰：

「思帝鄉而北顧，望海浦而南浮。必也行愆乎己，義負前修。長鯨擊水，天吳覆舟。因忠獲戾，以孝見尤。四維霧廓，千里安流。靈應如響，無作神羞。」

時值盛夏，南海濤霧蒸湧，王義方祭奠後，天雲開露，舟楫順利。到了吉安，「食無肉、病無藥、居無室」，所謂縣城就是草莽之地的簡陋居民點而已。王義方不畏艱辛，埋首苦幹。吉安蠻夷，梗悍不馴，不教化好百姓其他工作就無從談起。王義方將主要精力投入到了文教事業中，召集蠻夷首領，耐心開導；挑選生徒，親自講解經書；實踐禮儀，傳授中原禮樂技藝，教導黎族同胞尊卑有序。王義方的盡職盡責，在海南島播下了第一顆文教的種子。史載，王義方是第一個在海南教化黎民之人，被尊為海南「文化先師」。海南昌江的《王氏家譜》還記載：王義方次子王承休後來定居海南，在當地娶妻，開枝散葉。王義方又被尊為海南王氏鼻祖。如今，王義方被後人紀念最多的，就是他貶謫吉安時的無心插柳之舉。

貞觀二十三年，王義方改授洹水（今河北魏縣）縣丞。張亮的侄子張皎從流放地返回中原，投奔王義方。張皎臨終前將妻子託付給王義方，並拜託處理自己的歸葬事宜。王義方毅然應允，讓僕人負柩，將坐騎讓給張皎的少妻，自己跟在後面，處理完張皎的葬事，再將其妻送回家，最後告祭張亮的墓地，飄然而去。

起始，魏徵愛其材，認為王義方前程不可限量，就是恨其太直，擔心命運多舛。果然，王義方終因嫉惡剛正不容於時。

張弘愈：此生奔波在嶺南

一個草長鶯飛的春日，大唐詩人白居易送客人遠遊嶺南。彼時的嶺南，在中原人的眼中，遙遠又神祕，肥沃又潮熱，落後又危險，似乎散發著誘人的異域色彩——儘管嶺南各州納入大唐版圖已近兩百年了。白居易為此賦詩一首〈送客春遊嶺南〉：

瘴地難為老，蠻陬不易馴。

土民稀白首，洞主盡黃巾。

唐人對嶺南的想像，多少拜隔絕南北的崇山峻嶺所賜。橫亙在長江流域和珠江流域之間的山嶺，唐人尚且不能輕易翻越。出入嶺南，秦朝曾開通靈渠運河，溝通了湘江和灕水，中國人可以借助短距離的水路，減輕翻山越嶺的艱難險阻。但是交通主幹道還是翻越粵北的大庾嶺。大庾嶺梅關「人苦峻極」，南方人翻越大庾嶺，既可以前往衡陽進入湖廣，又可以進入贛江流域遊歷江淮。北方人越過大庾嶺，見到水土人情迥異的世界，一個山川盤結、溼熱鬱蒸的半封閉世界，孳生蚊蟲、結鬱毒氣，是古人公認的烏煙瘴氣之地。遲至唐後期的開成五年（西元八四〇年），嶺南節度使還奏稱嶺南「道途遙遠，瘴癘交侵」。

在這片半封閉的處女地，人類逐步繁衍。自秦朝納嶺南、設郡縣後，北方移民緩慢遷向南海之濱。數百年後，移民數量還是規模有限，主要聚居在廣州、韶州等少數占據交通幹道的大城市。廣州自魏晉起即成為嶺南的中心城市，而韶州（今廣東韶關）則是扼守大庾嶺南下的要道。站在韶州治所曲江城的城頭，能夠看到三面環抱著這座城市、連綿

不絕的大庾嶺。

唐高宗年間，曲江少年張弘愈經常站在城頭眺望北方的大庾嶺。山的那邊有什麼？我哪一天也能去山那邊看看？這座嶺南小城的少年，會有怎樣的未來呢？

張弘愈聽祖上說，韶州張氏發源於北方長城腳下的范陽，永嘉南渡時遷往江南。張弘愈曾祖張守禮，在隋朝擔任塗山縣丞；祖父張君政，出任韶州別駕，後來落戶嶺南，家族定居到了曲江；父親張子虔擔任過竇州（今廣東信宜縣）錄事參軍。嶺南無世族，張弘愈家這樣出了三代中層官員的家庭已經算是韶州的大家族了。一個不容忽視的事實是，後人難以確定張弘愈的出生年份，只能推斷他大約生於唐高宗顯慶三年（西元六五八年）或顯慶四年（西元六五九年）。

長輩告訴張弘愈，要翱翔，先讀書。張弘愈接受了家族給予的系統教育。每一個家庭都很慶幸有一個追求上進的子弟，都會盡其所能助其奮進。每一個豪門，都是一代代累積起來的。為家族發展添磚加瓦，是每一代人的責任。唐高宗儀鳳二年（西元六七七年）左右，韶州張氏安排了張弘愈的婚事，迎娶盧氏為妻。張弘愈時年約二十歲，盧氏約十五歲。第二年，張弘愈的長子就誕生了。這是唐人正常的婚育年齡。

準備停當，張弘愈要開始走出韶州了。博取官職，幾乎是傳統中國人追求上進、家族追求強健的同義詞。祖蔭不足以助張弘愈入仕。其他途徑一是戰功，可惜沒有機會；二是科舉，或許是旅途千里，充滿不測，或許是張弘愈不夠自信，他選擇了第三條道路：南選。

嶺南偏遠、實情複雜，中央王朝對嶺南的管制，很大程度上依靠本地士人。唐朝三年或四年一置「南選使」，選拔嶺南州縣士人，就地任職。張弘愈就參加了唐高宗調露二年、永隆元年（西元六八〇年）之際的南選，經由韶州官府勘驗，聲明出身、由歷、選數，作簿書預申尚書省。吏部再具勘曹名、考第、造歷子，印署，與南選使勘會，最後確定中選名單呈送獲批。張弘愈成功入選了本次南選。

朝廷授予張弘愈新州索盧縣丞一職。索盧縣位於今廣東省新興縣，在唐朝的七級縣制中屬於最末的下縣，有縣令一人，從七品下；縣丞一人，正九品下。二十三歲的張弘愈就此躋身唐朝的基層官員行列。

南選得人，朝廷因地制宜，可以降低治理風險與成本，但卻只是權宜之計。加強對地方的控制，是發展趨勢，是秦以後中央集權政治的內在邏輯。唐朝前期，朝廷對嶺南鞭長莫及，且人才匱乏，暫且就地挑選士人為當地官員。即便如此，要隘州縣、關鍵職位還是任用流官。中下等級州縣的非要害崗位，才開放給就地挑選的士人。張弘愈便獲得了一個新劃分設立的下縣的輔助官員職位。而且，南選入仕官員仕途堪憂，只能在嶺南的中下級官職上兜兜轉轉。唐前期官員任期為四年，到唐高宗嗣聖元年（西元六八四年）張弘愈索盧縣丞任滿，沒有獲得升遷，也沒有轉任新職位，轉入「守選」。

唐朝的中下級官員任滿後都要候選新職，稱為守選。守選年限從一兩年到十二年不等，「凡官罷滿以若干選而集，各有差等，卑官多選，高官少選。」品級越低的地方官員守選年限越長，出身越差的官員守選年限越長。長安朝堂之上，科舉出身的清要官員，幾乎無需守選，平步青雲；偏僻小縣衙署，雜途入仕的小官下僚，轉瞬任職期滿，等待他的是漫漫無期的守選。張弘愈可惜就是後者。制度並未給他提供充分施展才華的機會，但確確實實限制了他進一步發展。

年僅二十出頭的張弘愈尚未意識到制度的殘酷，從索盧返回韶州，開始守選。

他沒有意識到，自己的仕途生涯已經結束了。

自然，張弘愈還有炙熱的進取心。回到韶州，與分別多年的盧夫人

和長子短暫歡聚後，張弘愈又南下廣州，計劃在這個嶺南的政治中心謀個一官半職，尋求新的機會。

此後長達六年，張弘愈基本上都僑寓廣州。很快，他就發現制度的殘酷，意識到個人面臨政治大潮的渺小無力。自己的出身已經喪失了仕途向前走的可能，但他還是逗留在廣州，或許就是那一份不甘支撐著。嶺南既為王土，朝廷力推集權，逐步以衣冠士族、科舉流官代替本地士人。廣州、韶州等較發達州郡長官全由朝廷遴選幹才出任，較落後州郡的長官即便用來安排謫貶官員（如韓愈出任潮州刺史、柳宗元出任柳州刺史），也不提拔南選士人。流官中異軍突起的當屬科舉中試士人。張弘愈的兄長張弘雅，大約在張弘愈出生的顯慶四年赴京參加科舉。當年是嶺南第一次貢獻人才參加科舉考試。張弘雅幸運地及第，考中了明經科。這是韶州張氏第一位科舉成功者，也是現今廣東省明確可查的第一位科舉入仕者。兄長張弘雅中試後，史蹟難尋，大抵是宦海沉浮並不順利，並未升至高位或有突出事跡。即便如此，張弘愈還是羨慕兄長，起碼可以在天下州縣流轉官職，見識更大的世界，經歷更多的風雨。

在科舉流官漸成政治潮流的大唐前期，張弘愈不幸逆潮流而立，注定是個淘汰者。

科舉已然成為改變家族命運的主幹道。張弘愈沒有選擇自己回爐科舉，而是把精力投向兒子。去索盧擔任縣丞前，張弘愈長子出生了。小孩子聰穎好學，六七歲即被譽為神童。張弘愈更為重視兒子的教育，扶持兒子走科舉之路。為了開闊兒子的視野，求得時譽，張弘愈曾帶兒子來廣州，獻書給廣州都督王方慶。王方慶閱讀小兒文章後，大為詫異，稱讚小子今後必能「致遠」。

載初元年、天授元年（西元六九〇年）年初，張弘愈返回了韶州。仕進無望後，他將重心轉向了家庭。除了督促長子進學，張弘愈在此年年底誕生了二子，之後數年又連生第三子、第四子。

武周長安元年（西元七〇一年），長子年過二十，又為刺史舉為當年的韶州貢士，準備去應進士考試。嶺南貢士乏人，幾乎沒有斬獲過科舉成果，韶州官府對當年貢士應考相當重視，舉辦了隆重的送行儀式。「長吏以鄉飲酒禮，會僚屬，設賓主，陳俎豆，備管弦，牲用少牢，歌〈鹿鳴〉之詩，因與耆艾敘少長焉。」張弘愈的長子連同韶州土貢竹布、鐘乳、石斛等一道，出發北上。

兒子在自己出仕的年紀，翻越自己平生沒有跨越的山川天塹，追逐他的前途去了。

張弘愈送走長子後，又時常登上曲江城牆，眺望北方。他不知道兒子千里遠行，旅途是否順利，遭遇了什麼故事？他更在意兒子在當年的科舉考試中能否順利？張弘愈父子選擇的是最為士人推崇、難度也最高的進士考試。如果兒子能考中，他就是韶州進士第一人。如果不幸名落孫山，張弘愈也支持兒子留在中原遊歷。唐代科舉既看學識，也看家庭背景。若非士族，又無家庭背景的士人，落第後常常遊歷各地、結交朋友，積蓄聲譽，為進士及第做準備。張弘愈不奢望兒子能一鳴驚人，但希望他能超越自己，有更廣闊的舞臺，有更精彩的人生。

兒子進考場是在長安二年（西元七〇二年）的初春，遺憾的是，張弘愈在當年正月不幸逝世，終年四十二或四十三歲。他沒能看到長子當年一考中試，更沒能預想到長子能在中國政治史、文學史上留下多麼璀璨的光芒。

張弘愈的長子名叫張九齡，日後榮居中書令，是大唐開元盛世的賢相，為「嶺南第一宰相」；而「海上生明月，天涯共此時」一句，足以奠定張九齡在文學史上的地位。張弘愈次子張九皋，官至廣州都督兼五府節度經略使；三子名為張九章，後官至嶺南節度使、廣州都督，都封

疆一方；四子名叫張九賓。自張九齡始，韶州曲江張氏代有進士，子弟宦遊四方，發展為嶺南望族。張弘愈完全稱得上子嗣綿延。

開元二十一年（西元七三三年）秋末，張弘愈遺孀盧氏去世，終年七十一或七十二歲。時年五十六歲的張九齡丁憂去職。天子遣使慰問，賜絹三百匹。張弘愈夫妻都「父／母以子貴」，開元二十三年朝廷追贈張弘愈太常卿、廣州都督；追贈盧氏太夫人桂陽郡君。

張弘愈家族墓地現存廣東省韶關北郊，因張九齡聲名遠播，該處墓地現名「張九齡家族墓地」。

劉禕之：亂法者死於亂法

首都長安來的劉禕之，在邊陲小城巂州迎來了四十歲生日。

巂州，地處「爾來四萬八千歲，不與秦塞通人煙」的巴蜀，而且是巴蜀盆地的西南邊緣。西漢先民越過巂水築城而居，拓地「越巂郡」。劉禕之貶到此地時，千年的光陰並沒有在巂州刻下多少文明的印記。巂州依然是刀耕火種、猴羊躍地，巂水依然奔騰不息，時而波光粼粼，時而澎湃轟鳴，一如既往，匯入岷江，東趨長江，奔流入海。

好幾回鬼使神差，劉禕之走到了巂水之畔，看著東流的波濤，想一跳了之。他在巂州找不到可以言談之人，同是淪落天涯的中原人，大多早已葬身於此，只有極少數幸運兒才能北返關中。土著南蠻終日為生計奔波，和劉禕之等漢人之間橫著一層說不清道不明的東西，幾乎沒有交流。劉禕之有時候很同情茹毛飲血的土人，他們不識王化、沒有文字，自然談不上思考交流。有時候，他又很羨慕他們，不識字有不識字的快樂，不思考有不思考的愉悅。人生的痛苦，從學會思考那一刻就如影隨形了。劉禕之四歲通《騷》、《雅》，六歲就能寫文章，是聞名四方的神童，四十歲了還不是被流放烏煙瘴氣之地、自生自滅？

巂水送來一具土人的屍體，劉禕之又暗暗下決心，人生在世，不能如草芥般無聲無息。人之所以為人，終究要鐫刻痕跡於世間。

在土人部落中，劉禕之唯一屬意的是其中的巫人。巫人傳承著蠻夷的記憶，主持部落的祭典，深受族人的尊敬。巫術在父子之間口耳相傳，形成了幾個固定的巫人家族。他們是當地真正的話語者。劉禕之不禁聯想到了自己的家族。劉禕之家族發源於臨淮陽樂，據說是漢光武帝

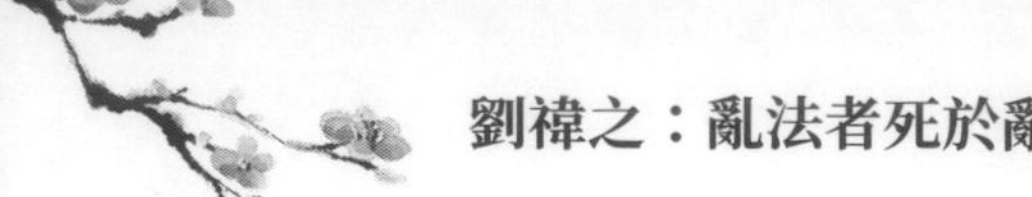

之子、廣陵王劉荊後裔，永嘉之亂遷居晉陵（今江蘇常州），從此自詡晉陵劉氏。晉陵劉氏自劉禕之曾祖劉保出仕南陳開始，世代為官，雖然名位不顯，但自祖父劉興宗開始兼有文名。祖父劉興宗在國史中有傳，兼有文集；父親劉子翼是唐初學者，曾任著作郎、昭文館學士，以文才接近權力核心。劉禕之打小便潛移默化，承接了家族的厚望。他的前半生便是為家族、為自己積極奮發的人生。

劉禕之年甫十五就上京城長安博取功名，幸運地得到了燕國公于志寧、河南公褚遂良的表薦得以出任宋州參軍，逐步升遷為起居舍人，兼崇賢館直學士。劉禕之的長兄劉懿之，時任給事中。兄弟倆都憑藉文才，司職文衡，掌管朝廷文書，為皇權所器重，「侍奉之美，朝論稱榮」。期間，劉禕之一度需要丁憂去職，宮廷看重他的文才，下敕「奪情」。此時的大唐宮廷，帝后共治。唐高宗、武皇后挑選了一批青年才俊隨侍左右，以備顧問、草詔。《舊唐書·職官志二》記載：

劉懿之、劉禕之兄弟、周思茂、元萬頃、范履冰，皆以文詞召入待詔，常於北門候進止，時號「北門學士」。

以劉禕之為代表的「北門學士」的出現，在時人看來或許是一群在宮廷北門等候徵召的才俊文臣，卻是中國古代政治的重要轉折。北門學士的要害是「分宰相之權」。相權與皇權的競爭是貫穿古代政治的主要矛盾之一。就總體趨勢而論皇權曲折性強化，保持應對相權的優勢。漢武帝始設內外朝，提升尚書省實權，來分三公宰相之權；曹魏又強化中書省權勢，再分尚書省之權。至隋唐，朝廷設中書、門下、尚書三省，三省長官並為宰相，行集體宰相之制。即便如此，皇權仍擔憂風險，再添北門學士。皇權分割相權的歷史經驗表明，誰負責中樞文書，誰就掌握了發號施令的實權。尚書省、中書省都是如此奪權，北門學士也是故伎重演。

北門學士的意義不光是分權，更在於其分權之法。漢武帝設尚書、曹魏設中書、隋唐三省分立，都是另立實官和衙門，分權的結果是一權既去新威脅又生，有似驅虎吞狼。北門學士只是朝野俗稱，並非正式職官。北門學士人選，文才只是條件之一，更重要的是皇帝的信任與器重。皇帝對他們召之即來、揮之即去，能分散三省宰相高官之權，又因為新人不固定且原有官銜偏低（皇帝挑選之人都是位卑資淺的中下級青年官員），不構成對皇權的新威脅。北門學士僅僅是唐朝皇帝發明的差遣。年輕文官們暫且擱置分內工作，去從事顧問宮廷、草擬詔書的臨時差使。劉禕之就是第一批皇帝差遣的青年才俊之一。

劉禕之的傳記是北門學士產生的關鍵史實。《舊唐書·劉禕之傳》記載他：

與著作郎元萬頃，左史范履冰、苗楚客，右史周思茂、韓楚賓等，皆召入禁中，共撰《列女傳》、《臣軌》、《百僚新誡》、《樂書》，凡千餘卷。時又密令參決，以分宰相之權，時人謂之「北門學士」。

劉禕之深受唐高宗和武則天的器重——或許是最受器重的那一位。現存《全唐詩》中武則天署名的四十六首詩中，論者就認為有劉禕之的捉刀之作，可見劉禕之多麼受親信。三十餘歲的劉禕之，官居起居舍人，受帝后寵信，又有草詔大權，自然享受眾星捧月般的明星待遇。正常發展下去，劉禕之覺得轉差遣為實授在預料之中，晉陵劉氏的榮光將在自己這一代輝煌閃耀。人在飄飄然間更容易犯錯。劉禕之的姐姐為宮廷女官，入宮後劉禕之難得一見。一次，武皇后派遣姐姐至外戚武家問疾。劉禕之拜託武皇后的外甥賀蘭敏之幫忙，到武家私會姐姐。外官結交宮廷女官，違法。事發後，劉禕之罷官，流配嶲州。

本以為深得皇恩厚寵，不料如冰山一般不可依靠。劉禕之終究沒有真正進入唐高宗、武則天的心裡。現有的權位蕩然無存，更勿論什麼家族榮光了。

巨大的起落，荒蕪的邊陲，無聊的日常，困在流配地的劉禕之想了很多。前途茫茫，劉禕之不想客死煙瘴之地，可又深深地感到無力，有時覺得人生就像巂州山林的貓猴，不知哪一天就成了猛獸的口中餐；有時覺得人生就像漂在巂水的屍體，不知哪一天就以這種戲劇方式奔赴黃泉了。他要做那個把握命運的人。二十餘年的政治閱歷，劉禕之深知皇權是影響人生的關鍵要素。而自己能攀附皇權的資本，只有文才。如果再給一次機會，劉禕之發誓要加倍珍惜、牢牢把握。

上元初年（西元六七四年），巂州迎來了朝廷使者，他攜帶著朝廷召回劉禕之的特赦。

劉禕之在召回途中不時默念「皇恩浩蕩」。並非人人都有第二次機會的。回到長安，唐高宗李治親自召見，道出了召還的緣由：「相王，朕之愛子，以卿忠孝之門，藉卿師範，所冀蓬生麻中，不扶自直耳。」原來，李治給兒子，相王李旦物色老師，看中了家世優秀、文才出眾的劉禕之。劉禕之幾乎是感激涕零，跪謝皇恩。皇上以愛子相託付，這是莫大的恩榮！

劉禕之充滿幹勁，仕途也走上快車道。任相王府司馬、悉心教授李旦的同時，劉禕之出任中書舍人，重新從事「北門學士」的老本行。期間李治、武則天夫妻的許多詔令都出自順風順水的劉禕之手中，「皇命才發，紫泥已奉。疾如奔電，勢若凌雲，天下之人，望風欽屬」。正常的中樞政令流程是中書省決策草詔，門下省審核，兩省聯署後交付尚書省執行。武則天時期開始，往往是帝后二人商議後，劉禕之等幾個學士寫好詔書，就交付執行了。正式宰相：尚書左僕射、右僕射、中書令還有門下侍中，遭遇了成系統的、大規模的架空。兩份職責，劉禕之幹得都不錯，經昭文館學士升遷到了吏部侍郎。

時間到了西元六八四年，一個多事之年。無數中國人的命運在這一年動盪起伏。

上一年的十二月，唐高宗李治病逝，新皇帝繼位，不是劉禕之的學生李旦，而是皇太子李顯。本年正月初一，李顯正式改元嗣聖，因想超擢外戚韋氏與皇太后武則天爆發激烈衝突。二月六日，武則天召集百官廢李顯，立李旦為皇帝。劉禕之是李旦的老師，自然希望學生登基，所以在廢立皇帝一事上「參預其謀」。李旦繼位，劉禕之榮膺「帝師」，且有策立之功，升為中書侍郎、同中書門下三品，封臨淮男，邑三百戶。此處的「同中書門下三品」也不是正式官職，而是享有「同」中書省、門下省三品長官一樣的職權。這個差事，和「北門學士」的權力邏輯一脈相承。皇權偏愛這種邏輯，在實踐中推而廣之了。

劉禕之的權勢至此達到了巔峰，「軍國多事，所有詔敕，獨出禕之，構思敏速，皆可立待」。不知道為何，飛黃騰達的劉禕之反而時常回憶起十餘年前流配嶲州時的落魄迷茫。那段時光告訴劉禕之人生無常，福禍相依盈虧相隨，更提醒劉禕之皇權是他占據高位的核心要素，與掌控實權的皇太后武則天的關係決定著劉禕之的去留福禍。登頂高位的劉禕之時刻小心謹慎，言行力求周到細緻。一次，司門員外郎房先敏得罪，貶為衛州司馬。房先敏向諸位宰相申訴。宰相騫味道說：「此乃皇太后處分也。」劉禕之卻說：「你因事改官，都是臣下決定，奏請太后定奪的。」武則天知道後，感慨道：「為臣之體，在揚君之德，君德發揚，豈非臣下之美事？且君為元首，臣作股肱，情同休戚，義均一體。」騫味道將過錯和矛盾推給君王，貶為青州刺史。武則天嘉賞劉禕之為君遮擋、擔當有為，加授太中大夫，並加賞賜。

劉禕之的內斂自守，不單純是嶲州歲月的思考結果，更是時局巨變之下的避禍之舉。

李旦登基，並非李唐王朝自我革新、良幣驅逐劣幣。暗潮湧動，正

衝擊著李唐天下的根基。李旦貴為天子，卻居於別殿，不參預政事，政事皆決於太后武則天。後知後覺者這才發現，李顯李旦的廢立，更像是獨尊的武則天宣示力量的政治演習。忠於李唐者紛紛起兵，最著名的是徐敬業起兵伐武，失敗後慘遭屠戮。武則天有條不紊地立武氏七廟，追封其祖為王。此舉遭到了中書令裴炎的抵制，結果裴炎被發現「謀反」，遇害於洛陽。緊接著是「官名改易」運動，現有官名都改得具有女性色彩，比如中書省改為鳳閣、門下省更名鸞臺、祕書省改稱麟臺。劉禕之的官職便變為了鳳閣侍郎、同鳳閣鸞臺三品。女主掌權，天下迅速沾染胭脂氣，保不齊江山都要變為武則天的江山？武皇登基，開始成為官民心中的選項之一。

劉禕之在暗潮洶湧的政局中維持著榮華富貴。他繼續替武則天出謀劃策，「每獻嘉謀，必筵厚賜，或申直諫，更錫殊私」。武則天繼續對他讚賞有加。但是劉禕之「每奉恩波，必加憂懼」，屢次上書退讓賞賜，武則天都不批准。君臣相遇相知，莫過於此。但是，劉禕之其實是大勢的推波助瀾者，卻不是真心擁護者。武則天才略過人，劉禕之是耳聞目睹，但要擁戴一位女性稱帝，劉禕之是萬萬做不到。如同月亮不能現於白晝、江河不能倒流一樣，女性怎麼能代天牧民，怎麼能驅使千萬黎民呢？況且，劉禕之對唐王朝和傀儡皇帝李旦，都抱有深深的敬意。先帝李治以李旦相託付，劉禕之十餘年來悉心教誨，時常相隨，對李旦感情日深。師傅哪有願意愛徒充當傀儡的？種種因素，都決定了劉禕之不可能真心擁戴武則天。只是，當年流配巂州的悲慘記憶告訴他，攀附最高權力而不是忤逆它，才能自保平安。人生悲劇莫過於此，袒露了真心就沒了榮華富貴，要榮華富貴就要違背真心。

強烈的進取心也壓制不住劉禕之的真心，悲劇便產生了。

言行不一，總有暴露的時候。終於有一天，劉禕之私下對平素信任的鳳閣舍人賈大隱說：「太后既能廢昏立明，何用臨朝稱制？不如返政，以安天下之心。」李旦既已成年，且才德無虧，是劉禕之心中理想的帝王人選。可嘆的是，賈大隱轉身向武則天密報。武則天大怒，對左右說：「劉禕之是我提攜重用之人，竟然有背我之心，難道對得起我的恩情嗎？」很快，就有人狀告劉禕之接受契丹部落首領、歸誠州都督孫萬榮的黃金賄賂，且私通其他官員的小妾。這便從公私兩面否定了劉禕之。武則天指定由肅州刺史王本立調查此案。王本立來向劉禕之宣「敕」。劉禕之正義凜然地駁道：

不經鳳閣鸞臺，何名為敕？

鳳閣鸞臺便是之前的中書門下。正常的政令流程下，中書省起草、門下省審核通過的政令，才是聖旨。如今，王本立口銜皇太后之命來調查宰輔高官，劉禕之自然有道理反駁：我這個中書侍郎都不知道的命令，哪能稱敕令呢？王本立竟然啞口無言，悻悻而歸。

劉禕之固然有理，卻不想自己之前的所作所為早已經破壞了中樞政令的正常流轉。從北門學士到同中書門下三品，劉禕之替武則天書寫的一道道文書，可曾有哪一道經過中書門下兩省？又有哪一道不是冠以敕令聖旨之名，得到了貫徹執行？他本人便是破壞制度之人，如今以白紙黑字的正常制度來抗拒「亂命」，不客氣的說，就好似垂死之人趕緊抓住了一根救命稻草。

稻草不可救命。武則天不是王本立，她立即以「拒捍制使」之罪賜死劉禕之。你劉禕之不是「守法」嗎，那我就和你「依法辦事」。《唐律疏議·職制律》明文有「對捍制使」之罪：「對使拒捍，不以人臣之禮，既不承制命，又出拒捍之言者，合絞。」武則天並沒有絞死劉禕之，而是賜死於家中。如此，劉禕之可以免去公開行刑的羞辱與疼痛，而且「賜死」通常帶有政治待遇。除非特旨規定，賜死對象可以保留生前政治

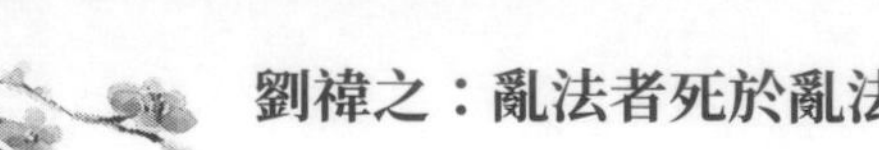

待遇，只罪及己身，不抄沒家產，不罪及家族，子孫後代官職照舊、科舉依舊。而公開行刑者便沒有這些「優待」。武則天的狠毒之處就在於此，一方面她殘忍剝奪了劉禕之的生命，以有別於正常的刑罰的方式，讓抓住表面制度頑抗的劉禕之看到：武則天又一次裹脅著皇權，與明法擦肩而過，取人性命！另一方面因為改公開絞死為在家賜死，劉禕之還要向武則天上表「謝恩」！

垂拱二年（西元六八六年）八月十二日，劉禕之在洛陽崇業裡的私宅自盡，享年五十七歲。

武則天要取劉禕之性命之際，軟禁別宮的李旦親自出面求情。劉禕之的親友都認為皇帝求情，劉禕之一定能得到寬恕，紛紛向他祝賀。劉禕之看得很透：

吾必死矣。太后臨朝獨斷，威福任己，皇帝上表，徒使速吾禍也。

果然，來的是監督自盡的使者。劉禕之沐浴更衣，神色自若，命兒子劉揚名執筆書寫謝表。劉揚名泣不成聲，完全不能動筆。監刑使者在旁催促。劉禕之親自操刀，洋洋灑灑數張大紙，援筆立成。這是一代才子的最後作品，詞理懇切，讀者無不傷痛。麟臺郎郭翰、太子文學周思鈞讀到「謝表」後，大讚其文。不久，郭翰貶官為巫州（今湘西黔東）司法，周思鈞貶官為播州（今貴州遵義）司倉。四年後，武則天廢黜李旦，改唐為周，登基稱帝，成為中國歷史上唯一的女皇帝。

又過了二十年（西元七一〇年），李旦第二次登基。昔日的學生，飽經二三十年血雨腥風的洗禮，也已年近半百，開始懷念少年時光，追憶王府舊人。李旦想起了自盡的劉禕之，追贈老師為中書令，封爵如故，以禮厚葬。

劉禕之生有六子，此時尚有三子在世：長子、潤州司法參軍劉揚名；次子、通事舍人劉大名；四子、右衛兵曹參軍劉審名。兄弟三人於景雲二年（西元七一一年）九月二十五日，將當年草草埋葬的父親遷葬於洛陽金鄘鄉原的一塊風水寶地。兒子們在墓誌銘中形容父親「府君天性純至，日用恭睦」，「詞藻精博，獨冠當時」，他們將父親生前文稿編輯了七十卷之多。墓誌銘還記載了母親裴氏。裴夫人是唐朝開國宰相裴矩的孫女，丈夫遇害後遷居汴州尚賢裡，兩年之後去世，享年五十六歲。

墓誌銘詳細介紹了劉禕之的家庭細節，卻對主人的人生起伏多有隱晦。關於死亡，墓誌銘寫道是劉禕之久掌文柄、遭奸人妒恨。當時，唐朝雖然已經光復，李旦重登大寶，但武則天是以「退位」的形式還政於唐，餘威尚存。武則天尚不能作為「反派」。劉揚名兄弟不得不曲筆為之。近年洛陽出土的劉懿之之女、明琰妻劉夫人墓誌就提到叔叔劉禕之「屬唐祚少艱，周命將革，先為太后之忌，遂被賊臣之構」，明言劉禕之是觸犯了武則天的忌諱而死。劉夫人死於開元十一年，彼時武家影響式微，官宦人家都不忌憚其勢了。

墓誌銘也提到了巂州。劉揚名兄弟說上元初年「今上」上表召還劉禕之。上元初年（西元六七四年），李旦才十二歲，且與劉禕之並無交集，何來援手？《舊唐書．劉禕之傳》載明「歷數載，太后表請高宗召還」，武則天才是拯救劉禕之出煙瘴之地的「貴人」。可在劉揚名兄弟看來，武則天不是貴人，而是仇人。這筆家族功勞便記在了有恩家族的李旦名下。又一曲筆，透露了劉禕之生前的糾結與蒼涼。

劉禕之已逝千百年，如今以中國政制使職化證人的角色挺立在史海之中。當年在北門待詔的小小群體，日後發展成了翰林院。後世皇帝則發現「差遣」一法實在是專權的法寶。差遣使職成為唐朝之後政治制度的慣常現象，對中國政治產生了武則天、劉禕之等人完全無法預料的影響。

傅游藝：大唐升官「典範」

大唐垂拱四年（西元六八八年）夏，洛陽游民唐同泰向朝庭獻上一塊「奇石」。

在一塊碩大的白色河床巨石上，有「聖母臨人，永昌帝業」八個大字的篆文陰刻。唐同泰在奏表中為之講述了一個傳奇故事：一道紅光從天而降，直入洛水，激起巨浪。待風平浪靜，唐同泰入河，打撈起這塊奇石。文武官員對這種傳奇事物，未置可否。掌權的天后武則天則大喜，詔令拜受「寶圖」，舉辦了隆重的慶祝儀式；改洛陽為「神都」，封祭洛水河神，詔令保護洛水，禁止垂釣，並宣布第二年改元「永昌」。遊民唐同泰一步登天，受五品果毅軍銜。

永昌元年（西元六八九年），僧人法明向朝庭獻上《大雲經疏》。

所謂的《大雲經疏》被後世認定為偽經。法明在經疏中偽造菩薩轉世為淨光天女，下凡統治天下的內容，附會武則天就是未來佛——彌勒佛轉世的「真命天女」。文武百官對此種荒誕不經的言論，照樣是未置可否。但是，武則天再一次大喜，賜法明金袈裟，大規模印刷《大雲經疏》頒行天下，並令各州營建大雲寺，向百姓宣講此種經義。天后乃未來佛轉世的說法，開始在民間流傳。法明和尚也搖身一變，成為一代「高僧」，主持大寺古剎。

變革即將降臨大唐。

有人進退失據，無所適從；有人憂心忡忡，義憤填膺；有人待價而沽，躍躍欲試。人的命運在於選擇。個體在紛紛擾擾之際做出看似偶然

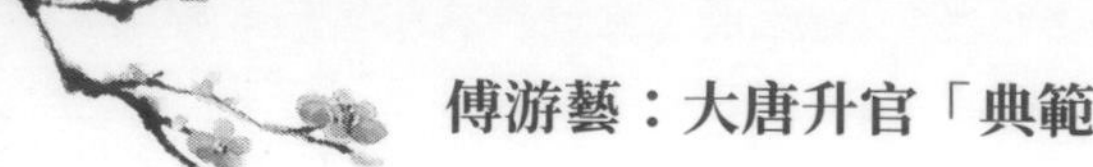

的選擇，往往決定個人命運，甚至影響歷史走向。

年邁的監察御史傅游藝是唐同泰、法明獻寶事件的見證者。事件發生之初，傅游藝與眾多見多識廣的同僚一樣，內心斥之為無稽之談。無奈天后吃這一套，全盤接受，高調嘉賞。傅游藝錯愕之餘，敏銳地發現了更深層的含義。寶圖也好，經疏也罷，無不表明朝代更迭已至。而民間盛傳的未來佛彌勒佛的凡間化身武則天，自然是新朝之主的不二人選。女人當國猶如牝雞司晨，傅游藝念及於此，便暗暗搖頭。可武則天自高宗後期即開始操縱實權，權勢日隆，地位穩固。效忠李唐王朝的勢力發起了多次陰謀、兵變，絲毫未能撼動武則天的根基，反而死的死、逃亡的逃亡，受株連者流放天涯海角。武則天則穩步走向至尊之巔。忠於李唐、忠於內心又如何，在強悍的武氏勢力面前就是螳臂當車，不自量力。

傅游藝突然佩服起唐同泰、法明和尚來。這兩人既對時局有清醒的認知，又敢冒險，成功抓住武則天的心理，驟得富貴不是沒有道理的。

反觀自己，傅游藝胸悶難平……

傅游藝，字元綜，家族發源於北地泥陽（地在今陝西耀州）。千年後出土的其墓誌銘記載，傅游藝的曾祖沖，為北齊許州長社縣令；祖父瓘，在隋朝擔任過北絳、離石二郡太守；父親傅交益，應該是沒有官爵職位，於隋亡唐興亂世遷徙至汲郡（今河南衛輝），生四子：神童、羽客、守節、游藝。傅游藝是傅家的小兒子。在門閥遺風尚存的唐代早期，菁英講求家世、攀親附貴的風氣較盛。傅游藝未能攀附上聞名顯達的祖先，前三代官職止於太守、縣令，可見家世尋常，並非豪門世族子弟。

普通家世並沒有妨礙傅游藝對仕途功名的渴求，他畢生權力慾旺盛。

現有史料未載明傅游藝的官場出身，只知他的首個官職是垣縣縣尉。縣尉是唐代文官釋褐初入仕途的常見官，是縣令的屬官。唐縣分「赤畿望緊上中下」七等，赤縣最為重要，下縣則是人口稀少、地處偏遠的小縣。科舉出身或者少數有實力者，通常以緊縣以上縣尉為初任官，累遷輾轉，步步升遷。中下縣的縣官幾乎一輩子宦遊沉溺，沒有出頭之日。而垣縣遲至近百年之後的唐德宗貞元三年才升為上縣，可見傅游藝在任時尚且是中縣。傅游藝應該非科舉出身，極可能是雜途入仕為官。之後，傅游藝歷任扶風縣尉、始平縣尉，再轉渭南主簿、河南主簿。渭南縣為畿縣之首，河南縣為掌管大唐東都洛陽東部的赤縣。光陰流轉，傅游藝在兜兜轉轉的宦遊生涯中從下等縣份升遷到數一數二的赤縣主簿，也算是不大不小的成績。他的政績應該並不突出，也沒有什麼大錯；機遇應該也沒有光臨過年輕的傅游藝，但也沒有過於薄待他。不幸是，河南主簿傅游藝等來的不是升遷令，而是母親去世的噩耗。他去職為母親守孝。復出後，傅游藝得朝廷眷顧，特授監察御史。

唐人封演在筆記集《封氏聞見記》中描述了唐代文官的理想升遷路徑：

自進士而歷清貫，有八儁者：一曰進士出身，制策不入；二曰校書、正字不入；三曰畿尉不入；四曰監察御史、殿中丞不入；五曰拾遺、補闕不入；六曰員外郎、郎中不入；七曰中書舍人、給事中不入；八曰中書侍郎、中書令不入。言此八者，尤加儁捷，直登宰相，不要歷綰餘官也。朋僚遷拜，或以此更相譏弄。

傅游藝雖然踏空了「宰相之路」的前兩步，但扎扎實實走完第三步，站上了第四步，理論上可以向宰相高位發起衝擊。然而，封演的「升官圖」還有一個關鍵詞「不要歷綰餘官」！出將入相之人，切不能在任何一個步驟花費太長時間。三十歲的校書郎，四十歲的御史，五十歲

的郎官，六十歲的宰相，才是理想的唐代仕途圖景。可惜的是，傅游藝在從縣尉到主簿的這一步耗費了半生，擔任監察御史時已是六十歲的花甲老人了。這個年紀已經超過了唐朝上流階層的平均年齡。面對冷酷無私的自然法則，傅游藝的時間並不多了。

御史品級不高，卻是朝庭的常參官，伴君左右。「仕進心緒仍熾」的花甲老人傅游藝任職數月後，「成長」很快。他發現了自己之前幾十年宦海沉浮，對宏觀大勢、皇權好惡把握太少；他發現朝堂上的微妙細節都值得品味，其中寫滿了福禍進退、大風大浪。自己之前的仕進乏力，官位不顯是有原因的。「成長」之餘，傅游藝迫切想在暮年「學以致用」。

人到暮年，還對權勢孜孜以求者，大抵是將自身異化為了權力系統的一部分。經歷幾十年的平淡仕途後，傅游藝沒有學會雲淡風輕，也不想頤養天年，權力慾已經融入了他的血液。人生成功與否，和官職高低合二為一了。官位就成了傅游藝追求的唯一目標，升遷的早晚快慢成了傅游藝喜怒哀樂的來源。他對唐同泰、法明和尚兩人既鄙視又羨慕。冷靜之後，傅游藝化羨慕為動力、化嫉妒為智慧，開始謀求自身的福利。他判斷李唐難以復興，武氏當權大勢所趨，忠良顛沛流離，宵小粉墨登場，既然如此，我為什麼不幹票大的呢？

九月，傅游藝除左補闕。

九月的一天，長安街頭突然人聲鼎沸。一行人沿著朱雀大街往北，奔皇宮而去。領頭的就是白髮蒼蒼的傅游藝，他身後是關中百姓九百餘人，白髮老者居前、緊隨傅游藝，其後有農林漁樵、販夫走卒，有婦孺小兒、歸化胡人。來到皇宮大門前，傅游藝「撲通」雙膝跪地，呈上奏表一份，高呼：「武氏符瑞，革姓受命！」九百多人隨之跪倒，山呼：「武氏符瑞，革姓受命！」「武氏符瑞，革姓受命！」「武氏符瑞，革姓受命！」

變革關頭，規模最大、最戲劇性的一幕，就此發生了。

傅游藝遞上的奏表，盛讚武氏功績，契合各地的祥瑞，明白無誤地恭請武則天稱帝。

傅游藝是第一個向武則天勸進的人，同時策劃了一場轟動的表演。

朝野官民的目光刷刷地一齊投向武則天。天后駁回了傅游藝的奏表！難道武則天沒有稱帝的心意？她會如何處置傅游藝呢？接下來的幾日是傅游藝最煎熬的時光，福禍不明，就像一把刀時刻懸在頭頂一樣，折磨得他那把老骨頭寢食難安。好在宮中很快傳來聖旨，擢傅游藝為給事中。傅游藝的冒險，成功了！

於是，大唐王朝湧起了一陣陣勸進的浪潮。皇室宗戚、文武百官、蠻夷酋長、四民百姓乃至沙門道尼，超過六萬人上表，都要求武則天如傅游藝所請，「順應民心」。就連皇帝李旦都上表，自請賜姓武氏。各種祥瑞也非常配合地出現在大江南北，各地鳳凰來翔、萬雀朝堂、花團錦簇，一片祥和向上之兆。只要武則天不同意稱帝，勸進的浪潮就愈加洶湧澎湃。最後，武則天在「萬民懇請」之下，不得不順皇帝李旦及群臣之請，宣布稱帝，改國號為周，定年號為「天授」。武則天是中國歷史上唯一的女皇帝。

「聖神皇帝」武則天大功告成，於天授元年（西元六九〇年）嘉獎有功人員，擢給事中傅游藝為鸞臺侍郎、平章事。鸞臺即為原門下省，是隋唐三省之一，門下（鸞臺）侍郎為宰相。「平章事」即為「同中書門下平章事」，是大臣有資格與中書、門下長官一起決策政事的含義，表明有宰相實權。傅游藝直飛昇天，位列宰輔。不久，武則天又陸續加傅游藝朝散大夫、銀青光祿大夫，賜姓武氏，其他職銜如故。

傅游藝為相，其長兄傅神童為冬官尚書，兄弟並承榮寵，令人稱羨不已。

傅游藝感恩戴德，更是確信揣摩武則天的心思，順著武則天的意願行事無比重要，收穫巨大。榮登宰輔高位後，傅游藝沒有發揮累積而成的經驗，實踐抱負，而是繼續揣摩武則天的心意行事。改朝換代之際的武則天有著強烈的不安。李唐王朝立國近百年，忠於李氏者大有人在。經過歷次血洗，激烈反抗者灰飛煙滅，有嫌疑者流放帝國邊地，可保不齊還有隱藏的異議分子、陰謀分子，他們和軟禁各地的李唐宗室一旦聯手，會對新建的武周王朝形成巨大威脅。傅游藝判斷武則天希望斬草除根，追求絕對的安全，於是提出了「安邊」的建議。在安撫邊疆的幌子下，傅游藝建議向劍南、黔中、安南、嶺南等六道派出監察御史，鎮撫地方。武則天心領神會，安排酷吏充任各道監察御史，去迫害流放邊疆的宗室、貴戚及其同情者。酷吏們巧立名目、先斬後奏，對流人大開殺戒。李姓宗室被殺者數以百計，刺史以下官吏無辜牽連遇害者不計其數。史載：

游藝請則天發六道使，雖身死之後，竟從其謀，於是萬國俊輩恣斬戮矣。

就在酷吏四出的天授二年（西元六九一年）六月，倡議者傅游藝卻停知政事，降為太常少卿。原因未見史載。我們大膽猜測一下：倡議酷吏，是一把雙刃劍。酷吏的刀可以對準別人，也可以對準始作俑者。傅游藝身居高位，很可能也成為了酷吏監視、羅織和告發的對象。在短暫擔任半年多宰相後，傅游藝就從頂峰滑落了。

九月初，傅游藝夜裡夢見自己登上了湛露殿。湛露殿是皇帝專享的聖殿，常人難得一遊。傅游藝欣喜得很，將夢境告訴了親近的人。他或許幻想著自己聖眷尚隆，不日將重登頂峰。誰料道，酷吏既出，告密風行，親近的人很快舉報傅游藝有「不臣」之心。武則天下令將傅游藝下獄，交酷吏來俊臣審問。來俊臣，武周時期最心狠手辣的酷吏，《告密羅織經》的作者，流氓無賴出身，折磨夷滅了數千戶人家。「遭其鞫治，必死無疑。」嚴刑酷罰就在眼前，榮華富貴早已遠去，傅游藝徹底絕望了，於九月六日在獄中自盡身亡，時年六十三歲。逃往鬼門關之前，不知道傅游藝有沒有後悔兩年前的勸進「首創」？

武則天下令以五品禮葬之。

傅游藝在大唐政壇滑過一道刺眼的光亮後，飛速湮滅在歷史的黑暗之中。

不過，傅游藝的噩運並未結束。李氏皇室復辟後，全面撥亂反正，傅游藝是典型的批判對象！

替武則天論證合法性的《大雲經疏》遭到焚毀，各地大雲寺或拆毀或改名。充當武則天耳目爪牙的酷吏，罪行遭清算，或身故或族誅。傅游藝身兼「勸進第一人」和「酷吏倡議者」雙重身分，豈能逃過遲到的審判？

朝野公認傅游藝為大唐罪人！神龍元年（西元七〇五年），唐中宗下詔，對來俊臣、傅游藝之流「其身已死，並遣除名。自垂拱已來，枉濫殺人，有官者並令削奪」。開元十三年（七二五年），御史大夫程行湛上奏：「周朝酷吏來俊臣等二十三人，情狀尤重，子孫請皆禁錮；傅游藝等四人差輕，子孫不聽近任。」唐玄宗批准。前者剝奪了傅游藝所有的榮譽與所得，讓他永遠與恥辱為伴；後者封殺了傅游藝子孫的政治生命。《新唐書．宰相世系表》沒有傅游藝、傅神童兄弟子嗣的記載，其墓誌銘也沒有列明子孫官職，可見衛州汲縣傅姓這一支後代湮沒無聞了。傅游藝在其中「居功至偉」。後世編修《唐史》，又將傅游藝歸入酷吏、奸臣之列。

傅游藝主動成為武則天的一枚棋子。一年之內，武則天將他從御史超拔為宰相，又推下朝堂逼往鬼門關。傅游藝能夠滿足武則天某些方面

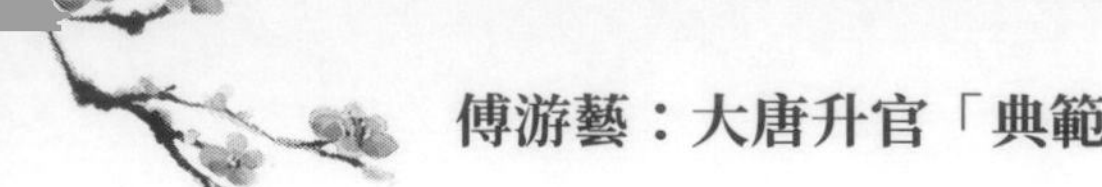

的需求，但對權勢的貪慾和眷戀，觸犯了同樣權欲旺盛的武則天的敏感神經。歸根究柢，傅游藝是可以利用的棋子，遠不是武家的一員。同樣，武周時期的酷吏，萬國俊也好，來俊臣也罷，跋扈至天怒人怨後，逃脫不了被武則天無情拋棄的下場。武則天將來俊臣千刀萬剮，誅滅了全族。安邊御史們殺戮流人後，同樣有後來者給他們羅織罪名，萬國俊等人相繼橫死，或流竄亡命某個陰暗角落。

精明世故如傅游藝者，極可能早就揣摩透了武則天的心思。投機諂媚得來的富貴，猶如賭場上暫時的獲益，隱藏著巨大風險。他們依然為之，賭的是機率，相信自己會是那個笑到最後的贏家。可惜，絕大多數投機者都難逃失敗的宿命。

短短一年內，傅游藝官位由下位直達三品，所穿官袍顏色由青（八品）變綠（七品），由綠再變緋（五品），再由緋變紫（三品），時人戲稱為「四時仕官」。隨後的又一個短短一年，傅游藝由「宰相」降為太常少卿，再被褫奪官職和賜姓，最終在獄中悽慘自盡。他就像坐了一趟「榮華富貴號」雲霄飛車，急起急落，轉瞬即逝。

《新唐書·奸臣》諷刺傅游藝為：

游藝起一歲，賜袍自青及紫，人號「四時仕宦」。然歲中即敗，前古少其比云。

楊凝式：做瘋子比較輕鬆

正常人的人生千篇一律，瘋子的人生卻都是獨一無二的。

這條規律在個人選擇狹隘的古代，似乎更加成立。瘋子是俗世的隱者，是名利的遁者，或者是超凡脫塵的智者。五代十國時期，最著名的瘋子當屬楊凝式無疑。

楊凝式之所以出名，首要原因是他出身頂級門閥——弘農楊氏。楊氏一族顯赫了上千年，每一代子孫都生活在萬眾矚目之下，平淡生活就是他們的奢望。弘農楊氏肇始於西漢丞相楊敞，揚名於「關西孔子」、東漢太尉楊震，乃至之後四世三公，不絕於朝。延至唐朝，「李武韋楊」四姓聯姻，楊氏成為「十一宰相」世家，權勢依舊炙手可熱。楊凝式出自隋朝越恭公楊均一脈，曾祖楊收為唐懿宗時宰相、父親楊涉為唐哀帝時宰相，本人二十多歲即考中進士，官拜祕書郎，為清要之職，前途遠大。

可是，如此家世煊赫的青年才俊，為官沒幾年就瘋了！

楊凝式的瘋，不是他人非議，而是本人大方承認。後唐同光初年，朝廷授楊凝式為比部郎中、知制誥，負責草擬核心政令並參與機要，楊凝式卻以「心疾」請求罷官。朝廷看楊凝式平日言行確實反常，加之楊家聲望太高，允其所請，改為給事中、史館修撰、判館事。別人失去了接近核心權力的差使，得了史館的閒差，會覺得得不償失，更加鬱鬱寡歡。楊凝式卻瘋態頓消，興高采烈地投身史籍整理編撰。其間，他精選通儒，校定三館圖書。唐明宗即位後，要升楊凝式為中書舍人。中書舍

人參與政令參謀和書寫，又是一個接觸權力核心的要職。不料，楊凝式「心疾」又犯了，瘋瘋癲癲，不能上朝，自然新崗位沒法到任。唐明宗也沒勉強他，收回成命，說來奇怪，楊凝式的瘋病立刻又痊癒了。

一靠近權力核心就發瘋，疏離權力就恢復正常，這難道是正常人所為嗎？

楊凝式的運氣著實好，五代十國時期的中樞政令崗位是高危崗位。在楊凝式前後的知制誥、中書舍人，不是因為忤逆聖意被處死，就是政變如吃飯，改朝換代如更衣，勝利者處置舊人也如吃飯更衣一般尋常。楊凝式兩次拒絕入中樞，反而躲過了劫難。

外在迫害僥倖躲過，精神的煎熬卻在劫難逃。後梁貞明年間以來，楊凝式的親友相繼故去。科舉座師張文蔚暴卒、父親楊涉在後梁續任宰相三年後鬱鬱而終、表舅李德體離世，楊凝式失去了親情和庇護，開始獨立面對死亡。尤其是恩公張全義一家的遭遇，更是刺激了楊凝式。

張全義爵封魏王、官拜上將軍、河南尹，欣賞、提拔過楊凝式。乾化二年（西元九一二年），梁太祖朱溫在洛陽養病，住張全義的宅院避暑，旬日之間將張全義家的女眷，包括張全義的妻子全部姦淫。長子張繼祚不勝憤恥，操起利刃要去和朱溫拚命。張全義制止他：「吾為李罕之兵圍河陽，啖木屑以為食，唯有一馬，欲殺以餉軍，死在朝夕，而梁兵出之，得至今日，此恩不可忘也！」表面上，張全義是報當年朱溫救命之恩；實際上，何嘗不是實力懸殊，強權之下焉有小家？張全義、張繼祚父子不得不忍辱負重 —— 即便他是晚唐宿將，即便他貴為異姓王。（張繼祚終究嚥不下氣，日後在河陽謀反，被誅殺。）張全義的長孫張季澄，官至右威衛大將軍，看破紅塵，出家為僧，於後唐清泰二年七月病逝，年僅三十八歲。張家的悲劇，是楊凝式親眼目睹的。

而同年登科的好友竇夢徵、劉贊之死，切切實實告訴楊凝式命運無常、執念無用。

竇、劉二人都是學識出眾、正直勤勉之人。貞明二年，盤踞浙江的吳越王錢鏐遣人貢獻，朝廷擬加錢鏐諸道兵馬元帥榮銜。翰林學士竇夢徵認為錢鏐利於市易，不宜加以過高的名器。後梁不聽，竇夢徵不願書寫詔令，對著空白麻紙哭泣，結果貶為蓬萊尉。竇夢徵死後，沒有嫡長子，楊凝式與劉贊披麻帶孝為竇夢徵設牌位、料理喪事。劉贊還撫卹他的遺孀和幼子。劉贊為官嚴正守法，「權豪不可干以私」。皇子、秦王李從榮握兵而驕，多有過失，朝廷提議置師傅輔助規勸他。大臣畏秦王如虎，不敢裁決，請秦王自行挑選輔官。李從榮選擇了劉贊。任前，劉贊對楊凝式哭泣：「禍將至矣！」秦王府官屬十餘人，多是浮薄傾險之徒，一味獻媚縱容，只有劉贊從容諷諫，規勸正道。秦王李從榮命令屬官作文稱讚自己，劉贊認為自己身分既為師傅，恥與群小比伍，雖然勉強操筆，但面露不悅之色。李從榮告誡左右，以後劉贊來了不得通報。劉贊也不再規勸，一個月到秦王府點一次卯，其餘時間都閉門不出，謝絕交際。長興四年，秦王李從榮擁兵謀反，兵敗被殺。秦王屬官按律連坐，後唐大臣認為劉贊正直為秦王所惡，免死，改為貶官。劉贊聽到秦王敗亡之初，就白衣駕驢待罪。別人告訴劉贊奪官而已，劉贊正色道：「豈有天子塚嗣見殺，而賓僚奪官者乎，不死幸矣！」劉贊長流嵐州，清泰二年（西元九三五年）詔歸故里。因為體弱，劉贊中途病逝。

竇夢徵、劉贊二人，都是胸懷抱負、認真從政的才俊，努力半生，非但做不成名臣，反而落得個悽慘下場。

劉贊病故的第二年（清泰三年），後唐皇帝李從珂率軍北上抗擊強藩石敬瑭。楊凝式時任兵部侍郎，隨駕出師。唐軍抵達河陽，李從珂閱兵揚威。旌旗飄揚、甲冑鮮明，文武大臣簇擁李從珂登臺亮相之際，楊凝式突然「瘋病」發作，他手舞足蹈，不停地大喊大叫。閱兵一度無法

繼續下去。李從珂身高七尺有餘，久經戰陣、生殺予奪，自然皺眉生恨，無奈弘農楊氏名望崇高、楊凝式文名遠颺，加上朝野流傳他向有瘋病，所以沒有處罰楊凝式，「請」他回洛陽靜養。

這一次，楊凝式為什麼發瘋呢？

閱兵時，後唐局勢危如累卵。石敬瑭勾結北方契丹，引寇自重，已經是半公開的祕密。李從珂率軍北上，勝負難料，河陽閱兵何嘗沒有激勵鬥志之意。前方閱兵，後方京師早已震恐，居民紛紛出城藏竄，守軍難以禁止。人心向背已經很明顯了。楊凝式不願將命運捆綁在後唐的戰車上，更不願為某一派勢力殉葬。亂世無義戰，勝利者往往宣傳所謂的正義與天命，而他們何嘗不是弱肉強食的一員？

後唐很快覆滅，李從珂自焚，石敬瑭建立後晉。楊凝式繼續在後晉為官，在禮部尚書職位上致仕，閒居伊洛之間。此後，他再未長期從政，開始瘋瘋癲癲的閒居生活。

自從瘋了以後，人生輕鬆太多了！

洛陽是幾朝首都，居住洛陽者多是王公大臣，楊凝式都「傲然不以為禮」，愛搭不理。王公顯貴們或不以為意，或敢怒不敢言，誰讓楊凝式是瘋子呢？楊凝式平日恣意行事，狂逸不羈，說話沒有顧忌，遇到不順遂處面斥人過，對於洛陽地方官員的過失更是罵不絕口。旁人也不跟他計較，地方官員也拿他沒辦法，誰讓楊凝式是瘋子呢？

楊凝式家世高貴，又是閒居顯宦，出行自然有儀仗相隨，可是他偏要甩開儀仗策杖前行。楊凝式嫌儀仗行進太慢，且不自由。楊凝式最喜歡去的，就是洛陽城的大小寺廟道觀。那裡有成片雪白的牆壁，可供潑墨。楊家有書法家學，楊凝式本人更是精於此道，是連接唐宋兩代的書法巨擘。瘋了以後，楊凝式以天地為書房，以白牆為宣紙，自由揮灑，書法技藝更臻精進。

每次出門，僕人問楊凝式今日去哪座寺廟？他隨口回答，比如：「宜東遊廣愛寺。」

僕人往往推薦自己想去之地：「不如西遊石壁寺？」

楊凝式揮揮手：「甚好。去廣愛寺。」

僕人糾正說：「我說的是去石壁寺！」

楊凝式：「好，好。那就去石壁寺。」

如此言行，懵懵懂懂，如夢如幻，似乎了無主意。到達寺院後，楊凝式面對一座座白牆，「箕踞顧視，似若發狂，引筆揮灑，且吟且書，筆與神會」。揮毫潑墨時的楊凝式，彷彿換了一個人。直到寫滿牆壁，楊凝式才罷手，毫無倦怠之色。信徒、遊客駐足圍觀，無不嘆賞。許多寺觀為了得到楊凝式的墨寶，往往將垣壁粉刷一新，靜待楊凝式前來。

楊凝式的創作，楷書、行書、草書都有，一篇作品中常有多種書法形式並存，布局也不講究，有的作品字跡緊密，有的朗闊疏遠，看似瘋作。恰是這種瘋作，楊凝式完全自由揮灑，每一個字都是認真的，每一篇作品都是精神宣泄。褪去了外在束縛和特定目的，楊凝式抵達了書法藝術的本質 —— 書法是寫作者內心的映射。以傳世的〈韭花帖〉為例：「晝寢乍興，輖饑正甚。忽蒙簡翰，猥賜盤飧。當一葉報秋之初，乃韭花逞味之始。助其肥𦤎，實謂珍羞。充腹之餘，銘肌載切，謹修狀陳謝，伏唯鑑察，謹狀。」它是楊凝式品嚐了韭花珍饈後的隨手札記，或者對贈送者的感謝函，記錄了生活美好的片段，用精緻自然的行書寫成。它記錄了楊凝式瘋瘋癲癲的閒居生活，自然隨性，發現並記錄美好。

楊凝式主要在牆壁上創作，傳世的作品很少 —— 或許，他認為正經八百的文字是危險品，讓作品傳世的觀念本身就是危險的執念。宋代以後，後人可見的楊凝式作品僅有〈盧鴻草堂十志圖跋〉、〈韭花帖〉、〈神仙起居法〉、〈夏熱帖〉等隻紙片字。宋代書法家黃庭堅有幸在洛陽看見過楊凝式的書法作品，「無一字不造微入妙」，他將楊凝式的字和吳道子的畫評為「洛陽二絕」。楊凝式在書法史上的地位非常之高，不僅是五代書法第一人，更有僅次於王羲之的傳承美譽。

不過，晚年楊凝式最大的困惑應該是閒居生活斷斷續續遭到打擾。他的門第過於煊赫，他本人隨著年歲增長名聲日益增長，勃興驟亡的後續王朝都想借助於他。後漢建立後，楊凝式先後加太子少傅、太子少師銜，後世因此尊稱他為「楊少師」。後漢末年，藩鎮郭威起兵進入開封，七十九歲的楊凝式歸順郭威，不過自陳年事已高，請求致仕。郭威恩准他以右僕射的榮銜居家。郭威死後，周世宗柴榮繼位，又下詔升楊凝式為左僕射，加太子太保之銜。楊凝式又一次不得不出山，做了名義上尊貴無比的宰相。後周顯德元年（西元九五四年），楊凝式去世，時年八十二歲。後周追贈太子太傅。

從唐朝末年到後周，楊凝式經歷了六個朝代，可稱「六朝元老」。年紀越大，楊凝式越在瘋癲和宰相高位之間切換。宋人張世南在《遊宦紀聞》中評價楊凝式：

「世徒知佯狂可笑，而不知其所以狂；徒知墨妙可傳，可不言其挺挺風烈如此！」

父親楊涉在晚唐拜相的「大喜」之日，與家人相對泣下。他對楊凝式說：「吾不能脫此網羅，禍將至矣，必累爾等。」不久的天祐二年（西元九〇五年），壟斷朝政的朱溫殺死德王李裕、棣王李祤、虔王李禊、沂王李禋、遂王李禕、景王李祕、祁王李祺、雅王李禛、瓊王李祥等唐哀帝的九個兄弟，接著又在滑州白馬驛將左僕射裴樞、清海軍節度使獨孤損、右僕射崔遠等忠於李唐皇室的三十多名大臣全部殺害，投屍黃河，史稱「白馬驛之禍」。楊涉沒有遇難，因為新王朝需要他捧著唐朝的傳國玉璽，恭請朱溫登基稱帝。

奉璽之日，時任唐朝祕書郎的楊凝式不禁衝著父親大喊：「大人為宰相，而國家至此，不可謂之無過，而更手持天子印綬以付他人，保富貴，其如千載之後云云何？其宜辭免之。」沒等兒子將話說完，楊涉一把捂住楊凝式的嘴巴，大驚失色，痛罵道：「此言若為外人聽到，咱楊家定會滿門抄斬……」當時，朱溫為監視異己，遍布密探探訪群議，官宦縉紳遭禍者眾多。人人自危。楊涉貴為宰相，更是朝不保夕。家世和權位，反成了死亡獵手。

第二天開始，楊凝式就變得瘋瘋癲癲了，時人謂之「楊瘋子」。

韓通：消失的抵抗者

顯德七年（西元九六〇年）正月初三，晨，開封府。

後周王朝的早朝一片慌亂。快馬剛剛來報：北征諸將士在城北的陳橋驛擁戴殿前都點檢趙匡胤黃袍加身，現正簇擁著他回軍開封！

這是多麼熟悉的場景。十年前，後周的開國皇帝郭威也是將士擁戴，也是回軍開封，最後稱帝。不過他當年披著的是黃旗，今天趙匡胤穿的是黃袍。「黃袍不是尋常物，誰信軍中偶得之？」這分明是蓄謀已久的造反篡位！

七歲的皇帝柴宗訓，尚不諳世事，完全沒有意識到禍在眼前，一如既往地無辜地看著空闊的朝堂；二十八歲的皇太后符氏，手足無措，哭哭啼啼地令大臣們速速應對，便拉著小皇帝躲到後宮去了。真正是孤兒寡母，寒心酸鼻，豈有人憐？

尚書左僕射范質，深受周室厚恩，位列群臣之首，又是託孤大臣，應對危局自然責無旁貸。聽聞趙匡胤兵變，范質悔恨交加，一手拽緊象牙朝笏，一腳恨恨跺地。事發前有多位大臣提醒過范質提防趙匡胤，殿中侍御史鄭起公開反對趙匡胤，遇到後者不僅不理不睬，還挺胸抬頭橫絕而過。他曾致信范質，指出趙匡胤手握禁軍，遲早生禍。右拾遺楊徽之則公開揚言：「趙匡胤在軍中頗有人望，不應再繼續掌管禁軍了。」范質一概認為是「書生多事」。時逢亂世，不信用武將，難道讓讀書人去上陣殺敵不成？如今趙匡胤反相已明，范質悔恨莫名！他在迅速散去的朝臣中看到了順著人流準備開溜的尚書右僕射王溥。范質幾個箭步上

去，一把抓住王溥的手，千言萬語到了嘴邊，就是說不出一個字來。

范質能幹，宦海沉浮多年，依然個性耿直，直來直去；王溥低調，為人溫和，與方方面面皆有不錯關係。二人一左一右，原本是輔政的好搭檔。可王溥卻沒有范質那般忠心，不以一家一姓為念，覺得壯年武將治國總好過黃口小兒，加之先前與趙匡胤多有私交，因此對陳橋兵變抱無所謂的態度。王溥的當務之急是盡快找個安全地方躲起來，免得為亂兵所傷。無奈，范質緊抓住王溥不放，幾乎把他的手摳出血來，憤恨之態顯露無遺。王溥想爭辯，同樣無言可對。范質、王溥兩位當朝宰相，便在大庭廣眾之下，僵持了些許時刻，「罷罷罷」，同時甩手，各奔東西而去……

五大三粗的韓通從抓手僵持的兩名宰相身邊奔走而過，心中嗤笑一聲「無用的呆子」，匆匆向侍衛司跑去。幾名武將緊隨其後。他們即將組成迎擊趙匡胤亂兵的抵抗核心。

韓通，官居檢校太尉、同中書門下平章事，使節、鄆濟等州觀察處置使，充任侍衛親軍馬步軍副都指揮使。侍衛親軍是皇帝的禁軍，也是朝廷直接掌握的軍隊主力。由於侍衛親軍都指揮使李重進長期駐外，韓通是朝廷事實上的軍事統帥。

韓通是並州太原人，無從考證出生年月，可見家庭出身赤貧，完全沒有給予任何後天幫助。他弱冠從軍，跟隨日後創建後周的郭威南征北戰，曾因護衛郭威「身被六創」。郭威委以心腹，將韓通與養子郭榮（日後的周世宗）視為左膀右臂。當時，趙匡胤還是低級校尉。韓通抗擊契丹、征伐後蜀、收復三州三關等，長於衝鋒陷陣，也善於後方建設。他疏通水道、搶險築堤，對河北諸多城池的修建、加固和地方建設頗多貢獻。韓通辦事效率極高。都城開封的擴建工程原計畫三年，韓通半年就完成了。因為講求效率，韓通做事雷厲風行，著急發火時眼珠子瞪得溜圓，人送一綽號「韓瞠眼」。

這樣的人，不宜將江山社稷託付給他，但他卻是守護江山社稷的忠實人選。周室任命韓通典將禁軍。韓通在軍中威信頗高，影響力要盛於趙匡胤。小皇帝柴宗訓「幼弱，通與上（趙匡胤）同掌宿衛，軍政多決於通」。（《續資治通鑑長編》）據此可見，韓通在軍政決策方面也蓋過趙匡胤一頭。

正月初一，北方邊關軍警來報，北漢勾結契丹人南侵；正月初二，宰相范質批准趙匡胤掛帥，率領殿前軍、侍衛親軍主力北上。留守開封府的禁軍雖然不多，但困守堅固城池綽綽有餘。京城防務始終為韓通負責。早在先帝郭榮時，就以韓通為在京內外都巡檢，負責京城建設與衛戍。開封城分為外城、內城、皇城三層，除了護衛皇帝的皇城，其餘兩層都由韓通為主帥的侍衛司控制。只要韓通指揮得當，堅守開封城數日，消息散布開來，各地藩鎮，尤其是現任侍衛親軍都指揮使李重進、前任殿前都點檢張永德、強藩李筠等，便會發兵「勤王」。群雄逐鹿，天下入誰手，尚未可知？韓通，便成了一塊可以影響歷史車輪走向的路石。

韓通的當務之急，是收攏還能掌控的軍隊，上城防守！

韓通一路奔向侍衛司，一路陸續收攏官兵。他和范質一樣悔恨交加。兒子韓徽之前多次提醒父親趙匡胤乃野心家，奉勸父親早作預備。韓通始終沒放在心上，他雖和趙匡胤不是一路人，畢竟常年協同征戰，目睹趙匡胤的戰場表現和周室對他的厚恩。韓通在內心是肯定這個後起之秀的。就在昨天，趙匡胤出征前登門拜訪，與韓通飲酒。韓徽竟然埋伏了刀斧手，要殺了趙匡胤。韓通嚴厲制止兒子，對趙匡胤叮囑幾句，賓主盡歡而散。如果昨天不制止韓徽的行刺，那麼就沒有今天的危局了！

奔回侍衛司，韓通立刻意識到大事不妙。衙門空空如也。揪住留值的小吏詢問，方知禁軍早已為趙匡胤一黨掏空了！

北周禁軍原本只有侍衛親軍，又分侍衛馬軍、侍衛步軍，由侍衛司掌管。後來挑選精銳，額外組建了規模較小的殿前親軍，由殿前司掌管。韓通負責侍衛親軍，趙匡胤掌管殿前親軍。去年兩部禁軍調整，和趙匡胤穿同條褲子長大的韓令坤擔任侍衛司的三號人物：侍衛親軍馬步軍都虞候。他和頭號人物李重進一樣，駐紮在外；高懷德擔任侍衛親軍馬軍都指揮使；張令鐸擔任侍衛親軍步軍都指揮使，分別控制了馬軍和步軍。昨天他倆跟隨趙匡胤北征，現在正簇擁著穿戴龍袍的趙匡胤回師開封呢！殿前司那邊，二號人物殿前副都點檢慕容延釗，是個好好先生，和趙匡胤關係不錯，作為北征軍的前鋒，提前出發了。剩下的殿前都指揮使石守信、殿前都虞候王審琦，對趙匡胤亦步亦趨，如今牢牢控制著殿前親軍，說不定現在正聚集在開封城的哪個角落，準備響應城外的叛軍呢？他倆是韓通堅守城防最大的敵人。

看來，趙匡胤暗中已在軍隊耕耘多年。此刻，韓通頓悟去年禁軍人事變動的深意。他的抵抗之心出現了裂縫。趙匡胤哪裡是受將士擁戴黃袍加身啊，這分明是有預謀、有準備的叛變篡位嘛！

即使勝算渺茫，也要拔劍向敵。韓通在戰場上摸爬滾打凝練出這一點，也始終不渝實踐著這一點。他召集了幾百名將士，披掛齊整，帶頭向外城跑去，準備加固城防。抵抗力量要和回師的叛軍爭奪時間，看誰先控制城防。

同樣全速奔跑的趙匡胤，最先趕到了開封外城。

日後在北宋歷史敘事中閃耀著無盡光芒的陳橋驛，位於開封城北的陳橋、封邱二門之間，離陳橋門較近。趙匡胤率部先跑到了陳橋門下。天色已大亮，陳橋門上的守軍看清楚了城下袍澤的面孔，也看清楚了黃袍加身的殿前都點檢趙匡胤。在王朝十年一換的五代，「天子寧有種乎，唯兵強馬壯者為之耳」，守軍自然明白眼前是怎麼一回事。可是，到底是城外一方還是城內一方兵馬更強呢？這些中低級的禁軍官兵無從確認。安全起見，陳橋門的守軍閉關不納，任由城外叫門不應。

時間太寶貴了。趙匡胤下令全軍向西，奔向開封外城北四門之一、東數第二門的封丘門。封丘門守軍選擇站在趙匡胤一邊，打開了大門。叛軍整隊湧入開封外城。

奪取外城後，趙匡胤沒有繼續向南從北邊進入內城。全軍轉而向東奔跑，計劃從內城東門入城。內城東邊城門居北者為望春門，居南者為仁和門。趙匡胤所部到達望春門之際，城門守軍也面臨外城袍澤那般的艱難抉擇。好在，趙匡胤根本沒有給望春門守軍選擇的機會，捨棄該門南下，向仁和門跑去。

仁和門洞開，殿前都虞候王審琦率部分殿前親軍等在門口接應。趙匡胤大軍魚貫而入，占領了開封內城。此時的趙匡胤軍隊已經完成了一場馬拉松長跑，人困馬乏。上萬人馬從陳橋驛長途奔襲四十里地到達開封城下，由外城東邊陳橋門轉向西邊封丘門入城，又捨棄近在咫尺的內城北三門不入，繞道東邊城牆，在東邊又置最近的望春門於不顧，捨近求遠從內城東南的仁和門進入，足足繞了半個開封城，又跑了好幾里路。只要再攻克皇城，便大功告成了。此時，歷史聚焦到了仁和門內不遠處的寺廟——定力院。

趙匡胤北征，不能攜帶家眷。整個家族留在開封城內。十年前，郭威發動兵變，成為天子，可是家人慘遭屠戮，子、侄一個不留。日後，郭氏不得不傳位柴氏，實在是有此苦衷。趙匡胤是此事的見證者，自然引以為鑑，正月初二夜晚就安排母親杜氏帶著趙家眷屬藏進了定力院。王審琦率軍奪取仁和門，在此接應，也有此地可以就近兼顧定力院趙家

眷屬的目的在。趙匡胤順利入仁和門，定力院的眷屬卻已經命懸一線！

韓通帶兵正在定力院搜捕趙匡胤家眷！

原來，韓通聚攏武力，決定奪取城防，選擇從東邊的左掖門出皇城。幾百人奔向城門之時，突然從城垣女牆背側閃出許多弓弩手，鋒鏑射向韓通所部。韓通身邊頓時倒下百餘人。緊接著，喊殺聲四起。殿前都指揮使石守信率領殿前軍官兵，從左掖門內外暗處沖出來，殺向韓通。韓通揮劍高呼：「殺出城門！」雙方展開激戰。這一戰，便拖延了韓通寶貴的時間，讓趙匡胤順利進入了外城、內城；這一戰，韓通最終殺出石守信的重圍，身邊只剩一二百掛彩披傷之人。抵抗者和叛亂者的較量，勝負基本大定了。

此時，韓通得知了趙匡胤眷屬藏身定力院的情報。身邊的殘兵敗將，守備城防已經吃力了，可如果能將趙匡胤家眷擄掠在手，尚且有與之談判斡旋的籌碼。於是，韓通迅速做出判斷，折向定力院殺去。

定力院的住持和尚，將趙家眷屬全部藏在院內一個廢棄的閣樓內，從外面將門窗緊閉。韓通入寺大搜捕。住持騙韓通說：「趙家人已經離開，不知去向了。」韓通不信，注意到了那座廢閣樓。武士砸開大門，入內見蟲網絲布滿掛其間，灰塵凝積，像是長年累月沒有開啟的樣子。正在猶豫要不要詳細搜尋之時，閣樓外的同伴突然傳說：「趙匡胤入仁和門了！」仁和門與定力院百米之隔，武士再無心搜尋，出閣樓回報韓通：「內中無人。」韓通狠狠地看了閣樓一眼，揮揮手率兵退出定力院。

趙匡胤的母親杜氏，已經看到搜捕武士明晃晃的佩刀了，突然命運派來的惡魔發出捉弄的嬉笑，轉身飄走了。

而趙匡胤分兵保護定力院，自率主力直驅皇城。叛軍選擇從皇城宣祐門入宮，不想守門官兵非但閉門不納，還啟用防守之弓弩陣。趙匡胤所部一進射程範圍，一陣箭雨便劈頭蓋臉襲來。長途奔襲後，軍隊陣型已亂，加之疲憊不堪，猝不及防，前軍上百人應聲倒地，後軍紛紛止步。趙匡胤無心戀戰，故伎重演，轉向左掖門而去。石守信之前在左掖門伏擊韓通，韓通浴血殺出後，石守信沒有追趕，守住左掖門等待趙匡胤，現在順利接應入皇城。至此，趙匡胤占領了開封全城，分兵把守住各處關門、要地，傳語各處「棄刀斷弦者不殺」。

剛才在宣祐門指揮放箭拒敵的陸、喬兩位卒長，聞訊自縊而死。

逗留在內城之中的韓通，也沒有棄刀斷弦。勝負已定，他最關心的是家人的安危。身邊的將士四散而去。韓通帶著十餘個最忠誠的官兵，匆匆奔向家宅。韓通一行人遭遇了叛軍陣營的散員都指揮使王彥昇。王彥昇是陳橋兵變的急先鋒，後半生的榮華富貴寄託於此，一見韓通分外眼紅，當即指揮叛軍圍殺上去。韓通不敢戀戰，且戰且退。無奈王彥昇年輕力壯，又人多勢眾，韓通很快掛彩多處。臨近家宅，韓通側頭看了一眼家門口，王彥昇趁他分神，一劍刺中了他的胸膛。韓通踉蹌後退，掙扎著轉身向家跑去。王彥昇追上去，補了幾劍。韓通撲倒在地，鮮血在自家門前擴散開來，血泊浸染了他的身軀……王彥昇等人跨過韓通，殺進韓門，將韓通夫人、長子韓徽、二子、三子一併屠殺。韓通年僅三歲的幼子和四個女兒倖免於難。這是本次朝代更迭中僅有的一樁屠戮無辜事件。

事先，趙匡胤號令三軍入城須秋毫無犯，尤其是「公卿大臣，皆我比肩之人」，不得妄殺。韓通滿門血案，有違軍令。趙匡胤聞訊要懲治王彥昇，眾將紛紛求情，說如今正是用人之際，殺之不利籠絡人心。趙匡胤便高舉輕放，對王彥昇不加責罪。事後，王彥昇由散員都指揮使，升遷為恩州團練使、鐵騎左廂都指揮使，邁出了從中級將領向高級將領的關鍵一步。

城陷之後，叛軍找到宰相范質、王溥，樞密使魏仁浦，簇擁著這三位朝廷軍政最高長官來見趙匡胤。三人一進大堂，趙匡胤便聲淚俱下，抽泣著拉著范質的手說：「丞相，我受世宗皇帝厚恩，卻為將士脅迫，一旦至此，有愧於天地，我該怎麼辦？」范質幻想事情尚有轉圜餘地，責備道：「趙點檢，先帝待你如子，如今他屍骨未寒，你安敢如此？」（一說范質默不作聲。）話音剛落，站在趙匡胤身後的散指揮都虞候羅彥環拔劍而出，利劍指著范質的鼻尖，怒吼：「我輩無主，今日必得天子！」

氣氛頓時劍拔弩張，趙匡胤喝令羅彥環把劍放下。昔日的心腹羅彥環，卻對趙匡胤的命令充耳不聞，怒氣更甚先前。周邊的將士也都怒目射向三人，有人甚至按住了劍柄。

尚書右丞相王溥，暗暗嘆了一口氣，恭身退到階下，「撲通」一聲雙膝跪下，朝著趙匡胤伏地就拜。

范質鼻前頂著一把利劍，見王溥此狀，明白大勢已去，也走到他身邊，跪地叩拜。

樞密使魏仁浦，是名義上的政府軍隊最高指揮官。他不像范質、王溥二人是科舉出身，起點很低，從刀筆小吏做起，兢兢業業幾十年終在後周位列宰輔。與人為善、左右逢源，是魏仁浦待人處世的原則。他見兩位丞相倒地跪拜，緊隨其後跪了下去。

至此，後周的宰輔也集體加入擁戴趙匡胤稱帝的行列。趙匡胤在武力奪取京城之後，在形式上獲得了朝臣的支持。之後的大戲，五代的官民們已經見怪不怪了：先是後周的小皇帝自認德薄，主動禪讓皇位給趙匡胤；趙匡胤推辭不得，勉強接受天下；范質等群臣安排禪讓儀式，後周正式進入歷史，北宋輝煌開國……

在北宋的官方敘事當中，本朝得天下是「天命所歸」、萬民所向，是歷史的選擇、是黎民的呼喚。開國事件「陳橋兵變」是數萬官兵自發的、真心的行為，趙匡胤早已經承天順命、深得人心。整場兵變部署得當、輕而易舉、秋毫無犯，周亡宋興是水到渠成之事。趙匡胤所到之處，官民兵丁無不跪地迎降，山呼萬歲。試問古往今來，有哪朝開國如北宋一般平和正義？官方開國史，反覆陳說，不僅在當時形成共識，也成為了千年之後中國人的認知。

北宋歷代皇帝對自身合法性津津樂道，自詡以「仁義」治國，乃至豪稱「本朝不戮一人而得天下」。當時和後來的許多人都認為黃袍加身的平和、善意，是趙氏一族統治延續數百年之久的一大原因。

古代官史粉飾本朝，自然是份內之義。但是，對於修飾過的官史，後人切不可當作歷史真相；對於顛倒黑白的官史，後人更應該持不齒的態度。具體到北宋，官方的開國史不僅修飾太過，簡直是無視事實、抹殺真相。

散落各處的事實可以輕易戳穿官方開國史敘事。比如，官方宣稱趙氏一族德澤廣布，趙匡胤兵變之前便已經功高震主、眾望所歸。王夫之就曾慨言道：

> 趙氏起器具伍，兩世為裨將，與亂世相浮沉，姓字且不聞於人間，況能以惠澤下流系丘民之企慕乎！其事柴氏也，西征河東，北拒契丹，未嘗有一矢之勛；滁關之捷，無當安危，酬以節鎮而已逾其分。以德之無積也如彼，而功之僅成也如此，微論漢、唐底定之鴻烈，即以曹操之掃黃巾、誅董卓、出獻帝於阽危、夷二袁之僭逆，劉裕之俘姚泓、馘慕容超、誅桓玄、走死盧循以定江介者，百不逮一。（徐松《宋會要輯稿》）

更接近事實的是，趙匡胤是後周王朝掌握禁軍實權的武將，遠遠談不上萬眾歸心。他在全國的影響力非常有限，就是在朝堂之內也是遍布反對者。韓通等人的抵抗、范質等人的不合作，都在影響著兵變的進程，甚至可能改寫歷史結果。即便是趙匡胤接受後周禪位後，朝堂之上依然有反對的身影。翰林學士王著，在入宋之後，尚在宮門大慟，思念周世宗郭榮。當然，我們也不否認北宋統治的合法性。只是，趙宋王朝的合法性不是事先萬民擁戴，更不在所謂的「天命」，而在於北宋篡位後，趙匡胤、趙匡義兄弟倆南北征戰，結束割據，統一了全國。不過，這是後話了。

又比如，官史和後人都渲染趙匡胤兵權在握，是後周的武力支柱，其兵變成功是順理成章之事。且不說趙匡胤兵變之前連禁軍都沒有完全掌控在手，也不說叛軍入城之時遭遇了諸多不順，單說趙匡胤篡位後，強悍的地方藩鎮就兩次起兵反抗。昭義節度使、檢校太傅、同平章事李筠，是後周的北方藩籬，率軍在山西南部抵禦北漢和契丹。一月陳橋兵變，四月李筠即起兵反宋。趙匡胤御駕親征。六月，李筠兵敗，自焚而死；韓通名義上的上司李重進，是侍衛馬步軍都指揮使，檢校太尉兼侍中，也是郭威的外甥，官職、資歷、軍功都在趙匡胤之上。兵變時，李重進外任淮南節度使，主持對南唐的軍事行動。九月，李重進起兵反宋。趙匡胤再一次御駕親征。十一月，李重進舉家自焚。「兩李」很重要的敗因，是沒有互通聲氣、協調行動，如能南北同時發難，想必會給趙匡胤致命的打擊。北宋開國第一年，趙匡胤忙於鎮壓各地的反抗勢力。他的實力遠遠談不上兵權在握，並不是後周的擎天一柱。

北宋開國史最大的噱頭和謊言，是號稱「不戮一人而得天下」。那麼，左掖門伏擊戰的戰死者、宣祐門箭雨下的陣亡者，算什麼呢？如果把「不戮一人」狹義地理解為沒有殺戮一個平民的話，那麼韓通幾乎慘遭滅門，又算什麼呢？多麼尷尬的事實啊！再嚴密的粉飾，後人也能從只鱗片羽中窺見真相。統治者和官史作者所做的，就是盡可能斧正材料，讓真相消失，讓事實符合觀點。

北宋初年，趙匡胤一次駕幸開寶寺，見寺牆上繪有韓通、韓徽父子畫像，臉色遽變，立刻命人剷去。從大局出發、為時務著想，韓通注定是要消失的人物，是北宋王朝的「禁用詞」。官員和史家對他唯恐避諱不及。大文豪歐陽修牽頭修撰《新五代史》。一日，參與修史的焦千之造訪史學家劉攽，劉問焦：「《五代史》成邪？」焦回答：「即將脫稿。」劉攽又問：「為韓瞠眼（韓通）立傳了嗎？」焦千之默然無語。劉攽笑道：「如此，亦是第二等文字耳。」

文璧：生活還得繼續

至元十六年（西元一二七九年）的春天，南宋王朝覆滅在崖山冰冷的海水中，大元王朝在海平面上噴薄而出。

在這個新舊交替的時刻，有些人注定屬於歷史，有些人選擇擁抱未來。

四月，元軍押解身為俘虜的南宋抵抗核心、丞相文天祥到達廣州，轉赴京城大都。停留期間，文天祥的二弟文璧喬裝來到廣州，探望兄長。兄弟倆相對而坐，談的都是家事，談江西老家的財產如何保全、過世不滿週年的母親的後事如何料理、星散的姊妹近親如何找尋。文天祥有二子，在抗元歲月中一死一失蹤。之前，文璧主動提出將自己的長子文升過繼給文天祥為嗣。在廣州監牢，文璧再次提出了此議。隱隱中，兄弟倆都相信文天祥此去大都，便是赴死成仁之途。

兄弟相別，文天祥坦然北上，於至元十九年（西元一二八三年）十二月初九慷慨就義於燕市，死後迅速登上聖壇，後來者對文丞相不吝溢美之詞。乾隆皇帝讚譽文天祥「忠誠之心不徒出於一時之激，久而彌勵，浩然之氣，與日月爭光」。享有如此盛譽的歷史人物，屈指可數。

文璧時任南宋的惠州太守，在送別兄長的當年秋天，攜三弟文璋在廣東惠州開城降元，入元後歷任臨江路總管、廣東宣慰使司事、宣慰使廣西分司邕管，病逝於十九年後的大德二年（西元一二九八年）。乾隆皇帝指責文璧無顏面見兄長於地下。歷代文天祥傳記中，為親者諱，幾乎絕口不提文璧此人，更毋論偉人之弟降元之事。

遙想當年，文天祥、文璧二人是江西吉州廬陵文家不可分割的驕傲。

兄弟二人年齡僅差一歲，同樣聰穎好學，積極上進，分別以家門口的一山一溪取號為文山、文溪。與文天祥的指點江山、踐志成賢不同，文璧相對平和。曾經與文天祥、文璧都共事過的趙文描述，文璧和氣天真、誠信厚道。最能體現他平和淡泊性情的事發生在宋理宗寶祐四年（西元一二五六年）的科舉考試。當年，兄弟倆同時通過禮部考試，成為貢士，只要再通過殿試就能獲得進士功名。不幸的是，父親文儀病危，文璧不計得失，選擇回鄉服侍父親，支持文天祥去參加殿試。在這一年文天祥高中狀元，金榜揚名。文璧則要等三年之後才考中進士。

文璧從臨安府司戶參軍起步，官聲相當不錯，「以賢能稱用」。文璧任新昌知縣時，「錄大獄二十餘，皆得其情。正宗室子孌宗殺婦之罪，決盜牛訟久而不決者，縱牛牛歸故牢而盜服，由是新昌訟諜不入郡」，稱得上是敢擔當、有作為，政績卓著。宋恭帝德祐元年（西元一二七五年），元軍攻破長江南下，逼近臨安，南宋到了生死存亡的關頭。大哥文天祥在贛州起兵勤王，奏請以文璧為助手。文璧進入幕府主管書記，草擬抗元報國的文字。因為家庭原因，文璧之後離開了兄長的幕府，輾轉出知廣東惠州。小朝廷流亡沿海，文璧始終堅守在梅州、惠州一帶，受小朝廷指揮，供小朝廷糧餉。宋廷予以升遷肯定，累官至權戶部尚書。就宋亡之際表現而論，文璧是毫無疑義的忠臣、幹吏，勝過當時望風披靡、非降即走的大多數官僚們。

文璧與文天祥的分野，源於文家的又一次變故。就在文天祥前往抗元前線時，祖母劉氏去世。文天祥不能行孝，文璧就替兄長陪護母親曾氏護柩回廬陵老家。和所有身逢亂世的家庭一樣，廬陵文家也在風雨飄搖中岌岌可危，人口星散，喪事難全，家產又面臨亂兵威脅，迫切需要有人出面主持大局。文天祥兄弟三人，二弟文璋年紀尚小，文璧出面是最現實的選擇。文璧也是這麼做的。文天祥對二弟舍官顧家，其實是支持的，還為文璧向朝廷奏請了祠祿。文璧開始奉祠閒居，退居二線，花更多時間照顧家庭。趙宋王朝風雨飄搖，文天祥在海濱苦苦支撐危局，母親又不幸病亡，還是文璧帶著弟、妹料理喪事，為母守孝。流亡朝廷多次下詔起復，文璧又一次復出，堅守惠州與各方周旋。

西元一二七九年二月初六，宋元最後決戰。宋軍斷戈殘楫沉入崖山冰冷的海底，南宋滅亡。

南宋正式滅亡，像一條分界線，刻在了中國歷史的車輪上，也割裂了無數人的人生軌跡。

有的人注定屬於逝去的王朝，比如文天祥。身為聲名煊赫的前朝狀元、亡國宰相和抵抗領袖，文天祥是無數人的民族英雄與精神領袖，彰顯著一個時代的光榮、一種文化的精神。南宋的精氣神，匯聚到了文天祥的身上。他不能倒下，更不能屈膝投降，不然南宋就徹底煙消雲散了。數以百萬計的南方人的流血付出和熱切期盼，不希望遭到辜負。在文天祥北上途中，有人就貼出了〈生祭文丞相文〉。其實，即便沒有隱形的外界壓力，文天祥也不會投降，在元軍押送他前往崖山「觀戰」的舟中，他就留下了「人生自古誰無死，留取丹青照汗青」的名句。

每個人的際遇不同，身分地位各異，無法劃一筆橫線去框定行為。

文天祥只有一個，像文璧這般的士大夫卻難以盡數。身為南宋士大夫的領袖，文天祥有義務也有意願在獵獵風中高舉精神旗幟，燃燒自己抗拒嚴寒。身分越尊，責任越大。而絕大多數士大夫不承擔這樣的重責，可以做出更多的選擇。不同的選擇，塑造不同的後半生。有人犧牲，有人退隱，更有人擔當士大夫階層的責任，發揮士大夫群體的功能走進新的朝代。我們銘記犧牲者，不能讓他們的事跡蒙塵，同樣也要肯

定負重前行的人。王朝更迭之際，要求所有士大夫都為前朝殉葬是不切實際的，那樣做會對中國社會的穩定和傳承造成災難性的影響。多數士大夫是選擇負重前行，在新舊之間權衡，在適應之後調試。真正需要指摘的是主動卑躬屈膝，助紂為虐，謀取私利之輩，他們才是鼠輩、是敗類、是士大夫的恥辱。

文璧孤守惠州，陸續得知兄長被俘、朝廷覆滅、江山易色，他已然失去了效忠的對象。他不是面臨盡忠報國的問題，而是無國可報的尷尬。崖山之戰後，大陸上只有零星城池還在原宋朝官吏手裡。元軍兵臨城下。有人選擇抵抗，攜城與新朝玉石俱焚，令人敬佩。惠州之前在宋元之間有過易手，自然多有殺戮。如今天下已定，文璧不願闔城再有傷亡，或許認為此時的抵抗是無謂的，便選擇開城投降。對於絕大多數惠州百姓來說，舊時光已成記憶，新生活還得延續，生活就是一天天的柴米油鹽。元朝是必須接受的客觀存在。

自然，文璧的降元遭到了不少反對。托庇於惠州的親人，都有反對文璧投降的。堂弟文天瑞和堂侄（一說是過繼的親子）文應麟阻止不得，深以為恥，與文璧分道揚鑣。其中文應麟痛哭而去，隱居於惠州的東渚，終生不仕不出，為宋遺民，後來成為寶安文氏始祖，如今享受東莞、深圳、香港一代文氏後人的旺盛香火。這是後話了。

文璧則返回廬陵富川老家。他集中精力重整家門，修復戰亂的創傷，長輩的喪事尚需料理，失散的產業亟待收復，失離的親屬慢慢恢復通聯。他擔起事實上的族長角色，力保家族不墜。期間，元朝多次向文璧授官，明確希望他出仕新朝。文璧之前已與元朝妥協，此時也不想隱居終老，不能採取消極抵抗姿態。拒絕幾次後，文璧清楚元朝確是真心，尤其是至元十七年（西元一二八〇年）元廷徵召文璧去大都（今北京）覲見皇帝忽必烈，他便於當年五月奉召來到了大都。

彼時，文天祥正羈押在大都。身為南宋最後的象徵和元朝增強合法性的閃爍明珠，各種說客反覆勸降文天祥。文璧此時入京，想必兄弟二人都心情複雜且尷尬。

文璧的心情，沒有留下痕跡，後人無從得知。文天祥的心理則隨著詩文留傳，讓我們能夠窺見他複雜而矛盾的心理。聽說最親愛的弟弟降元入京，文天祥於獄中寫下〈聞季萬至〉一詩，收入《吟嘯集》，季萬即文璧。

去年別我旋出嶺，今年汝來亦至燕。

兄弟一囚一乘馬，同父同母不同天。

可憐骨肉相聚散，人間不滿五十年。

三人生死各有意，悠悠白日橫蒼煙。

不同的選擇，造就不同的結局，文天祥對兄弟三人的現狀頗有微詞，沒有直斥的原因或許一是兄弟情分在，一是文天祥對弟弟選擇的理解。這種理解在另一首獄中詩〈哭母大祥〉（收入《指南後錄》卷三）中，文天祥認為是「門戶謀」：

二郎已作門戶謀，江南葬母麥滿舟。

不知何日歸兄骨？狐死猶應正首丘。

文天祥起兵報國，對家族門戶疏於盡責。「狐死猶應正首丘」，傳說狐狸將死時，頭必朝向出生的山丘。禽獸都會如此戀家戀故土，人又將會怎樣？此句，文天祥對文璧的選擇是明確理解，預估自己的喪事也將由二弟料理。

監牢中的文天祥，閒時用文字整理思緒，忙時接見不同的勸降者。對於昔日的同僚，文天祥往往閉目養神不為所動，對於喋喋不休相勸者則指斥痛罵；元朝丞相勸降，文天祥堅持以南北方宰相相見之禮互待；

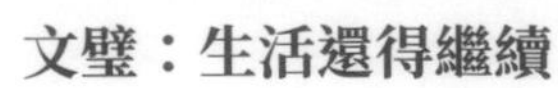

元廷派出降元的南宋末帝勸降，文天祥跪地痛哭，反勸末帝：「聖駕請回。」有人說，文璧也曾勸降，兄弟相知，對坐無言，極具戲劇效果。可是沒有明確史料載明兄弟兩人相見。如果確有其事，反增文天祥的光輝形象；文天祥獄中詩文都能流傳至今，沒有理由會遺漏此事，所以虛構的可能性極大。

文璧的大都之行，歷時一年有餘，載無明文。能夠明確的是，至元十八年春，文璧獲得了元朝臨江路（今江西新余等地）總管兼府尹的任職，於當年夏天離開大都赴任。

南歸前，文璧給文天祥送去元鈔四百貫。文天祥書信向文璧交代了五件事：一是安排後事，自己骸骨要歸葬故土，如屍骨不歸，可招魂封之；二是明確以文升為嗣子。早在當年（西元一二八一年）春節，他已經給文升寫過一封「遺書」：「吾備位將相，義不得不殉國；汝生父與汝叔姑全身以全宗祀。唯忠唯孝，各行其志矣。」（《獄中家書．信國公批付男升子》）；三是大妹文懿孫一家流落大都，要文璧竭力救回老家；四是邀請好友鄧光薦為自己撰寫墓誌銘，如墓誌一時不能公開，藏之以待將來；五是希望在家鄉文山建祠祭祀自己。

文天祥給三弟文璋也寫信一封，勉勵他不在元朝任職，隱居讀書：「我以忠死，仲以孝仕，季也其隱。隱當若何？山中讀書可矣；其它日，為管寧、陶潛。使千載之下，以是稱吾三人。」文家兄弟三人，文天祥忠，文璧孝，文璋隱，在文天祥看來是理想的、可以千載揚名的結局。當時文璋已獲任為同知南恩路總管府事，他聽從大哥教導棄官而去，「杜門卻掃，十年如一日」。

除了兩封書信，文天祥將平時剪下的鬚髮、指甲和脫落的牙齒，包裹後寄給文璧。包裹裡還有文璧送來的四百貫元鈔，如數退還。文天祥說：「此逆物，我不受。」兄弟倆各行其志，各走各道。文璧遵囑將大妹文懿孫一家帶回江西老家，並於當年九月到任臨江府。

兄弟一別，竟成永別。文天祥迎來了終極說客 —— 忽必烈。忽必烈拿出了最昂貴的誘惑，也是最崇高的敬意：

汝以事宋者事我，即以汝為中書宰相。

文天祥擺手拒絕，於至元十九年一個陰冷的冬日中午，向劊子手問明方向後，面朝南方、從容赴死，享年四十七歲。他贏得了不同陣營、所有時代的褒揚，化身為歷史星空中最閃亮的星辰之一。嗣子文升不遠萬里，到京接回文天祥的妻子歐陽夫人，奉養她終老家鄉。

文璧後半生史料依然不足，在元朝的仕宦生涯不明，各處只有招攬流民、安頓地方的簡略描述。相比較，文璧操心家族事務的記載要豐富得多。他供養文天祥的家屬，經理弟弟文璋的家事，成功收復了家族在朝代更迭時期喪失的田地。文璧還供養夫亡家破的二妹文淑孫終生。最值得說明的是，文璧參與整理、印製了文天祥的集子，對文天祥的精神永存有奠基之功，還在文山創建祠堂紀念文天祥，選聘僧人負責日常管理。

大德二年（西元一二九八年），文璧病逝故鄉，享年七十歲。

文天祥、文璧兄弟以家門口的山溪為號，一號文山、一號文溪。「可惜溪山異南北，不成孤竹兩商臣」，文家兄弟倆沒有像商末孤竹君之子伯夷、叔齊那樣一起為國盡忠。知曉文璧情況的後人無不惋惜，更用文人特有的方式譴責文璧的不忠：

江南見說好溪山，兄也難時弟也難。

可惜梅花異南北，一枝向暖一枝寒。

一邊倒的負面評價之外，少數人對文璧有不同的看法。元人趙彬說：「文溪出守，當國已亡，……使必須從其兄俱死，固可；國家無可

為者，屈身以全宗祀，亦可。此最近人情之論。」（趙彬《宣慰文溪先生誄辭》）人情，自古有別於天理國法，是中國人人生的另一大評價體系。當一個人不具備在國法體系中應盡義務的身分時，他順從人情，也是可以理解的。還有人從客觀結果上評價：「文璧降元固然是對宋朝不忠，但也不必深責。因為在元朝統一中國後，歷史任務有所改變，評價一個歷史人物不必再以是否忠於宋朝為標準。文璧在出任元朝地方官後，為保護南宋遺民、恢復戰爭創傷和安頓文氏族人盡了全力，對元初社會發展有所貢獻，他仍是個值得肯定的人。」

文璧未能如兄長一般堅強忠貞，未能滿足許多人的期望，未能為南宋堅守孤城，後人甚至可以指責他只顧家庭小事、不顧天下大義。誠然，文璧沒有做到盡善盡美，但他做得比大多數人要好。複雜的現實永遠勝過道德的指責，後人置身歷史情境之外，不明傳主實情，貿然評價是不公的。

「責任」是「身分」的戰友，二者共同追逐名為「榮譽」的戰利品。有人承擔了身分之外的責任，額外付出，令人肅然起敬。有人沒有如此作為，後人也不能苛求。

陸仲亨：打天下的故事

淮北的陽光像這片土地一般貧瘠乏力，艱難掙脫烏雲的糾纏，裹脅著煙塵和絕望，墜落在黃土之上。

小陸仰臥在濠州鳳陽縣某條道旁的一簇草叢上，任由汙濁的陽光灑在臉上。偶爾有黑影緩慢移過少年慘白的臉頰，那是毫無生機、僵硬茫然經過的路人。他們從無法生活的起點出發，尋找生機渺茫的去處。小陸一開始還羨慕這些無力無助的路人，後來饑餓和勞累徹底剝奪了他的思考能力。他腦海一片空白，人間萬象逐漸模糊起來，居住的破敗不堪的小房子、幾天前餓死的父母、死在土匪刀下的哥哥、不知所蹤的弟弟……一切都變得蹤跡渺然，連同生命，無聲無息、一絲一絲地離開自己的軀體。小陸的身體如同堅硬的石塊，正在慢慢回歸大地。

突然，年輕的身軀感覺到一個沉甸甸的布袋子。裡頭裝著小陸的父母兄弟拚上生命留給他的一升小麥。一粒粒的小麥似乎在粗布中跳躍，呼喚著小陸的軀體恢復活動。可是，除了空洞渙散的雙眼，小陸已經沒有可以殘留生機的地方了……

一段長長的黑影猛然蓋上了小陸的身軀。雙眼逃離了陽光的汙染，慢慢看到了一張碩長、額骨前傾的面龐，和他臉上隱隱約約的麻子——那是鄉土、年輕的象徵。黑影伸出了右手，呼喚了一句土話（即當地方言）：「來！」冥冥之中，那股喚作命運的力量驅動小陸迅速拉住了那只有力的大手，帶他遠離繼續墜落的軌道。

這是至正十三年（西元一三五三年）的夏天，小陸十七歲。那個黑

影是他的老鄉，喚作朱重八，當年二十五歲，小陸叫他朱大哥。

跟了朱大哥以後，小陸這才知道自己加入了濠州的紅巾軍。朱大哥也是剛參軍不久，奉命回鄉下募兵。濠州城裡情況不是太妙，各位大帥明爭暗鬥，害得士卒小兵都不能日日飽餐。可小陸還是願意留在紅巾軍，他喜歡有組織的感覺，更喜歡每天精力充沛、上竄下跳的朱大哥。朱大哥就是個大兵哥，窮得一無所有，但隊裡發糧總是讓弟兄們先吃，每次出城都是他衝在前面，小陸喜歡和朱大哥在一起。

在濠州城待了沒幾個月，朱大哥招呼小陸一造成南邊去闖蕩。小陸捨不得離城，濠州城池好歹能遮風擋雨，外面赤地千里，還隨時有官兵來圍剿的危險。可看到朱大哥挺拔、堅毅的樣子，小陸狠狠點了點頭。

第二年（至正十四年）的正月初一，朱重八一行人頂風冒雪，出濠州南門而去。朱大哥大步流星走在最前面，小陸背著小麥袋改的小包裹，夾著一桿鈍槍跟在後頭。同伴大多數人夾著刀槍，個別夥計就是操根大木棍，最末是兩匹瘦弱的老馬壓陣。小陸留心一數，一共有二十四個二十歲左右的老鄉跟著朱大哥。他們是徐達、湯和、吳良、吳禎、花雲、陳德、顧時、費聚、耿再成、耿君用、唐勝宗、陸仲亨、華雲龍、鄭遇春、鄭遇霖、郭興、郭英、胡海、張龍、陳桓、謝成、李新、張赫、周德興。

陸仲亨就是小陸。就像重八大哥後來改名「朱元璋」一樣，二十四位同伴日後都取了正式名字，替換了之前的七九、初四、土狗。父親生前告訴陸仲亨，我們世世代代都是黃土上的螻蟻，有個使喚的名號就行，不用取名字，也不會取名字。可是朱元璋反問大家：「我們為什麼就不能有名字？」一股莫名的力量頓時讓小陸挺直了腰板，從此成了「陸仲亨」。

若干年後，朱大哥把這次衣衫襤褸、饑寒交迫的遊蕩描述為「馭馬控轡，出遊南土」，「率二十四銳者南遊定遠」。陸仲亨大不以為然，一次告訴湯和「朱大哥真能吹啊」，湯和白了他一眼，也不接話 —— 湯和就是這臭脾氣，說話辦事老曖昧不清。至於那些陸仲亨一輩子看不上的窮酸秀才，吹捧大家是「淮西二十四將」。陸仲亨倒有點喜歡這個稱號。一想起這個稱號，儘管大家生死兩隔，生者天各一方，陸仲亨依舊能感覺到老鄉們從未分開的美好，進入十八歲那年第一天的記憶。

南下發展出奇的順利，一年之內連占滁州、和州。很快蒼蠅飛了過來，先是濠州的元帥們接著是紅巾軍大佬，都過來搶地盤。朱大哥不與他們一般見識，招呼兄弟們收拾一下，準備打過長江去！陸仲亨想到遼闊洶湧的江面，很是不情願，但還是咬咬牙，繼續跟著南下。經過好一場惡戰，至正十五年朱元璋率軍渡過長江。喘息未定，朱大哥突然下令燒掉所有渡船！陸仲亨內心又想要拒絕。燒了船，回不去了，怎麼辦？江北畢竟還有城池，還有屯糧。但是朱大哥的命令肯定有道理。陸仲亨發狠，將渡船付之一炬。全軍背水一戰，很快攻占集慶（南京）和周邊膏腴之地。陸仲亨等老弟兄們招兵買馬，好不痛快，還把煩人的紅巾軍大佬們隔在了江北，好不解氣！實踐一再證明，朱大哥深謀遠慮，跟著他無往不勝。陸仲亨佩服得五體投地，從此朱大哥指向哪他便衝向哪，毫不眨眼，絕不含糊！

命運在陸仲亨最美好的年華，賜予了他豐腴的饋贈。其中有從勝利走向凱旋的歡呼，有跳躍刀槍劍雨安然無恙的幸運，有招降納叛壯大兵馬的喜悅，也有老夥伴們星散四方依舊鴻雁傳書的溫情。一次行軍途中，陸仲亨偶然停下馬匹，回望綿延不絕的部屬，他們都行進在碩大的「陸」字軍旗下。一切都那麼的不真實，陸仲亨惡狠狠捏了一下大腿，還是覺得虛幻。從將軍、元帥到指揮使、大都督，陸仲亨的名號迅速更換；他隨著老夥計們擁戴朱大哥稱吳王，接著混同一大群秀才勸大哥稱帝，再歡呼徐達帶著一大幫同鄉北上千里推翻了元朝，虛幻感日漸消失了，剩下的只有傻笑了，有時候睡著覺都能笑醒。

命運的饋贈在洪武三年（西元一三七〇年）的十一月達到了頂峰！

鮮衣怒馬，鼓樂喧天，穿著龍袍的朱元璋封賞功臣，封了六公、二十八侯、二伯。六公依次為李善長、徐達、常茂（已故常遇春之子）、李文忠、馮勝、鄧愈。

李善長本是定遠的窮秀才，投奔朱元璋僅晚於陸仲亨等二十四人，是大家公認的軍師；徐達是淮西二十四將的領頭羊，主持北伐、推翻暴元、統一全國，居功第一；李文忠是朱元璋的親外甥，朱元璋倍加期許與栽培，本人也馳騁疆場，建功立業不少；常遇春、馮勝、鄧愈則是在滁州、和州期間帶槍投奔而來的豪強，此後混同二十四將南征北戰。尤其是常遇春，多次擔任副帥衝鋒陷陣，且在歷次政治鬥爭中搶先旗幟鮮明地擁戴朱元璋，雖然在洪武二年卒於軍中，其子仍受父蔭為公爵。

二十八侯依次為湯和、唐勝宗、陸仲亨、周德興、華雲龍、顧時、耿炳文、陳德、郭興、王志、鄭遇春、費聚、吳良、吳禎、趙庸、廖永忠、俞通源、華高、楊璟、康鐸（已故康茂才之子）、朱亮祖、傅友德、胡美、韓政、黃彬、曹良臣、梅思祖、陸聚。

封賞公爵基本是酬功，兼顧現任職務，比如排首的李善長、徐達便時任左右丞相。二十八侯的封賞則不論官職高低，更不根據功勞排序。若以功勛而論，廖永忠不僅率數萬水軍投奔朱元璋，對全軍渡江發揮了關鍵作用，而且是之後水軍頭號戰將，對明朝全占長江、支援北伐居功甚偉；康茂才原是元朝的淮南參知政事，不僅獻出了南京城，還帶數十萬兵丁及其眷屬投降朱元璋，奠定了明朝江南基地的根基；朱亮祖也是率部投降的元軍將領，所部戰力強悍；胡美原是陳友諒的大將，不僅率軍投降，還獻上了幾乎江西全省土地；傅友德更是勇冠三軍、出生入死的悍將，可惜出身河南紅巾軍，又陸續投靠明玉珍、陳友諒，最後才投奔朱元璋。他們雖然聲名顯赫，功勛卓越，卻一律排名靠後。相反，從第一名湯和至第十四名吳禎，朱元璋最早的追隨者兼老鄉們占據了侯爵的半壁江山。十四人中，絕大多數的功業都無法與後半者相比，只因他們在朱元璋還是朱重八的時候，在時局混沌不清個人前途未卜之時，便忠心追隨，歷經饑寒、戰火、陰謀、殺戮都矢志不渝。沒有共同經歷過的人，是難以理解這種真情的。所以，侯爵封賞的標準是與朱元璋私人關係的親疏遠近。

封賞之時，陸仲亨淚眼婆娑，在場的幾位老夥計甚至忍不住抽泣了，就連日趨嚴肅且深受精神衰弱困擾的朱元璋在高高的龍椅上也端坐得不如往日那般板正筆直了。

當年的二十四人，有兩位陣亡在大功告成之前。一位是耿再成，其子耿炳文受封長興侯；一位是花雲，其子尚幼，沒有受封。其餘二十二人都親自品嚐到了勝利果實，他們構成了大明王朝開國之時最核心、掌握最強的軍政實權、和朱元璋關係最親密的勛貴集團。而陸仲亨在盛大的封賞之日受封為開國輔運推誠宣力武臣、吉安侯、榮祿大夫、柱國、同知大都督府事，食祿一千五百石。朱元璋恩准吉安侯爵位可以世襲，並賜陸仲亨文綺及帛四十疋。開疆封侯，陸仲亨摘取了人世間最大的功業。

這一年，陸仲亨三十四歲。

任何創業故事終將從高歌猛進的上半場，不可避免地進入下半場。

明初的南京城是淮西人的天下。時人有言：「馬上短衣多楚客，城中高髻半淮人。」隨處可見的淮西打扮和方言，不僅是金鑾殿上的淮西皇帝主導的，更是滿城的勛貴家族帶來的。陸仲亨雖然在秦淮岸邊安置了府邸，依然保持著背著手走路，拉人蹲牆根兒聊天的老家風俗。有時，

他和人聊得興起，拉著對方袖子就往牆根蹲。老夥計們的做派，大抵如此。公侯大臣們如此，其他官民不僅不敢有微詞，還有樣學樣，風俗為之一變。至於淮西飲食，陸仲亨不僅在老家置辦田地專供物資，千里傳驛直送府邸，還招了家鄉廚子專做老家菜——儘管他在鳳陽老家的少年兒童時期並沒有吃過什麼正經的飯菜。

明初的南京城更是濠州人的天下。當今皇上老家在鳳陽縣廣德鄉東湖裡，十二歲時搬到了太平鄉孤莊村。中山侯湯和、鞏昌侯郭興、武定侯郭英和永平侯謝成都是廣德鄉東湖裡人，是皇上兒時同村的玩伴；延安侯唐勝宗是廣德鄉毛城村人，是真正的同鄉。陸仲平是太平鄉義城村人，他和太平鄉孟家莊的江夏侯周德興、燕山侯孫興祖、臨江侯陳德，塗山村的濟寧侯顧時，焦山村的鳳翔侯張龍、航海侯張赫是皇上搬家後的同鄉。這幾個小村莊組成的彈丸之地，真可謂是富貴之地。共同的地緣、經歷和情感，將濠州人凝聚成親密團體，又進一步透過聯姻、交往昇華為牢固的利益共同體。

陸仲亨還很年輕，突如其來的安逸、豪奢的生活對於年輕的侯爵來說，不是來到世外桃源的喜悅，不是人生閱盡千帆的從容，而是策馬揚鞭馳向慾望草原的豪邁與急迫。和陸仲亨前後受封的勛貴們兼併小民土地，走私違禁商品，包攬地方詞訟，乃至強搶良家婦女等等，都史有明文。最終，他們變成了自己浴血廝殺推翻的敵人的樣子。

陸仲亨覺得自己和蒙古權貴們是不同的。蒙古人坐享其成，是祖宗家業的敗家子。現如今，江山是朱大哥帶著兄弟們打下來的，我們享用的一錢一文都是昔日血汗的回報。但是，皇上頒布了諸多嚴苛律法，雷厲風行，殺伐決斷，毫不手軟。一股不以為然的情緒，在十數年之後再次在陸仲亨的心底泛起。他隱約覺得朱元璋穿上龍袍以後，就不再是熟悉的朱大哥了。也許皇上自有想法，但打天下既已成功，為什麼還延續戰爭歲月的嚴苛和殺戮慣性呢？不過，一想到朱元璋那張威嚴凶戾的長臉，陸仲亨不禁縮了縮脖子：皇上執法嚴苛，但沒有嚴酷到自己的頭上，我為什麼要諫言呢？我自饌玉炊珠，管他大政得失。

不幸的是，嚴苛律法很快落到陸仲亨頭上。戰場上縱馬馳騁的陸仲亨，封侯後依然駕車乘馬，出行四方，橫衝直撞。幾個月後，他和老夥計唐勝宗「擅乘驛車」遭削爵，降職為指揮使。陸、唐二人憤憤不平，但同樣在戰爭年代養成的對朱元璋的敬畏之心，使得他倆敢怒不敢言。朱元璋也不允許他們發火。洪武四年，朱元璋令陸仲亨出守代縣雁門關，很快就藉口抓捕寇賊有功，復其吉安侯爵位。唐勝宗也因為在西北立功，一同恢復了爵位。

陸仲亨和唐勝宗虛驚一場。這不就是以前軍營裡打一棍子給個饅頭的伎倆嗎？陸仲亨嘟囔了好幾天，不過他也知道朱元璋為什麼打自己棍子，行為收斂好多，起碼不再擅動官物了。

之後幾年，陸續有公侯顯貴因種種不法遭到懲處。其中就有淮西二十四將的核心元勛：

洪武七年（西元一三七四年），鎮守北平的淮安侯華雲龍，霸占故元丞相脫脫的宅第，公然擅用元朝皇帝遺物，「凡元宮龍榻鳳褶及金玉寶器非人臣可僭用者，皆用之弗疑」，後來又嫌脫脫宅第欠佳，無償徵用駐軍及百姓翻蓋，新宅僭越且奢靡。華雲龍因「在鎮不法」，且大不敬，召還京師。華雲龍或許從未想到自己會因生活待遇問題遭罷職召回，不清楚會因此受何懲罰，思慮過多，死在了回京的途中。他是和平年代第一個去世的元勛老臣 —— 年僅四十二歲。

「老周」周德興是淮西二十四將中的老大哥，年齒最長，不幸在小華之後成了第二個遭到懲處的核心元勛。老周自恃資格老、功勞大，官邸僭越規格。刑部羅列罪狀，奏請懲處。這簡直是「書生多事」！陸仲

亨致信老周，給他撐腰。最後，皇上朱元璋下發了明詔，高舉輕放，在明確周德興罪狀屬實之餘，寬宥過往。老周安然無恙。「皇上還是念舊的。」陸仲亨判斷。

真正震動陸仲亨的是，朱元璋已經對其他人舉起了大刀。首次殺戮功臣事件，發生在洪武八年，死者是德慶侯廖永忠，罪名是「僭用龍鳳不法」。廖永忠也算是陸仲亨的老熟人了。渡江前，廖永忠兄弟率領巢湖水軍來投，解決了朱元璋渡江難題，奠定了大明水軍的基礎。此後，廖永忠血戰兩湖、平定兩廣、西進巴蜀，功勛不在淮西二十四將之下。陸仲亨曾和廖永忠一道進軍廣東，共過事，關於他衣食住行僭越一事，是相信的。可是，小華、老周不都僭越不法嗎？所以，廖永忠的死因不在於此。他因何而死呢？

陸仲亨很清楚，廖永忠折在了擅殺韓林兒一事上。

朱元璋對參加紅巾軍的歷史諱莫如深，就像他拒絕承認當過和尚、做過乞丐一樣。凡是聽到僧、禿、寇、丐等發音，皇上都會龍顏大怒。可是「當皇上還是朱大哥」的時候，陸仲亨記得他多次親口提及早年在豫東、皖北的州縣流浪的經歷。大明的軍隊，脫胎於紅巾軍，這也是毋庸置疑的事實。雖然陸仲亨對紅巾軍並沒有什麼好感，但自己參軍的時候確實是紅巾軍的小兵，朱大哥是小隊長。後來，朱元璋獨立發展壯大，江北的紅巾軍主力卻越來越弱，直到當時的「皇上」韓林兒要渡江移駕南京。朱元璋派去迎駕的人就是廖永忠。

廖永忠幾日後回報：皇上御駕龍舟行至瓜洲時沉沒，韓林兒遇難！報告送達之時，陸仲亨恰好在朱元璋身邊，清清楚楚看到朱元璋讀到韓林兒遇難之時，不能自己，嚎啕大哭，涕淚交加！陸仲亨見狀，立刻跟著乾嚎起來——儘管他心裡樂開了花：來搶地盤的人死了，太好了。朱元璋下令全軍替韓林兒發喪，操辦葬禮，並痛責了廖永忠的「失職」。

陸仲亨就和唐勝宗、費聚等私下思索：水軍出身的老廖，怎麼連艘船都沒看好，怎麼能看著人溺死呢？大家的結論是：老廖這回替朱元璋幹了一把「髒活」。那麼，這活是廖永忠的「私活」還是朱元璋授意的「任務」呢？陸仲亨等人就不敢妄議了，只能埋在心底。

想不到，第一刀落在了給朱元璋幹「髒活」的廖永忠身上。陸仲亨打探到的小道消息是，朱元璋起初並不想殺廖永忠，召他回京質問：「汝知罪乎？」廖永忠服軟：「臣已知罪。」朱元璋再問：「汝知何罪？」廖永忠的倔脾氣犯了，答道：「天下已定，臣豈無罪乎？」這一句徹底激怒了已經神經衰弱的朱元璋，公開「賜死」廖永忠。

「天下已定，臣豈無罪乎？」一股深深的寒意刺入陸仲亨的骨髓。陸仲亨的人生完全和朱元璋捆綁在了一起，他根本無法想像沒有朱元璋的世界會是什麼樣的景象？可是，天下是共同打下來的天下，江山卻是朱家一姓的江山。從朱大哥成為皇上的那一天始，大家便是君臣。行軍打仗，陸仲亨學會了；恪守君臣之道，陸仲亨不知道從何學起，向誰去學？

茫然無措的陸仲亨，完全敵不過朱元璋的雷霆步伐。先是洪武十一年，陸仲亨和梅思祖受朱元璋徵召沒有按期到達，遭沒收公田；洪武十二年，陸仲亨在臨清練兵，突然被抓捕到南京，又無由頭地予以釋放。這已經不是挨一棍子賞一饅頭的把戲了，陸仲亨確信朱元璋是動真格的。他憤怒、委屈，想質問朱元璋為什麼如此相待，可看到皇上日益陰沉僵硬的臉，氣焰就消減了大半，再一接觸到朱元璋冷酷肅殺的眼神，陸仲亨雙腿就不爭氣地微微顫抖。磕頭回府後，陸仲亨自責，繼而洩氣，最終消沉，如此循環往復。

洪武十二年，皇上陵寢在南京鐘山落成。陸仲亨有幸瞻仰。天子也逃不過上天的安排，終有回歸黃土的那一天。昔日叱吒風雲的朱元璋，正在走向人生的終點。陸仲亨感傷之餘，夾雜些許慶幸。朱元璋本就比陸仲亨年長八歲，加上開國後夙夜操勞、精神疲憊，加速老態，不出意外會駕崩在元老勛貴們前面。而太子朱標是陸仲亨看著長大的，是個死讀書的小胖子。陸仲亨面對太子沒有絲毫微顫，總是像叔叔看侄子一樣慈愛、堅定。一旦皇上駕崩，陸仲亨自信日子會舒坦得多。

對朱元璋而言，陵墓就像一顆定時炸彈，催他加速推進未盡的計畫。而計畫的目的，便是留一個清清爽爽的江山給溫和羸弱的太子。在鐘山陵墓建成的第二年，洪武十三年（西元一三八〇年），宰相胡唯庸「謀反」，釀成了「胡唯庸案」。

案發之日，陸仲亨驚得目瞪口呆，繼而六神無主、坐立不安。他和胡唯庸實在是太熟了！胡唯庸本是濠州的窮書生，在和州期間投奔而來。他敢說話，有能力，不畏艱難不避鋒芒，深得朱元璋的喜愛和李善長的提攜，迅速後來居上，在洪武六年成為左丞相，一人之下萬人之上。陸仲亨起初與胡唯庸多是政務往來，很快發現這個小老鄉為人豪爽，常幫元老勛貴們說話、遮蓋，雙方便越走越近。陸仲亨覺得胡唯庸生殺黜陟、大刀闊斧的勁頭，很有朱元璋早年的神韻，加上自己歷次獲罪都得到過他的關照，最終與其無話不談。同樣的情況還發生在唐勝宗、費聚、趙庸等老弟兄們身上。幾個人多次聚在宰相府中，發泄對朱元璋的不滿。胡唯庸多有應和、寬慰之語。誰能想到，胡唯庸竟然密謀造反！這不是把老哥幾個給害了嗎，追究下來說不定還要掉腦袋！

果不其然，諸法司奏請查處的名單中就有陸仲亨、費聚等人。長達數月時間，陸仲亨的心一直提在嗓子眼那，寢食俱廢。結果是，胡唯庸遭誅滅九族。朱元璋又殺了御史大夫陳寧、御史中丞涂節、都督毛驤等等。對於陸仲亨、費聚等人，念是開國元勛、立功有年，朱元璋明令不予追究。陸仲亨花費前所未有的心力分析各種資訊，尤其是案發後朱元璋廢除了延續千百年的宰相制度，得出了一個結論：皇上處置胡唯庸案的立意，在剷除相權、在強化集權，而不是殺具體哪個人。可是，既借謀反案為殼，就得殺人。胡唯庸便成了倒楣的「最後一個宰相」，還拉了當時朝堂上的現任軍政長官陪葬。陸仲亨發現這些陪葬者無一不是近年來飆升的新貴，更加堅定認為皇上並非要打擊元老舊臣。自己只是意外的牽涉者，又是一場虛驚！

話雖如此，經此一變，陸仲亨張揚之情、奢侈之心蕩然無存。聖旨命令如何，陸仲亨完全照辦；衙門政務完結，陸仲亨躲進府邸，絕少外出，任憑門外上演一幕幕悲喜劇。

胡唯庸案當年，朱亮祖因「在鎮不法」，連同其子被朱元璋鞭死；洪武十七年，胡美因「亂宮」之罪滿門抄斬。這兩位都是在朱元璋發展早期，帶槍投奔的降將。

繼華雲龍之後，老弟兄們陸續因病辭世：濟寧侯顧時、臨江侯陳德、靖海侯吳禎、江陰侯吳良、鞏昌侯郭興。洪武十八年（西元一三八五年），淮西二十四將的領頭人物、魏國公徐達因為背疽加重，不幸辭世。朱元璋御駕親臨徐達葬禮，和陸仲亨等發家弟兄們一起送他最後一程。朱元璋讚譽徐達為「開國第一功臣」，追封中山王。在葬禮上，陸仲亨泣不成聲，幾次被人扶走，又幾番固執重返。這一年，陸仲亨虛歲正好五十。

事後，餘下的老哥們暗傳：徐達背疽發作，不能吃發物，宮中卻賜以蒸鵝，徐達含淚食後，中毒而死。陸仲亨又一陣莫名的驚悚。不過，三年前，陸仲亨之子陸賢迎娶了朱元璋第五女汝寧公主。吉安侯府和皇室攀了兒女親家。當年，朱元璋為兒子們分別迎娶了馮勝、徐達等府的女兒，又把公主下嫁給了傅友德、胡海、張龍等老人的兒子。陸仲亨安慰自己：皇家姻親名單上的這些老夥計，應該是平安的。畢竟，大家都

是坐五望六之人，不復當年之勇了，皇上也毋庸猜疑，功臣安享晚年即可。

徐達之死的次年（洪武十九年），明州衛指揮林賢通倭，受審供出是多年前受胡唯庸指使。陸仲亨敏感預料，一場大風暴正在形成，不知道會毀掉哪些家族？

洪武二十三年（西元一三九〇年），明軍在蒙古高原抓獲叛逃軍官封績，封績供出又是多年前受胡唯庸指使，勾結蒙古人南下謀反。接著，李善長的家奴自首，告發早已告老還鄉的李善長和胡唯庸往來，縱容謀反。李善長以「大逆不道」之罪，全家七十餘人滿門抄斬。李善長是大明王朝創業的二號人物，抄斬時已七十七歲高齡。

朱元璋始終沒有忘記沉寂多年的老臣陸仲亨，安排他在李善長之後第二位「登場」。陸仲亨的家奴封貼木自首，揭發陸仲亨、平涼侯費聚、延安侯唐勝宗、南雄侯趙庸都與胡唯庸共謀造反。朱元璋下令將陸仲亨、費聚四人賜死，並廢四家世襲爵位，株連滿門。在朱元璋所頒布的《昭示奸黨錄》中，陸仲亨、費聚是胡唯庸造反集團的核心，且是最早的成員。洪武六年某月，胡唯庸請二人在宰相府喝酒，酒到微醺，支開左右，單刀直入：「我們種種不法行為，一旦泄露，怎麼辦？」三人一致決定造反，結成了造反集團的雛形。陸仲亨在集團中的任務是「收集軍馬」。

陸仲亨記得，洪武六年前後自己和費聚屢受斥責，心情不順之時多次造訪胡唯庸。三人喝酒，胡言亂語肯定是有的。是否酒後胡言了些大逆不道的話，陸仲亨完全記不起來了。但他確信，自己肯定沒有暗中招兵買馬圖謀不軌。時隔近二十年，酒後之言竟成了滿門抄斬的「鐵證」。

歲月真是可怖，將人雕刻得面目全非，將許多事情改寫得天翻地覆。早年，朱元璋曾讚譽陸仲亨「此我初起時腹心股肱也」。陸仲亨度過了悲慘的少年、血戰的青年、跋扈的中年、低調的壯年，當年過半百進入晚年時還自詡褪去了早年的衝動剛硬，恬淡自守，保有富貴。誰料，朱元璋認為他「居貴位而無雍和之色，默默然各帶憂容」，是心懷不滿、圖謀不軌的表象。陸仲亨欲辯無詞。

跪在行刑臺上，家人哭成一片，陸仲亨則處之泰然，甚至有意挺直了腰板。他依稀記得不知哪位老夥計很多年前說過，出沒鋒鏑之間，氣勢最為要緊！當時陸仲亨就覺得是至理名言，戰場如此，人生亦如此。何況自己並無罪過，為何要做那哭天搶地、蜷縮畏弱之狀？

監刑官宣讀了朱元璋的處決詔書：

……吉安侯自十七歲被亂兵所掠，衣食不給，潛於草莽，父母兄弟懼無，手持帕一幅裹窖藏臭麥僅一升。朕曰：「來！從行乎？」曰：「從！」自從至今，三十九年……

這一刻，淚水止不住地傾瀉到了陸仲亨的臉頰！

淚眼婆娑中，陸仲亨朦朦朧朧又看到了那只年輕、有力的手。當年的自己，鬼使神差地接住了這隻手……

「胡唯庸造反集團」成員有：李善長、陸仲亨、唐勝宗、費聚、趙庸、鄭遇春、黃彬、陸聚、金朝興、葉升、李伯升、鄧鎮（鄧愈之子），以上都是在世的公侯勛臣；身故的有：顧時、楊璟、吳禎、薛顯、郭興、陳德、王志、俞通源、梅思祖、朱亮祖、華雲龍。淮西二十四將清洗大半，在世者斬首，去世者撤掉哀榮，全都家產被抄沒、爵位被剝奪、子孫遭到覆滅。

《昭示奸黨錄》記載族誅的胡唯庸黨羽有三萬餘人，駭人聽聞。三年後的「藍玉案」編成的《逆臣錄》記載藍玉黨羽族誅有一萬五千餘人，其中多數又是開國元勛。淮西二十四將中的普定侯陳桓、永平侯謝成，

都列名藍玉黨羽，族滅奪爵。

二十四將中的其他人命運如下：

年紀最長的江夏侯周德興，因其子在宮中淫亂，族誅，奪爵；

李新，「受賄」，伏法，奪爵；

張赫，遠離朝堂，長期整頓海防，漂泊海上，胡案風雲再起當年病死；

胡海，告老還鄉，藍玉案爆發當年病死；

湯和，朱元璋從兒時起就無話不說的死黨、參加紅巾軍的引路人，有封公資格卻因多次犯錯而屈居侯爵（一說他主動犯錯，韜光養晦），洪武二十八年病死。臨終前，湯和深深慶幸得以善終；

張龍，告老還鄉，洪武三十年病死。

到建文帝時，朱元璋封授的上百名元勛，保有爵位的只有徐達、李文忠、湯和、耿炳文、吳良、沐英、吳復、郭英等八家。其中，淮西二十四將只剩徐達、湯和、吳良、郭英四家，而尚在人間的只有郭英一人而已。

郭英與哥哥郭興二人並列侯爵，弟弟郭德成也早早從軍，性好嗜酒，名位止於驍騎舍人。朱元璋娶郭家妹妹為寧妃，寵愛有加，有意栽培郭德成。郭德成頓首推辭：「臣性耽曲蘗，庸暗不能事事。位高祿重，必任職司，事不治，上殆殺我。人生貴適意，但多得錢、飲醇酒足矣，余非所望。」好一個「人生貴適意」，朱元璋大為稱許，賜美酒及金幣，厚待有加。一次，郭德成侍宴大醉失態，朱元璋見他披頭散髮，笑道：「醉風漢，頭髮亂成這樣。」郭德成昂頭說：「臣也討厭頭髮，剃光了當和尚才爽快。」朱元璋立刻陰沉了臉，不發一言。郭德成酒醒後，知道犯了大忌，立刻剃髮、穿僧衣，真正墮入空門。朱元璋對寧妃說：「我以為你三哥是戲言，想不到他真出家了。」郭德成這才得以善終。

數年後，燕王朱棣發起靖難之役，建文帝可用之將只有郭英、耿炳文，以及李文忠之子李景隆三人而已。此三人的腦海中時刻縈繞著歷年殺戮的殘酷畫面，即便手握兵權，也不敢作為……

劉保：帝國的棄子

嘉靖十九年（西元一五四〇年）三月，塞外的冬寒尚未徹底褪去，遼東大地上冰雪開始融化。一個薄霧朦朧的早晨，廣寧衛（治所在今遼寧北鎮市）新凍河臺下，一個少年提著水桶去河邊取水。

少年名叫劉保，是山西大同人，隸屬大同天城衛右所軍籍。其父劉彪抽調戍守遙遠的遼東，帶著兒子劉保隨住新凍河臺。在這個視野朦朧的春日，劉保告別了父親，將自己置身於未知的荒蠻之地。取水途中，預先埋伏的歹人一擁而上，將劉保綁去，賣給了女真人和喇岱濟當奴隸使喚。在明朝東北防線之外的廣袤森林中，散居著尚處於矇昧狀態的女真部落。女真人將奴隸視為私人財產，和喇岱濟將劉保改名阿都齊，驅使他放牧牛羊。

劉保一懵懂少年，從未遊牧，戲劇性地來到一個完全陌生的世界，莫名其妙地淪落為任人宰割的奴隸，勞作的艱辛可想而知。奴隸偶有過失，女真主子就施以殘酷的肉刑。一旦走失牛羊，和喇岱濟就要殘忍地割去劉保的器官。劉保付出了兩隻耳朵和一個鼻子的代價，終於學會了放牧。從此，女真部落多了一個身軀殘缺的「怪物」：阿都齊。他低著一張醜陋的面孔，在寒冷的凍土大地上捱過了一個又一個春秋，從少年變為青年，再進入中年。他學會了女真語言，從妝扮到舉止都漸漸變為女真人。期間，主人和喇岱濟病故，阿都齊作為遺產由其次子楮布額「繼承」。楮布額以遊牧採集為生，也時常搶劫漢族地區。阿都齊跟隨楮布額侵入明朝領土，搶劫遼陽二次、搶掠廣寧一次。一次，主人從擄掠

來的漢人女子中，指定王氏配給阿都齊為妻。阿都齊悲涼的奴隸生涯多少有了一絲暖色。不過，奴隸主給奴隸指婚的目的是為了繁育下一代奴隸。阿都齊夫婦生育了一女，取名阿喇陳，自出生之日便是奴隸。即便如此，阿都齊仍將女兒視作掌上明珠，盡可能給她最好的衣食。

隆慶元年（西元一五六七年）十二月，阿都齊放牧羊群時遭遇了饑寒狼群的攻擊，雖然竭盡全力驅趕，狼群還是咬死、叼走十多隻羊。阿都齊頓時陷入絕望，少年時期割去耳鼻的慘痛記憶讓他毛骨悚然。他怕楮布額要索取性命，急中生智，決定拚死一搏：逃回關內，回故鄉去！

下定決心後，阿都齊，這個平日部落裡毫不起眼、木訥寡言的老奴隸，迸發了驚人的能量。他成功拐走了一匹馬，騎馬向內地奔去。中途，阿都齊撞到了黃毛部落。黃毛部落將馬奪走，把阿都齊捆綁起來，要送回原主人。阿都齊當夜尋機脫逃，拚盡全力向西南方向跑去。當月十七日，阿都齊跑到了廣寧衛邊境的鎮安堡邊臺下。他用已然不熟練，卻中氣十足的漢語向臺上守兵喊道：「我是來鄉人口！」

守兵核實基本情況後，把阿都齊引進堡壘。守堡千戶審明，確信阿都齊就是淪陷蠻夷的漢人，兩日後差人解赴撫鎮衙門。不論原因為何，明朝將從朝廷轄境淪落到藩屬國家、蠻荒之地的漢人，一律稱為「逃人」。在冷兵器時代，人口是政治體之間競爭最重要的因素。尤其是掌握相對較先進文化、科技的漢人，如果為藩屬、蠻夷所用，不僅容易為虎作倀，助長敵對勢力，而且關係王朝的臉面。因此，朝廷始終大力招徠逃人，給予適當優待。回歸漢地的逃人，無論婦孺老弱還是青壯男子，都可得到官布、酒肉、鞋靴等獎賞，並由官府護送回原籍安置。阿都齊在撫鎮衙門，便獲賞戴氈帽等。他默默將女真皮帽摘下，換回漢族衣冠，官府名冊登記他為「劉保」。

當時，遼東負責安置工作的軍官王永祐，湊集一批逃人就差人解送回原籍。隆慶二年（西元一五六八年）正月二十二日，五十二歲的廣寧中衛中所百戶栗愷，會同在官舍人周輔，押解著劉保，以及從各處逃回的山海衛王氏，撫寧衛施氏、趙氏，昌黎縣李氏，昌平縣傅氏等共六人，返回關內，趕赴各人的原籍。朝廷規定，邊關差官解送逃人回家，沿途可免費享用驛遞食物與交通工具。原籍官府接受逃人後，要在收管憑證上簽字畫押。差官拿憑證覆命。這套流程稱為逃人「寧家」。

受擄為奴二十八載之後，劉保終於走在了故國的大地上。

一行六名逃人，除劉保外的五人，故鄉都在山海關至北京城沿線，陸續抵鄉接收，最後只剩下原籍地最遠的劉保一人。離開昌平後，栗愷、周輔押著劉保趕往數百里之外的大同天城衛而去。按照制度，官民三人沿途可以從帝國的驛傳系統得到免費食宿和交通工具。可彼時的驛站系統積弊叢生，且不堪重負，無法滿足實際需求。各地驛站都折給栗愷、周輔銅錢，要求差官自行解決食宿。而給付的標準，幾百年不變，尚且是明朝開國時的物價，栗愷、周輔尚且「不足吃用」，更不用說劉保的吃穿和交通往來了。栗愷兩人得此苦差，自認倒楣，不顧逃人死活，將銅錢買飯自己吃用，逼劉保沿路乞討。好在劉保常年為奴、日夜吃苦，木然接受所有不公，一路無話。

二月二十七日巳時，官民三人抵達京郊通州驛，該驛只給了銅錢二十四文。栗愷、周輔自己粗茶淡飯尚且勉強，當日更是罵罵咧咧地逼劉保乞討。當夜，三人在高密店住宿一晚。二十八日卯時離店，午時到達北京張掖門外。在街邊無名小店買飯吃後，栗愷與周輔雇了二頭驢行路，讓劉保步行隨後，當時說明：「你快走來，我們到前途等你。」

雙腳難敵四腿，更何況是饑寒交迫的兩隻腳。劉保漸漸和栗愷兩人拉開了距離，直至完全看不見蹤影。夜幕降臨，劉保來到了甜水井，找不到差官，就在路旁露宿了一宿。當晚，栗愷、周輔不見劉保到來，也

在甜水井一無名小店歇腳一夜。第二日，栗愷兩人沒有原地等待、找尋劉保，反而繼續趕路，抵達北京西南郊的盧溝橋，等到正午還不見劉保。此時，兩人有些著慌了，又擔心劉保從岔路走過去了，趕路到前方的良鄉縣，還是沒見到劉保。周輔茫然無措之際，栗愷乘機慫恿說：「我們解了許多人，都有了收管，只剩下劉保一人。這到大同還有好些日子，不如趁劉保不在，將他丟棄，假寫個白頭收管回家，也了得此事。」周輔當場依允，隨即往回趕，返回到山海西關一無名人家歇腳，偽造了大同衛收管文書，匯入其他五份真實的文書中，回報王永祐交差。王永祐沒有認真查驗，就繳存銷案。

可憐那一邊，老實的劉保還在甜水井一帶尋找差官。他沿著官道乞食遊走，焦急地打探栗愷的蹤跡，第三日走到了盧溝橋。盧溝橋是京西重要關隘，遍布廠、衛兵丁。劉保耳鼻全無，東張西望，又操著一口不算流利的漢語，很快引起了東廠旗校的注意。小校見他語言異常、面目可疑，當即扭送鎮守的司禮監馮太監處審問。

東廠審問，簡單粗暴，一上來就嚴刑拷打。劉保畏刑妄招，斷斷續續供認自己是名為「阿都齊」的女真密探。半月前，女真頭目楮布額派遣他與和爾齊兩人，潛入關內打探虛實。兩人領命後，離了營帳，到廣寧衛雙臺地區賄賂了一個無名的守軍，給了他兩塊銀子，換了兩頂氈帽戴上，穿越了邊界。入關後，和爾齊往東邊刺探情報，阿都齊偽裝成乞丐，往西遊走，一路打探到盧溝橋，才被東廠旗校捉獲。

京畿重地，竟然出現了女真細作！錦衣衛掌衛事朱都督接到「報功」後，高度重視，轉給鎮撫司細細審問。劉保這次翻供，供系大同天城衛人，先前被女真人搶去，隆慶元年十二月內逃回；廣寧衛差官遣送回家途中，「他兩個解子把我丟下去了，我等不來，就在城南一帶討吃，行至盧溝橋地方，因語言不同，被東廠旗校捉去」。錦衣衛難辨真假，將劉保前後供詞都題報隆慶皇帝，皇帝又轉給薊遼總督譚綸覆審。

劉保一介草民，得以在帝國最高文書中留名傳世。

薊遼地區的總督、巡撫、道員等不敢怠慢，調集文書案卷、栗愷等官差，嚴究審問。栗愷、周輔二人久在衙門，深得避重就輕、矇混過關之道。他倆將雇驢先行、與劉保互相找尋不見、乘機丟棄等實情隱下不說，只承認疏於防範，致使劉保走失；揑造收管文書，回繳欺騙等情況。而劉保出身底層士卒家族，少年時沒受過教育，成年後又做了二十多載奴隸，麻木愚昧，不會言語。覆審過程，在他看來就是輾轉一個個衙門，面見的官員高至巡撫、總督，未審便已雙股顫慄、口舌澀連，交談都成問題，更勿論辯白冤情了。承審官問一句，劉保擠出幾個字，並未供出栗愷拋棄在先、自己找尋不見等實情。譚綸等人審問了當日接納劉保的鎮安堡邊臺官兵，得知劉保是獨自到臺，並無「和爾齊」其人，也無賄賂守軍之事；換皮、賞氈、穿漢服，都是官府行為。第一次覆審之後，譚綸等人認為劉保「辭涉含糊難以定擬」，況且事關奸細，又系廠衛題請覆勘重犯，不宜潦草，再次嚴審栗愷等人，詳細核實沿途歇家店、買飯處、等候時日等細節，務求勾勒劉保行蹤，查實劉保到底是走失，還是栗愷等人丟棄？

虧得覆審如此嚴密，栗愷、周輔最終招供出實情，承認將劉保遺棄在盧溝橋一帶討飯。劉保畏刑妄供也得到確認。栗愷、周輔欺詐官府，偽造文書，各杖八十、徒二年，發配衝要之地的驛站服刑。廣寧右衛指揮僉事王永祜差遣非人、覺察無方、含糊呈報，免職議處。主審的總督譚綸，是文武全才的一代名臣、與戚繼光齊名的能臣幹將，清明實幹。劉保幸運地落到了他的手中，得以恢復清白之身。如果落入昏庸惰怠官員之手，劉保極可能就成了東廠報表上的一個細作、廣寧衛自行脫逃的一個奸民。可憐的劉保，洗刷冤情之後還是遭杖責六十，再由廣寧衛差

人解送原籍寧家 —— 他遭官府拋棄，沒能正常寧家，且反覆浪費了官府錢糧，耗費了行政能量。賢明如譚綸者，維護的是帝國機器的高效、清潔運轉，沒時間也無心去關心劉保之流的委屈、痛苦、無助……

劉保，故國土地上的隱形人，多他不多、少他不少，就如滿地的螻蟻一般。外人不會留意他的悲喜，官府不會在意他的死活，只有劉保的老父親日夜惦念失蹤的兒子，還有關外的女兒會在餘生思念逃亡的漢人父親。在父母妻女那裡，螻蟻一般的劉保，是他們的世界的絕對主角。悲哀的是，我們不知道離散的骨肉是否重逢，甚至不知道老父親劉彪有否活著見到歸來的劉保？除了在譚綸的奏議中，沒有任何記載「劉保」的文字傳世。

「有明一代，逃人群體日漸擴大，乃前代所未見……北部邊疆局勢日蹙，被擄邊地軍民日多。大量被擄邊地軍民，或為其放牧耕種、料理家務，或教其作戰攻城、導引入侵，或充作間諜，往返邊地哨探消息、煽動邊民入彼等等，無疑是潛在的邊疆隱患。基於人口管理和邊疆防禦的職能，明朝自景泰年間起，開始由點及面大力招徠逃人，嘉靖時達到高峰。『隆慶和議』後，在俺答與三娘子管轄下的蒙古地區停止招徠逃人，其餘地區照舊。萬曆時，日益強大的女真不斷進犯遼東，使該地成為招徠逃人的重點地區。景泰至明末，招徠而回的逃人占大多數。同時，逃人送還伴隨明朝始終。」

魏藻德：通向無恥之路

崇禎十三年（西元一六四〇年）某日，皇帝朱由檢照例度過了繁忙的一天。

寅時，朱由檢就正襟危坐，開始批閱奏章。中原農民軍遊蕩不定，東北建奴咄咄逼人，州縣錢糧上解匱乏，朱由檢的眉頭越鎖越緊。簡單地用過早膳，他擺駕外朝，舉行早朝。朱由檢並沒有在早朝得到有價值的資訊，他始終惦念著剛才挑出的幾份可疑的奏章。早朝後舉行了朱由檢堅持的經筵日講，內閣、六部、各寺、翰林院等百官雲集，侍講學士開講經義。朱由檢強迫自己暫時脫離煩心的俗事，進入孔孟程朱構建的政治天堂。天堂之上，君待臣以禮，臣事君以忠，君臣同心，政敬禮和，萬民安樂。可惜，理想似乎是遙不可及的目標。接下去的整個下午，朱由檢不得不召集內閣、六部大臣商議嚴峻的軍事局勢。大臣們對京畿防務憂心忡忡。朱由檢試圖引導大家關注天下大局，協調各方兵壯，可惜臣下兩三句又回到了京畿百里之地。幾個時辰下來，朱由檢頭昏腦漲。君臣會商無果而終，反而積壓了一堆奏章需要處理。朱由檢草草吃過晚膳，又迎來一個案牘勞神的夜晚。

月光緩緩爬上紫禁城的東牆，踱向西苑，注視著這個百年未見的勤勉皇帝。

崇禎皇帝朱由檢，立志恢復大明盛世。他好學勤政，旰食宵衣，「內無聲色狗馬之好，外無神仙土木之營」，唯一的愛好似乎就是應付日益噴湧的萬千難題。後世有人讚譽其為「千古之君」。

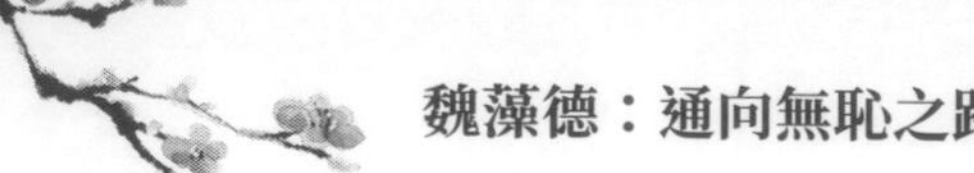

在夜以繼日的批閱過程中，朱由檢深感天下之政在於用人。當今朝臣不是庸碌無為，就是明哲保身，獨缺剛正擔當、銳意進取之才。他決定於當年開設科舉特科，破例選拔英才。本次特科選人寧缺毋濫，會試只取中了四十八人。殿試一改傳統的例行公事，朱由檢蒞臨文華殿，當面問策：「今日內外交訌，何以報仇雪恥？」

四十八份試卷，朱由檢一一御覽。絕大多數是陳詞濫調，直到一篇的主題讓皇帝眼前一亮：「知恥！」知恥而後勇，知恥而奮進。作者還自敘自己在兩年前的崇禎十一年，自發守衛通州，抵抗奪關而入的清軍，以為例證。崇禎皇帝讚賞有加，擢為第一。此文作者是直隸通州的普通秀才，名叫魏藻德，時年三十五歲。魏藻德年輕，有才，背景乾淨，又勇於任事，正好是朱由檢渴望的人才。他高中狀元後，例授翰林院修撰。

時任內閣首輔是四川人陳演。陳演為人刻薄，才能平庸。當時，國勢危如累卵，朝野中外都知道他領銜的內閣支撐不了危局。陳演無所籌劃，反而一味納賄自肥，完全不以家國天下為念。魏藻德入仕之初，不顧當朝風氣，大膽上疏兵事，自抒己見。崇禎十六年三月，朱由檢召見魏藻德問政，魏藻德有口才，應對稱旨。朱由檢認為其人是自己親自拔擢，胸中尚有抱負，於五月再次破格超擢魏藻德為禮部右侍郎兼東閣大學士，入閣輔政，躋身群相行列。

魏藻德年僅三十八歲，且剛中進士三年，年輕資淺，力辭禮部侍郎官銜，改任少詹事。本朝正統末年，狀元彭時在中試的第二年進入內閣，榮升相位。魏藻德三年入閣，並非孤例。但當時是明英宗於土木堡之變中被俘、京城軍事危殆的特殊時期，且彭時的本官依然是翰林院修撰，不如魏藻德這般榮耀。魏藻德是超拜大學士的第一人。

魏藻德擢升之時，正是國事惡化無救之際。

李自成消滅中原明軍主力，占據西北，立大順朝於西安。大順軍精銳盡出，直逼京城而來。

崇禎十七年（西元一六四四年）春，最後時刻到來了。

廷議撤關外吳三桂所部入守山海關，策應京師。朱由檢意亦如此。陳演卻堅持不可。將吳三桂撤入關內，意味著放棄關外領土。輕棄祖宗土地的「大名」，陳演身為首輔不敢承擔。而擺出一副堅決反對的姿態，卻可給自己鍍上剛硬、主戰的金粉。因此，陳演逆皇帝之意而行。朱由檢同樣不願承擔拋棄土地的罵名，何況這還是他祖先傳下的江山領土，更何況還在內閣首輔明確反對的狀態下。因此，吳三桂所部入關一事，擱置不議。然而，擱置帝國最後的生力軍不用，朝廷又無力堅守京城。月餘，朱由檢決計行之。等吳三桂開始攜帶遼東軍民入關，大順軍攻陷宣府、大同，京城已經危在旦夕。陳演恐懼不安，以疾病為由自求罷相。朱由檢很快准許。陳演入宮辭行，自稱「佐理無狀」，罪當萬死。朱由檢毫不留情地痛罵：「汝一死不足蔽辜！」皇帝盛怒之下，將陳演罵了出去。

朱由檢時期，內閣人選更換頻繁。陳演罷相後，其他同事皆新入內閣，魏藻德替補為首輔大學士，於崇禎十七年二月以兵部尚書兼工部尚書，為文淵閣大學士。彌留中的大明王朝迎來了一位三十九歲的首輔。

四年仕宦生涯不長，卻足以改變一個青年。魏藻德不到四旬，已然暮氣深重。

魏藻德初入內閣，首輔陳演見其身後站著崇禎，曲相比附。陳魏二人走到了一起。晚明官僚的敷衍推諉、庸碌無為，很快占據了魏藻德的身心。「藻德居位，一無建白，但倡議令百官捐助而已。」他這個首輔，應對危局的唯一政見，就是倡議百官捐助。這尚且不是魏藻德的首倡，崇禎皇帝早有此意，且魏藻德本人只拿出了區區五百兩銀子，與事後暴

露的家產相比就是九牛一毛。

魏藻德登頂首輔時，局勢在加速惡化。大順軍在鯨吞明朝的領土，明軍非潰即降，北京城一日數驚。三月中旬，農民軍即將完成對北京城的重圍。京城人心惶惶，朝臣四散，可是依然有部分忠誠、任事之人主動報效朝廷，出謀劃策。一日，古稀之年的左都御史李邦華衝到內閣，就局勢多有建言。魏藻德漫不經心地虛應了事：「姑待之。」（再等等，再等等。）李邦華見執政大臣都不熱心，嘆息而出。

三月十五日，城內得知大順軍攻入長城。生死存亡關頭，李邦華再次衝到內閣，請內閣奏請崇禎皇帝撥發皇室內帑，召集朝野縉紳和殷實居民，不問大小老弱，動員官民守城。他不顧老邁，願意親冒矢石，固守城池。面對如此慷慨請死的老人，魏藻德依然沒有絲毫情緒波動，不回應李邦華的建議，更沒有奏請皇帝或發動官民的舉動，而是什麼也不做，「作退食夔龍態」（《明季北略》）。夔龍代指朝廷公卿，「退食夔龍」則是尸位素餐的公卿，凡事與個人名利無關便高高掛起。魏藻德簡單地出來和李邦華見了片刻，最後說了一句：「事未必至此，老先生且姑待。」李邦華聲色俱厲、痛哭流涕，憂國之心溢於言表，可嘆一點兒都沒有感動魏藻德。以魏藻德為首的內閣，一無建言，一敗再敗，消極挨打而已。

三月十六日，大順軍攻陷昌平，火燒十三陵。北京城一日數驚。

三月十七日，朝野都清楚：北京城陷落在即。

朱由檢召集文武大臣，商議圖存之策。生性驕傲、自尊旺盛的朱由檢當眾流下了淚水，這是極為罕見的。年輕的皇帝，不顧九五至尊，對著朝堂袞袞諸公，涕泣詢問對策。群臣亦相向而泣，束手無策，殿堂除了此起彼伏的抽泣嗚咽，沒有一句對策。晚明士大夫，臨事怯於擔當，滿嘴政治正確，卻無一句實策；事後卻慷慨激昂，指摘臧否，唯恐落於人後。眼前形勢危如累卵，滿嘴仁義道德顯然無濟於事，群臣只能低頭以哭泣相對。滿堂朱紫貴，一幅無恥像，朱由檢任憑淚水流淌在年輕的臉龐上，不自覺地提筆在御案上寫道：

文武個個可殺！

朱由檢決定尋找最後的期望。散朝後，他留下了首輔大臣魏藻德。

碩大的殿堂空空蕩蕩，寂靜無聲，萬物虛化，只剩下朱由檢、魏藻德二個主角。

朱由檢熱切的目光直射魏藻德，後者得到前者一再破例超擢，當年知恥後勇的青年如今擁有帝國官員最高權位，在此生死存亡關頭，他於情於理都應該有所建言。他們君臣二人都是聰明人，又比其他人掌握更豐富的消息，他們對局勢的危殆瞭然於胸。大順軍兵臨城下，李自成向崇禎提出議和，條件是裂土封王，李自成割據西北數省。坦率地講，崇禎小朝廷的籌碼所剩無幾，妥協罷兵或許是現實中的最佳結局。後果也是血淋淋的，不僅朝廷要喪失西北領土，而且李自成與朱由檢天有二日、國現二主，大明王朝將權威喪盡。誰答應了議和，他就是朝廷的罪臣；誰拒絕了議和，他也要為朝廷的覆滅擔責。這個抉擇太難了！

其實，魏藻德還可以有其他的選擇。大順軍尚未對京城形成鐵壁合圍，崇禎君臣完全可以率精銳突圍南下。幾日之前，部分大臣也提議朱由檢遷往南京，或者起碼派遣太子南下。可是有大臣就跳出來說，大明君臣怎能棄京城不戰而逃、怎能拋棄列祖列宗的陵寢？此言一出，朝野愕然，無人再敢提南下，朱由檢也不得不宣布「君王死社稷」。如今李自成的議和條件，更惡於南遷的提議，魏藻德不敢獻替可否，甚至不敢觸碰這個話題。

朱由檢的目光越熱切，魏藻德越是伏在大殿地上，不發一言。

士大夫不應該是這樣的。文以載道，士大夫不僅傳承文化，更傳承

一個民族的精神特質，是天下的精神脊梁。窮則獨善其身，士大夫在野秉持公義、宣化道德，做社會的中流砥柱；達則兼濟天下，士大夫在朝扶正匡亂、忠君愛民，推動國事朝理想治世發展。皇帝不僅是家國天下的代表，也是天下盛世的載體。食君之祿、為國盡忠，不僅是職責所繫，更是士大夫施展抱負、實現價值的應有之義。農民軍兵臨城下，正是魏藻德建功立業、報效國家之時，他為什麼跪地不言呢？

也就一百多年前，明朝士大夫還秉承為天地立心，為生民立命，為往聖繼絕學，為萬世開太平的使命，激濁揚清、革故鼎新，湧現了一批批不顧安危禍福或勇於任事，或冒死直諫，或慷慨赴義的楷模。無奈，士大夫的滿腔熱血，在冷冰冰、硬邦邦的皇權面前不名一文，徒增禍害。在老祖宗設計的規章制度裡，皇帝牢牢占據核心，一切以皇權的鞏固與擴張為準繩。廢宰相、置廠衛，朝臣喪失了牽制皇權的制度力量；大興廷杖，士大夫更是尊嚴掃地，只能跪著進言。皇帝需要的不是忠臣諍士，而是順臣。先順從皇帝，再論其餘。明朝中期的大禮議之爭，清楚表明忤逆聖意後果嚴重，而依附皇權則能得到榮華富貴。再歷經正德的荒唐、萬曆的懈怠、宦官的專權，士大夫的銳氣、志氣乃至骨氣都一再慘遭反覆碾壓。正氣書生凋零，猥瑣之輩漸如過江之鯽，充斥朝堂之上。明朝士大夫，前後判若兩批人。

明朝皇帝親手參與扼殺士大夫的精神。開國祖宗朱元璋設計的一整套制度的完健運行，建立在子孫後代皇帝的超常勤勉和超高素養這兩點理論假設之上。崇禎皇帝朱由檢做到了前者，卻不具備後者。相反，朱由檢的個性缺陷，經由帝王體制的放大，進一步打壓了士大夫，加速葬送了祖宗的江山社稷。

朱由檢自視極高，一心廣大祖宗基業，又急躁冒進，幻想一日革除弊政、三日建成盛世。而皇帝獨裁專制體制為他提供了塗抹幻想的機會，朱由檢聰明，有想法，卻剛愎自用、獨斷專行，在治國理政上頻出想法，又不容反駁；在選賢用能上不拘一格，又猜忌多疑。明朝末期的施政，突出兩大特徵，一是急，二是變。皇帝有許多不穩妥、不成功的言行與事例，持續流傳朝野，凸顯朱由檢的個性缺陷，就連遠在浙江山陰的年輕書生張岱都知道今上「焦於求治，刻於理財；渴於用人，驟於行法」。

朱由檢身邊的顯宦、大僚是皇帝做派最直接的承受者。遺憾的是，有所作為的臣僚無一例外都成了犧牲者。最能體現這一時期君臣關係的是潼關之戰。崇禎十五、十六年間，朱由檢迫切設想抽調中原明軍主力北上抵禦遼東清軍的威脅，令關中督師孫傳庭東進，尋找李自成決戰。有朝臣「進言孫傳庭所有皆天下精兵良將，皇上只有此一付家當，不可輕動」。崇禎帝不從。孫傳庭最熟悉實情，也認為此舉冒險，不如按兵休養，無奈聖旨頻繁飛來，措辭日益嚴厲，不得不於崇禎十六年八月率明軍最後的十萬精銳人馬東出潼關，倉促決戰，十月全軍覆沒將帥陣亡。《明史》承認：「孫傳庭死，關以內無堅城矣。」戰後，朱由檢非但沒有檢討，反而認為孫傳庭「詐死潛逃」，竟然不予贈蔭。

具體就內閣大學士群體論，朱由檢在位十七年，竟然委任大學士五十人，人數之多史上僅有。這五十名大學士任期在兩年以下的有三十一人，約占總數的三分之二。短暫任職，閣臣完全無法真正有所作為；朱由檢對宰輔任免，不拘一格同時也隨心所欲，導致內閣極不穩定。早期內閣大學士劉鴻訓銳意任事，曾對朱由檢的作為私下委婉評價：「主上畢竟是衝主。」朱由檢得知後，懷恨在心，竟欲置其於死地，後來揪住內閣頒發某道人事敕令的失誤，將劉鴻訓罷官充軍。崇禎七年五月，劉鴻訓死於戍所。

崇禎朝財政虧空嚴重，最先提議向親貴募款的是大學士薛國觀。朱

由檢起初大力支持。外戚、武清侯李國瑞因捐資不足，奪爵驚悸而死。後來皇五子病，外戚們串通宦官宮妾，散布這是老祖宗在責難崇禎薄待外戚，諸皇子都要夭折。不久，皇五子果然夭折。朱由檢大怒，不僅歸還了李家金銀，還追恨薛國觀，於崇禎十四年賜死。薛國觀是繼夏言之後被殺的第二位內閣大學士，他的死對於後來者是血淋淋的警戒。

最讓臣工心寒的，當屬兵部尚書陳新甲之死。崇禎十五年後，關外局勢失控，清軍咄咄進逼。與清軍媾和，爭取收拾殘局、積蓄實力的時間，不失為明朝的務實選擇。但與昨日的仇敵，而且是與蕞爾蠻夷握手言和，衝擊了朝野的自尊和文化自信，反對與批判聲勢必風起潮湧。於是，陳新甲就在朱由檢同意並且有數封御筆往來的前提下，祕密與清朝議和。八月，陳新甲家人無意泄露議和機密，朝野輿論大嘩。言官大肆抨擊。朱由檢情急之下，竟將責任推給陳新甲，將陳新甲下獄問斬。和談大門就此關閉，明清除了兵戎相見別無他途。

血淋淋的先例，遠遠大於儒家說教。既然皇帝需要的只是順臣，大臣們便無不揣摩聖意行事，徹底拋棄了治國平天下的抱負，埋首鑽營自家的榮華富貴。大學士程國祥「委蛇其間，自守而已」，「召對無一言」；孔貞運在位「不敢有所建白」；蔡國用「居位清謹，與同列張四知，皆庸才碌碌無所見」。最終，內閣大學士不是小心翼翼、唯唯諾諾，就是無意政事、一心營私。身為最後的內閣首輔，魏藻德繼承了內閣傳統，並非「變異」的庸碌之輩。

然而，魏藻德面臨的局面畢竟不同。這是生死存亡的關頭，上百年積弊而成的明哲保身、幾代人層疊的自私自利是否應該讓位於拯救社稷的宏大目標呢？同意李自成議和條件，可以破危局。魏藻德的腦海中肯定閃過這個念頭，不過也就一閃而過。陳新甲、薛國觀、孫傳庭等人的陰影，實在太大了。他做出了最安全的選擇：伏地不語。

朱由檢表現出了難得的寬容與耐心，泛泛問他有什麼對策？

魏藻德紋絲不動，依然沒有聲響。朱由檢沉不住氣了，站起身來，扶著龍椅問道：「先生說出一個辦法來，朕馬上下旨照辦。」

魏藻德微調了一下跪姿，還是一聲不吭。

「哐當」，清脆的巨響，瞬間擊碎了殿堂的寧靜。朱由檢憤怒地一腳把龍椅踢翻，用盡力氣衝著魏藻德大吼：「滾！」

魏藻德飛一般逃離皇宮。或許，他慶幸躲過了官宦生涯中最大的一場「考驗」。考驗結果不盡如人意，卻是魏藻德覺得的最佳結果。

三月十八日，農民軍的攻勢越來越猛，太常少卿吳麟徵跑向紫禁城，想見皇上有所倡議。在午門，吳少卿遇到了魏藻德。魏藻德拉著吳麟徵的手說：「國家如天之福，必無他虞。旦夕兵餉集，公何遽為？」他不顧吳麟徵情願與否，將他拉離了紫禁城。

第二天，北京城陷。

魏藻德沒有悲哀，沒有徬徨，而是迅速探聽到了李自成的行蹤。大順皇帝李自成成為紫禁城的新主人，早有明朝文武官員奉表入賀。而魏藻德以前朝內閣首輔之尊，列名入朝表賀的官員之首！

大學士魏藻德、成國公朱純臣率文武百官入賀，皆素服坐殿前。李自成據御座受朝賀。魏藻德第一個向李自成叩頭，口稱：「罪臣魏藻德參謁大順皇帝。」

幾天前，魏藻德還在同一個地點跪拜過朱由檢；幾年前，魏藻德還是在同一個地點，寫出了主題為「知恥」的策文。現如今，魏藻德脫胎換骨。他不過三十九歲而已，自信憑藉先前的履歷和上佳的政務能力，轉變為新王朝的達官顯貴，易如反掌。前途，依然是光明的；黑暗，滲透進了骨髓。

只是，魏藻德高調的歸順，引發了大順將領情不自禁地嬉笑，就連新皇帝李自成都問他：「你為何不去殉死？」

魏藻德恭敬地回答：「方求效用，哪敢死？」

李自成有著樸素的好惡，直覺就不喜歡魏藻德。他對城破後主動歸降的明臣，普遍沒有好感，加之入城伊始，百廢待舉，便沒有明示錄用與否，抽身而去。宮中的大順軍將士們爭相戲弄這些白衣大褂的官老爺們，或推背脫帽，或舉足加頸，玩笑取樂。可悲可嘆的魏藻德等人，嚇得伏在紫禁城地上不敢動，進退兩難。太監王德化之前開德勝門投降，入宮看到這般醜態，大罵魏藻德等人：「誤國賊，天子何在？汝輩來此何幹！」他衝進無恥的人群，看見一個就揮拳毆打一個。圍觀的大順軍將士們，都撫掌稱快。幸虧王德化把眾臣給打得散出宮去，無形化解了魏藻德等人的窘境。

三月二十一日，發現朱由檢屍體——懸掛在景山樹上已有兩日。朱由檢用自縊，掩蓋了個性的缺陷，超越了歷史上絕大多數的亡國之君。大順軍將朱由檢與周皇后的屍棺移出宮禁，在東華門示眾，「諸臣哭拜者三十人，拜而不哭者六十人，余皆睥睨過之。」

幾日後，大將劉宗敏接管處理明朝降臣，拘禁群臣勒索錢財。

劉宗敏指責魏藻德身為首輔而誤國。魏藻德回答：

臣本書生，不諳政事，又兼先帝無道，遂至於此。

劉宗敏大怒：「汝以書生擢狀元，不三年為宰相，崇禎有何負汝，詆為無道。」說罷，命人將魏藻德掌嘴數十下。

劉宗敏主持定下前明官員捐納錢財標準：內閣十萬金，京卿、錦衣七萬，或五、三萬，給事、御史、吏部、翰林五萬至一萬有差，部曹數千，勛戚無定數。至此，魏藻德出仕新朝夢碎，反而陷入刑獄之災。魏藻德的前任陳演罷相後，因為資產豐厚，無法迅速離京，如今也淪陷在京師，也與魏藻德等人一起被捕，繫在劉宗敏營中。陳演識時務，立刻獻出白銀四萬兩。劉宗敏很高興，非但沒有用刑，還在四月八日將陳演釋放回家。魏藻德卻不如陳演般爽快。或許，政治上的庸庸碌碌節省下的精力，都花在了聚斂家資上，魏藻德養成了吝嗇習性。大順士兵用夾棍夾斷了魏藻德十指，他這才交出了白銀數萬兩。然而，劉宗敏絕不相信現任內閣首輔僅有幾萬兩白銀，繼續用刑。之後幾日，獄中響起魏藻德口夜連續的慘叫呼喊聲！

經歷五天五夜酷刑後，魏藻德腦漿崩裂，暴斃獄中。

劉宗敏抓來魏藻德兒子，繼續追逼銀兩。其子尚是少年，哭訴：「家已罄盡。父在，猶可丐諸門生故舊。今已死，復何所貸？」承差兵丁見狀，手起刀落，砍死了魏藻德之子。

四月十二日，李自成東征吳三桂，擔心降臣們留在京城生患，將陳演等人盡行殺戮。

李香君：誰解桃花意

南京秦淮河畔有一座兩層高的磚木結構河房，名叫媚香樓，是明朝末年「秦淮八豔」之一李香君的故居。

夾道朱樓一徑斜，王孫初御富平車。

清溪盡是辛夷樹，不及東風桃李花。

後人可以遙想當年媚香樓，門庭若市，王孫爭睹李香君芳容。時載李香君「身軀短小，膚理玉色，慧俊宛轉，調笑無雙」。她歌喉圓潤，但不輕易歌唱；絲竹詩詞無一不通，卻不輕易示人。雖然名列教坊司，年輕的李香君和同齡少女一樣懷揣著相夫教子的樸素夢想。她在等待一個人，一個可以走進她心底的人。

崇禎十二年（西元一六三九年），李香君十六歲的時候，這個人出現了。

一日，旁人告知李香君南京國子監的監生侯方域看中了她往日的一幅畫作，大為讚賞，請作者出來一見。李香君對這位痴情書畫的書生頗為好奇，答應相會。這是一場一見鍾情的相會，在明媚陽光的襯托上，雙方在對方的眼中都籠罩著迷人的光暈。兩個年輕人談起了李香君畫作〈寒江曉泛圖〉：冬雪瀰漫的清江之上，一葉孤舟漂蕩在天蒼蒼水茫茫之中。侯方域還以為是名家作品，當面暢談觀感，訴說傾慕之情；李香君則心有戚戚焉，兩人因藝生情。

侯方域來自河南歸德府（今河南商丘）的官宦世家，父親侯恂出將入相，曾任戶部尚書。侯公子勤奮向學，寫的一手好文章，也是公認的

前程無量。不論從精神層面，還是從世俗角度來看，侯方域都是出色的婚配對象。身處賤籍之人，時常嚮往普通女子的三從四德、父母媒妁。但是在尋找意中人方面，妓女卻勝於普通女子，她們有相當的獨立自主，不僅可以事先遴選對象，還可以封鎖那些厭惡的人選。崇禎十二年的李香君有沒有一絲慶幸自己的選擇自由？後人不得而知。但可以確定的是，她認定侯方域是能夠託付終身之人。

侯方域也鍾情於才貌俱佳、內外兼修的李香君，決心不顧家世、身分的巨大差距和她在一起。這一對情侶，注定將是一雙苦命鴛鴦，命運多舛。可嘆的是，傳世文獻關注帝王將相，習慣宏大敘事，卻不屑於記錄男歡女愛和市井人生。侯方域、李香君坎坷婚戀過程只好散落在史籍、筆記、詩文的點點滴滴中，需要後人拼湊。

侯方域當年是來參加南京鄉試，可惜名落孫山，之後返回歸德老家。之後因為局勢動盪，家事拖累，侯方域與李香君聚少離多。人們更熟悉的情節是：像李香君這樣的秦淮頭牌，侯方域需要付出重金才能一睹芳容，可惜他沒有這個財力。友人楊龍友資助侯方域，完成了李香君的梳攏儀式，兩人開始生活在一起。遺憾的是，美妙的姻緣不會無緣無故地從天而降。問題就出在梳攏重金上。當時隱居南京的閹宦餘黨阮大鋮為士林所不容，得知侯李之情後，遂托楊龍友拿出重金幫助侯方域，以為籠絡之計。侯方域猶豫在重金和氣節之間。李香君看破端倪，氣節凜然，立場遠比侯方域堅定，她變賣了首飾，四下借貸，湊錢退回了重金。阮大鋮懷恨在心。

侯方域與阮大鋮交惡，歷史上確有其事。阮大鋮政治投機，素無品行，為士林所不齒。他在南京交結後輩侯方域，侯方域不赴，遭到阮的忌恨。崇禎自縊後，弘光朝在南京建立，阮大鋮等人粉墨登場。長江中游軍閥左良玉不服從弘光小朝廷，揮兵東下。侯方域致信左良玉相勸，阮大鋮卻誣陷侯方域與左良玉裡應外合。侯方域寫〈與阮光祿書〉一信，駁斥阮氏的誣陷，暗諷昔日閹黨乾兒義孫若得志，必作惡害人。阮大鋮對侯方域的忌恨便上升為了殺意。侯方域不得不避禍揚州，投奔督師史可法，投身抗清前線。

侯方域和李香君，這對亂世中的浮萍，他們的愛情又平添了王朝更迭大浪的考驗。

媚香樓外風雲起伏，李香君還在堅守自己的幸福。侯方域長期不在身邊，李香君堅持不畏權貴、不受金錢誘惑、不理會親友的勸阻，堅信侯方域是那個對的人，堅信兩人能夠戰勝一切的艱難險阻。愛一個人很難，需要持續付出與堅持；李香君知道秦淮河邊姐妹們若要收穫美滿愛情，更需要額外的付出與堅持。

史料沒有記載的地方，就是文學創作的舞臺。之後流行的小說版本是：戀人去後，李香君洗盡鉛華，閉門謝客，等待侯公子歸來。阮大鋮繼而慫恿弘光朝大紅人田仰納李香君做妾。李香君堅絕不從，田仰苦苦相逼，她一頭撞在欄杆上，血濺在侯方域相贈的扇子上。逼婚者這才作罷。楊龍友大為感動，將扇中的血跡畫成一樹桃花。「桃花扇」成了李香君愛情的象徵。阮大鋮是不會放過李香君的，等李香君傷癒後又打著聖諭的幌子，徵她入宮充當歌姬。李香君無法抗拒，又日夜思念侯公子。可前方戰事正酣，音訊斷絕，李香君只能懷揣鮮血畫成的桃花扇，遺憾入宮。如此荒唐的南明朝廷，豈能團結南方半壁對抗清軍？很快清兵攻下揚州，侯方域不知所蹤；弘光皇帝聞風而逃，南京不攻自破。城破之時，李香君隨著亂民四處逃竄，躲避燒殺搶掠的亂兵。其實，侯方域揚州兵敗後，也在當天夜裡趕到南京尋找李香君。兩人一度都在秦淮河邊遙望熊熊烈焰中的媚香樓，無奈蒼天弄人，偏偏沒讓兩人相遇。

入清之後，侯方域、李香君的結局有多種說法。流傳最廣的版本

是：順治二年，侯方域找到李香君，返回歸德老家。李香君隱瞞了青樓身分，在侯府生活了八年。這八年應該是侯方域、李香君兩人最幸福的光陰。可惜公公侯恂知道李香君的身世後，完全接受不了這個兒媳婦。因出身低賤，李香君被迫遷到郊區莊園居住，抑鬱病亡，享年三十歲。另一個文學化的版本是：侯方域在棲霞山道庵中找到李香君，在道士點醒下兩人雙雙出家。

可以肯定的是，李香君並沒有過上夢想的得遇良人、相夫教子的生活。推她走向悲劇的，除了亂世風雲和隱藏其間的奸人，更大的打擊來自於她所遇並非「良人」。身為明末著名文人，侯方域留下了諸多紀錄。入清後，侯方域耐不住寂寞，參加了順治八年的鄉試。時人譏諷他：「兩朝應舉侯公子，忍對桃花說李香。」順治二年，侯方域回老家積極為清軍鎮壓農民軍出謀劃策，獻計清軍扒開黃河大堤，將直隸、山東、河南許多地區化為無人區，成功鎮壓了號稱百萬之眾的農民軍。事後，朝廷對扒開黃河殺害無辜一事諱莫如深，並未給予侯方域任何嘉獎。侯方域已到壯年，回顧前生，氣節有虧，充滿悔恨，建「壯悔堂」絕意仕途。順治十一年，侯方域鬱悶在懷，染病身亡。

李香君與董小宛、陳圓圓、柳如是等並稱「秦淮八豔」。在秦淮八豔中，不論是樣貌還是才氣，李香君都排不上首位，但是她高居秦淮八豔榜首。她戰勝了盛名鼎鼎的董小宛、陳圓圓、柳如是等人。個中緣由，在於李香君的氣節秉性。李香君雖然是秦淮頭牌，但是在官府傳世公文中沒有點滴記載。我們無法判斷各個版本的真偽。

李香君追求幸福，奮鬥過、堅持過、受傷過，最終鬱鬱而終。

文人士大夫們在李香君過世後不久，就挖掘了她身上的氣節操守，歌詠她、描繪她，留下了諸多作品。其中清朝大戲劇家孔尚任以李香君為主角創作了名劇《桃花扇》，幾乎塑造了之後對李香君的普遍認知。

士大夫們從天下興亡到家國社稷，不斷擴展延伸李香君生平的內涵。

傳統文人與青樓妓女有扯不清的關係。士大夫光顧青樓歡場更主要是出於精神需求。同樣，古代名妓絕非搔首弄姿之輩，多有文雅內秀之人。書生在青樓名妓身上寄託了對世界的美好想像，灌注了本群體的價值標準。從蘇小小、綠珠，到李師師等歷代名妓，無不是才勝於貌，精神氣節令人肅然起敬的女中豪傑。

每個青樓女子都有值得同情的遭遇。我們無權苛求她們擔當天下大義，無權用士大夫階層的標準來衡量她們。然而，有的妓女用畢生來堅持道德大義，很多士大夫則常常懦弱退縮，逃避責任者有之，改換門庭者有之。「仗義每多屠狗輩，負心多是讀書人」，多少讀書人因此汗顏。士大夫喜歡創作氣節凜然的名妓的書畫和詩文，既是對自己的期許和自勵，是對本階層敗類的譴責與掩飾，也是透過歌頌名妓來重申讀書人的氣節操守。

這類作品中，創作者往往對主角多有修飾。比如，文人盛傳李香君本姓吳，其父原是朝廷命官，因繫東林黨成員遭閹黨迫害後家道敗落，飄泊落難至青樓。李香君原是忠良之後，後人很自然推導出她的氣節操守植根於士大夫的基因。又比如，李香君的養母李貞麗仗義豪爽，所以青樓客人大多是文人雅士和忠直之臣。李香君浸染在忠直之氣中才有了日後的作為。總之，士大夫夢想驗證，李香君的誕生是士大夫精神的傑作。

不論文人的文飾是不是事實，士大夫深深敬佩李香君的氣節操守，而這恰恰是他們不具備的。

李香君完全當得起諸多讚譽，但她的人生，更希望得遇良人、相夫教子。士大夫們忽視了李香君首先是一個女子。她更希望做一個幸福的小女人，而不是士大夫筆下的一個偶像、一個象徵。

孫承澤：貳臣乙編五十號

順治十年，自稱「江左遺民」的史學家談遷北上京師。談遷終身不仕，立志撰述一部明朝史書《國榷》，此行是為蒐集明朝逸聞，並實地考察遺蹟。

談遷探訪的主要人群是曾在明朝任職、如今在清朝為官的漢族官員們。

清朝以承繼明朝正朔自居，入關後公告在京明朝各衙門官員「照常任職」，原有品級乃至職位一概承認。於是就形成了一個身跨兩朝的官員集團。社會輿論對這群人一開始就大加鞭撻，極少數人稱呼他們為中性的「陷北諸臣」，絕大多數人斥責為「降臣」、「漢奸」、「賣國賊」、「道貌岸然」、「節操喪盡」等等。清朝在中國的統治日漸鞏固，而輿論對他們的批判卻日漸嚴厲。

這些降臣們也頗有自知之明，自覺不容於輿論，自動夾起尾巴做人。有的人過著「衙門 —— 府邸」的單調生活，公事之餘閉門不出，不論著、不見客，獨自對抗嚴酷的餘生；有的人醉心詩會和戲臺，在延續明末文人舒適生活之餘，從詩詞戲劇中重溫「故國衣冠」；有的人流連於古蹟和寺廟，顯示自己沒有政治野心之外，在幽寂之中尋求心靈的解脫；更有甚者，如降清的「江左三大家」之一的龔鼎孳，崇佛向善，洗心懺悔，持誦佛經，公開祈求早日登岸……降臣們只在小集團內部保持有限的交往，慢慢形成了一個低調、封閉的圈子。

筆者無法考證以明朝遺民高調自居的談遷，是如何在十多年後打入降臣圈子的。也許，談遷發願為故去的明朝寫一部史書，勾起了舊臣心底隱藏著的一絲表達慾望。不少降臣接待了談遷，提供了各自掌握的明朝史料，或者做了「口述歷史」般的紀錄。

一天，談遷拜訪曾任太僕寺少卿的曹溶。曹溶是崇禎十年進士，明末御史。他鄭重地向談遷展示了科場前輩孫承澤（崇禎四年進士）寫的《崇禎事跡》一書，告訴談遷孫前輩輯錄《崇禎事跡》若干卷，「不輕示人」。自然這套書最後不可能送給談遷，但是他記下了「孫承澤」這個名字。

巧的是，在「江左三大家」之一的祕書院侍講吳偉業那裡，談遷又遇到了「孫承澤」。這一天，吳偉業留談遷在家吃飯，席間說到自己的同年、吏部侍郎孫承澤撰寫了《四朝人物傳》。那是一套卷帙浩繁的史籍，孫承澤祕不示人。吳偉業懇求了一年多，才借了若干內容一睹為快。孫承澤一再叮囑吳偉業「戒勿泄」。吳偉業現在展示給談遷看，告知：「君第錄之，顧勿著其姓氏於人也。」你可以引用這本書，但是不能暴露原作者的資訊。可見，當時孫承澤是在祕密整理、撰寫明末的歷史，即便是吳偉業這樣的同年好友兼降臣圈內人，他也祕而不宣。

那麼，孫承澤是什麼人？他又為什麼埋頭著史呢？

孫承澤祖籍山東，出生在北京，是一個「闊官」。現在北京城核心區還有「前孫公園胡同」、「後孫公園胡同」，並非此地有「公園」，而是這兩條胡同所在地原來是孫承澤家的「孫公園」，可見孫承澤生長在一戶家境殷實的北京人家。他從小接受系統的儒家教育，從青年時代起就喜好讀書、藏書，其書房「雲霓閣」以藏書過萬而享譽學界。

崇禎四年（西元一六三一年），孫承澤中進士，時年三十八歲。之後發河南，先後任陳留、祥符兩縣知縣，因為政績卓異在崇禎十年（西元一六三七年）入京任給事中，官至刑科都給事中。給事中和翰林、御史一樣，是清流顯要職位，非進士中的佼佼者不授。其中，給事中屬於「諫官」，理論上負責監督皇帝的言行與施政，有「封駁敕令」的大權，同時監督官府行政，又是清流職位中實權最大者。六七年的給事中經歷，使得孫承澤既有機會接觸到最高層的所有政文，又能近距離地觀察明末政治核心的決策，留意其中的禍福得失，這非常合孫承澤的脾氣秉性，真可謂是「人職相宜」。

一片光明的前途，被李自成的大順軍擊碎了。甲申年起義軍攻陷北京城，崇禎自縊！

孫承澤頓時面臨著生死抉擇！

孫承澤的第一選擇是「自經」。他在書房中試圖懸梁自盡，僕人很快發現並救他下來；孫承澤繼而服「片腦」自殺，強烈的噁心把毒藥嘔吐了出來；孫承澤又跳人庭院中的觀賞井自殺，再一次被僕人救起來。孫承澤在解懸、嘔藥、挽溺三招都失敗後，放棄了自盡的念頭。有人批評孫承澤自盡是「假惺惺做戲」：你有本事別在家裡自盡啊，找個沒人的地方上吊，看誰來救你？

很快，大順軍抓住了孫承澤。他只求速死，表示要為明朝殉難。但是抓住孫承澤的起義軍將領是個河南人，感念他在河南任職期間做過好事，不僅沒有為難他，還好吃好喝招待著，「溫言慰藉」，勸說孫承澤投降大順軍。當時，大順朝如日中天，大有取代明朝的架勢。孫承澤考慮再三，最終投降了大順，出任大順朝的「四川防禦使」。

這是孫承澤的第一次投降。南明建立後，懲治投降李自成的大臣，興起「從賊案」。孫承澤列名其中。他這個四川防禦使，就職後還沒來得及赴任，李自成就兵敗山海關，大順朝眼看著呼啦啦就要倒塌了。孫承澤無心與大順朝同生死共命運，而是棄官潛逃，隱藏在北京城裡。八旗鐵騎很快進占北京城，公告招降明朝官員。孫承澤就在順治元年（西

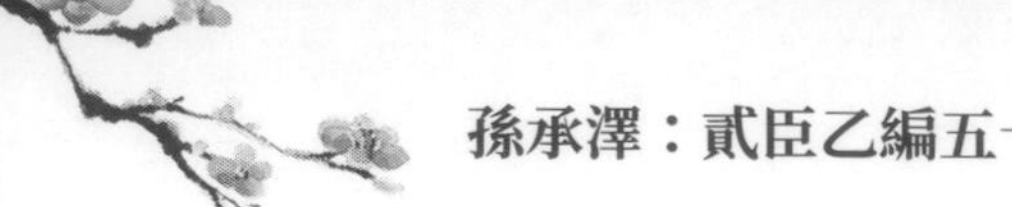

元一六四四年）五月降清，重又當起了刑科都給事中。

孫承澤第二次投降，至此背上了「三姓家奴」的罵名。

異常激盪的局勢，在短暫的時間內，裹挾著人群、衝擊著觀念、撕裂了河山。等塵埃稍稍落定，人們驚訝地發現自己和他人都面目全非，甚至猙獰可怕。孫承澤就是其中的一個例子。有人為孫承澤等降臣辯護，認為沒有必要要求官員為一個腐敗沒落的王朝陪葬。相反，良禽擇木而棲，他們可以在新朝裡發揮才幹，建立功勛，實現個人價值和社會價值的雙贏。這是現實主義的辯護。很多降臣投降清朝後也的確做了不少好事。但是，政治和道德並不絕緣。道德一定要約束政治，失去道德約束的政治會野蠻生長，成長為自私冷酷的巨無霸。萬難之處，就是其中的限度如何把握，孰輕孰重、孰進孰退？好在，當時幾乎所有人都達成一致：無論降臣群體取得了多大的功勛，他們在道德上已經破產了。上自洪承疇，下自孫承澤等人，他們都默認自己道德破產，羞於談論綱常倫理、忠孝節操等話題。

客觀的說，孫承澤在清朝算得上平步青雲。他在降清當年就轉任吏科都給事中，升任太常寺少卿；順治二年升為通政使司左通政，太常寺卿；順治四年任大理寺卿；順治五年升兵部右侍郎；順治八年轉吏部右侍郎，第二年升吏部左侍郎兼都察院右都御史。其中多次超常提拔，短短幾年就成長為位高權重的核心官僚之一。如果明朝尚在，孫承澤也很有可能取得不了如此輝煌的仕途。

然而，仕途越順利、地位越顯要，降臣們的心理壓力可能就越大。他們的內心充滿矛盾，一方面越來越在意現有的身分地位，力圖保全榮華富貴，另一方面又對故國舊朝不能徹底忘懷，有時在鎮壓明朝餘孽的時候難保「政治正確」原則。狠狠心，他們既要對仕途苦心經營，揣摩滿族權貴的心思冷酷決策，又常常因為「非我族類」的尷尬和讀書人的堅持而遭到貶斥，甚至羞辱。走出紫禁城、離開衙門口，他們猛然發現社會輿論的鞭撻開始升級，自己已經榮升「賣國頭目」、「漢奸魁首」了。無法衣錦還鄉，只能忍氣吞聲。

降臣們封閉在府邸中自嘲：「不是昔日貌，白鬚難認吾……官休休未得，忸怩說仙都。」夜深人靜難以入眠時，「欲寐不成寐，如有深徬徨」，只能「耿耿天為曙，緘淚擁衣裳」。這是一種無法向外人道的羞愧、苦悶。隨著年齒漸長，同類人逐漸星散，新入仕的漢族官員又非同類，他們無法言說的心理矛盾只能越來越重。好在清朝給予的榮華富貴，多少能夠提供些許安慰。

釜底抽薪。清朝並非真心重用這些降臣，而是利用而已。滿族高層打從心底鄙視這些人。攝政的多爾袞就公開評論龔鼎孳「此等人只宜縮頸靜坐，何得侈口論人」。你們夾著尾巴做人就是了，還要什麼表達、要什麼認同呢？孫承澤等人既失去了社會輿論的認可，也沒有獲得效忠的新朝的肯定，兩頭受氣。

順治十年（西元一六五三年）二月，吏部尚書出缺。孫承澤身為首居其次的吏部左侍郎，就新尚書人選上奏發表意見：「吏部尚書權衡所寄，得人為難。伏見大學士陳名夏在吏部時，頗能持正，請以名夏分理部事，必能仰副澄清之治。」他明確希望同為降臣，如今已經是大學士的陳名夏分管吏部。

順治皇帝閱讀奏章後，對閣臣們說：「朕見承澤此疏，洞其隱微，代為含愧。彼意允其所請而用名夏，則於彼有利；否則，又將使朕猜疑名夏也！」順治皇帝的態度也很明確，他認為這是孫承澤在耍小聰明。這暴露出順治皇帝根本就不信任孫承澤，也不願意讓陳名夏去掌握吏部。順治皇帝以「侍郎推舉閣臣，有乖大體」為由，責令孫承澤回奏明白。

事實上，高官出缺，朝廷大臣相互舉薦，自古有之。皇帝有時也

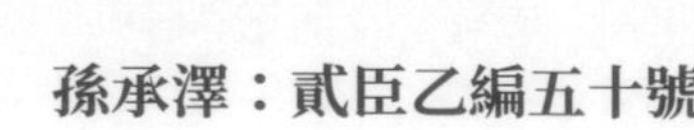

讓臣工們推薦人選，名為「廷推」。孫承澤推薦陳名夏，不算唐突。此外，大臣就負責領域發表意見，有沒有「越界」，完全由皇帝認定。孫承澤此舉，如果君臣相得，一點兒問題都沒有。順治皇帝龍顏大怒，反映出孫承澤在皇帝心中毫無份量。

孫承澤兩頰流汗、雙腿顫慄，顫抖著聽完轉述的聖諭。辛辛苦苦十年，自以為是身居顯要的高官，突然發現自己還是一個不能發表意見的小人物。他的委屈、失落可想而知。還解釋什麼呢？還留下來幹什麼呢？孫承澤拋開之前的奏章不論，直接以「兩耳重聽」為由，乞求順治恩准退休。順治皇帝也不挽留。同年三月，孫承澤「病免」，時年六十一歲。

第二年，孫承澤推薦過的大學士陳名夏因為妄議朝政、黨附多爾袞被絞死。以此為由，朝堂上興起了一股黨爭案，一批與陳名夏有關的降臣和漢族官員遭到清洗。孫承澤幸運地因為提前退休而免於株連，也可算是因禍得福。

孫承澤退休後，對世事是失望的，對自己的一生也是不滿意的。他本質上是一個書生，人生在世要立德立言，希望留下一些精神遺產。可是自己早已道德破產，立德無望，只得轉而專心立言。這是一批降臣的現實選擇。比如，降臣王鐸就認為：「天下後世讀而憐其志者，只此數卷詩文耳……倘吾兄弟他日得以詩文書法傳，是以不愧前人。」文章千古事，能證明孫承澤來過人世間，能傳承思想給後世。

於是，孫承澤離開鬧市中的孫公園，來到位於北京西山臥佛寺西邊的櫻桃溝，營築退谷，自號「退谷逸叟」。在餘下的二十年裡，孫承澤在退谷中閉戶著書，日不釋卷，尋求個人的價值和內心的解脫。

《四庫全書總目提要》記載的孫承澤的作品，就有撰述二十三種、四百餘卷。他的作品，既有《孔易傳義合闡》、《尚書集解》、《禹貢考》等經義之書，又有《水利考》、《典制紀略》、《治河紀》等經濟之書；既有《春明夢余錄》、《天府廣記》、《人物誌》等地方志書，又有元明《典故編年考》、《典制紀略》、《寰宇紀略》等制度典籍……這是一項龐大的工作。考慮到他當時年過花甲，這項工作的難度更大。

在諸多作品中，最有價值的，在筆者看來就是史書了。因為孫承澤在明末擔任給事中的經歷，加上明亡後他有意識地蒐集散失的大內史料，所以他所編著的《山書》、《思陵勤政記》、《思陵典禮記》等明末歷史圖書，保存了豐富而珍貴的資料；他所撰述的元、明兩朝典章制度類圖書，徵引詳實，分條細目，是重要的制度類工具書。孫承澤原本藏書眾多，又在王朝更迭的亂世廣為蒐羅史籍檔案，掌握了充裕的史料。他在退谷中的藏書樓，即名為「萬卷樓」。我們可以想見，在西山腳下人跡罕至的山谷中，一個老人二十年如一日，埋首史料典籍，奮筆疾書。他不是簡單的整理、編輯歷史，而是以史為鑑，總結前人的興亡，用歷史關照未來，蘊藏著一個明朝舊臣的苦心。

歷朝歷代都重修史。清廷以天下正朔自居，延續修前朝正史的做法，在順治二年五月開館纂修明史。無奈明代典籍散失嚴重，修史缺乏史料，尤其是天啟、崇禎年間史料。清廷下詔購求遺書。但是，民間疑慮重重，獻書者寥寥無幾。孫承澤可能是當時北京地區保存明代史料最多的人，尤其是他收藏大量明末奏疏，這些都是寶貴的第一手資料。但他的內心也是充滿疑慮，對清朝忌諱多多，將史料隱瞞不報。直到康熙七年，朝廷再次下詔求書，允諾「雖有忌諱之語，亦不治罪」，孫承澤這才在當年九月上奏「時職養山中，因檢舊日抄存，輯成十八卷，裝成七本，呈送前來」。他獻上的這十八卷史書，就是自著的明末歷史《山書》。

孫承澤晚年的另一大貢獻，是收藏了大批書畫，並作鑑賞。他在退

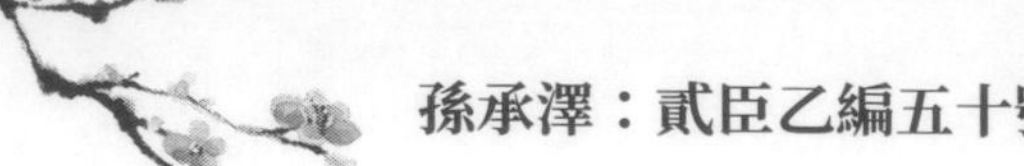

谷中潛心賞畫、跋畫，研究書畫。孫承澤的鑑賞，除了注意書畫真偽和價值以外，以史學家的角度，把書畫作為歷史證物，來補充史料記載之漏，糾正歷史記載之誤。他把書畫鑑賞的心得，寫成《庚子銷夏記》一書。兩三百年來，孫承澤以一名書畫鑑藏家留名於世。他在書畫界的名聲，遠勝於在政治、歷史或理學領域的名聲。不知道孫承澤地下有知，做何感想？

孫承澤退休後，也教子孫讀書。但是，子孫有想參加鄉試或者應仕當官的，孫承澤都加以攔阻。他不讓子孫當官，要求家人「衣食粗足，當知止足」。孫承澤背負漢奸之名，加以宦海沉浮多年，深知政治險惡，不讓子孫參與其中。

孫承澤死於西元一六七六年。死前一日，他沐浴更衣，坦然賦詩云：「進退死生兩大事，孤心留取照幽墟。」

整整一百年後，乾隆四十一年（西元一七七六年）年底，國史館修編《明季貳臣傳》。時代變了，當年打天下的人變成了守天下的人，要借「崇獎忠貞」、「風勵臣節」的大旗來鞏固統治。於是，當年祖先辛辛苦苦爭取來的功狗們、蒐羅利用來定鼎江山的降臣們，需要再一次出來為大清王朝效勞：作為批判的對象！

無論是誰，哪怕是為我大清立下赫赫功勛的洪承疇、祖大壽、馮銓等人，都是背叛舊主、屈膝投降的奸臣、小人。大清王朝不需要奸臣和小人，如今要大力褒獎、宣傳當年拚死與清朝為敵，為明朝殉節的史可法、黃道周、張煌言等人。當年拒絕清朝招降越堅決、罵清朝罵得越凶、堅持抗清越久的人，越是忠貞不屈的典範，越要大力宣傳！

乾隆的詔書明明白白寫道：

朕思此等大節有虧之人（指投降清朝的人），不能念其建有勛績，諒於生前；亦不能因其尚有後人，原於既死。今為準情酌理，自應於國史內另立《貳臣傳》一門，將諸臣仕明及仕本朝名事跡，據實直書，使不能纖微隱飾，即所謂雖孝子慈孫百世不能改者……此實乃朕大中至正之心，為萬世臣子植綱常！

投降清朝的洪承疇等人，反而被清朝異常高調地釘在了恥辱柱上。《貳臣傳》一共列名一百二十四個出仕明、清兩朝的官員。其中又分甲乙兩編，乾隆認為洪承疇、祖大壽等人客觀上為清朝做出了貢獻，列名甲編；而陳名夏、龔鼎孳等人既不忠於明朝，又在清朝無所作為甚至非法亂政，列入乙編。

孫承澤因為是「三姓家奴」，落入《貳臣傳》乙編第五十號，其所著《山書》遭到查禁，不得刊行。

柳同春：向朝廷要個說法

順治五年（西元一六四八年）正月二十七日，陰天冷雨侵罩之下的南昌城裡響起了一處處淒厲的殺聲。江西總兵金聲桓、副將王得仁宣布「反清復明」，擒殺了巡按、布政使、湖東道等人。江西巡撫章於天正出巡瑞州，王得仁派人追殺。章於天貪生怕死，願為金、王效勞，叛清降明。絕大多數清朝文武官員如章於天一般，紛紛摘下頂戴換上冠裳，易幟反正。極少數不願反清的官員慘遭殺戮。那一處處淒厲的叫喊，是這場突發政變轉瞬即逝的註腳。

全城戒嚴，四門緊閉，卻有一個身影縋城而出，踉蹌向北逃去！

江西都司柳同春，沒有隨波逐流反清復明——儘管他本人是降清的明朝軍官，也沒有慘遭金聲桓等人的毒手——他見勢不妙便拋棄妻兒逃亡了。金、王傳令各處緝拿，並派出追兵追殺柳同春而去。後方是催命的追兵，前方是前途未卜的將來，柳同春奔跑在江東初春泥濘的土地上。飛濺的泥水汙濁了衣裳，甚至甩到了臉頰上。狂奔一百多里後，柳同春在江西吳城，由月靜和尚幫忙剃度，喬裝打扮為僧人，再逃往九江，經彭澤縣，買舟順江而下，奔往清朝在南方的統治核心——江寧（今南京）報警而去。

柳同春出身河南太康的貧苦人家。在明朝末期賦役沉重、民不聊生之時，人高馬大的柳同春做了一個最務實的選擇：當兵。加入明軍後，柳同春繼續發揮身體優勢和務實本性，穩步升遷，歷任千總、守備。期間，李自成軍攻破太康後屠城，柳同春父親殉難，柳同春手刃數名起義

軍，馳圍而去。崇禎十六年（西元一六四三年）冬，李自成在陝西建制「大順」，擁兵數十萬，取道山西進攻北京。柳同春時任游擊，駐守在平陽府（今臨汾），防禦李自成軍。轉年二月初，山西巡撫派柳同春率所部兵馬「探賊」。彼時，大順軍已渡過黃河天險，明軍主力潰敗，勝負已見分曉。柳同春所部士氣低落，行進途中一哄而散。二月初八，太原守軍獻城投降。柳同春聚攏殘兵敗將，也投降了大順。大順軍就地授官，命柳同春率部駐守忻州，兼轄定襄。之後，大順政權勃興驟敗，四五月間紛紛回撤山西。清軍緊隨而來。柳同春聽聞清軍攻占代州等邑，棄城南逃。清朝肇建，對明朝、大順官員敞開懷抱，重賞招納，一體敘錄，應給封誥照例頒給；照在明朝、大順的現有官職，授職任官。於是，崇禎十七年成了順治元年。順治元年七月，柳同春帶領陳節、祝有德等二十七員軍官、三千餘名兵丁，在潞安降清。清朝授予柳同春參將一職。這條史實於十一月初匯報到朝廷，《清世宗實錄》認可的柳同春所部兵馬僅為五百人。這是他第一次也是唯一一次記載在正史之中。

柳同春的後半生時常困惑，為什麼短短兩年間自己叛降不定？後來他覺得自己想通了：我就是個扛槍吃餉的，天底下扛槍賣命的都是小人物——大人物是不會衝鋒陷陣的。賣命的小人物自有一套價值體系和行為規則，其中最樸素的一條就是：活下去！柳同春參軍是為了填飽肚子，投降大順軍是因為勝負已定，投降清王朝是看到大勢所趨，都是為了活下去。小人物不懂道德文章，也不需要慷慨激昂。柳同春覺得活下去就是向善，就是真實，只有當兵的活下來了、而且活得好，更多的老百姓才能存活下去、活得好。編入清軍後，柳同春切身感受到清朝的效率、生機和戰鬥力，相信新王朝能夠帶來統一和穩定，能讓最多的人活下去、活長久。柳同春樸素的價值觀和清朝的大利益達成了握手，他參與了統一山西的戰鬥，順治三年四月來到江西任「操捕都司」。這是一個負責操練和緝捕的中級軍職。

也就是在江西，柳同春認識了金聲桓、王得仁。他認為兩人是自己的同類人。大家都出身貧寒，於饑寒交迫之中扛槍賣命，不同的是金聲桓和柳同春參加的是明軍，王得仁加入了李自成的起義軍，不過都匯聚到了江西南昌。柳同春起初還感嘆個人際遇不同導致權位高低，金王二人成了上司。政變發生之後，柳同春才發現大家存在價值觀的嚴重差異：柳同春滿足於活下去，希望天下太平；金聲桓、王得仁則遭到常年廝殺和叛降不定的異化，把權位、金銀看得重於生命，把槍桿子當成了權力的幫兇和討價還價的籌碼。

於是，出身與經歷相同的三個人陷入了殺戮的深淵。金聲桓、王得仁追殺柳同春未果，遷怒家屬，將柳氏留在南昌的妻子、兒女及家人三十二口當眾殺害於城門之上！

柳同春在一天一夜後趕到了江寧，兩江總督這才知曉朝廷失去了江西全省！江西事變引發了連鎖反應，進軍湖南的清軍不敢孤軍深入，迅速北撤；廣東的李成棟不久也宣布反正，反清復明。清朝南進攻勢嚴重受挫，明朝閃現了復興的曙光。

清廷迅速調集大軍南下，由大將譚泰統帥，全力撲滅江西叛變。柳同春自告奮勇為嚮導，並提供了平叛地圖。經過一年的爭奪，順治六年二月，南昌困於重圍，彈盡糧絕，殺人而食。叛軍士卒爭相出逃。金聲桓眼見城池將陷，城破前殺妻子、焚房舍，城破時身中二箭，投帥府荷花池而死。之前，金聲桓擔心城內與清軍裡應外合，殺了前巡撫章于天。王得仁突圍不得，砍倒數十清軍後受傷被擒。

柳同春質問王得仁為何殺他的家屬？王得仁回答：「你去向清兵告變，該殺！」

清朝判處王得仁凌遲之刑。肢解前，官員問他可曾後悔，王得仁怒

道：「殺且殺爾，何須多言！」清軍將南昌屠城，進而據有江西全境。期間，柳同春隨軍征戰，招降納叛，奪取州縣。天下局勢經過短暫波折，又朝著有利於清朝的一邊發展。

六月，清廷論功行賞。平叛的清軍將領紛紛舉薦柳同春勞苦功高，送兵部任用。到了北京後，多名大臣預測柳同春即將飛黃騰達。大臣明阿達裡調侃他：「你這大功，該給你什麼官好？」尚書劉余佑告訴他：「你的功勞，在明朝論的話，可以封侯，至低也是個伯爵。」柳同春自然悲喜交加，懷有期待。不久，兵部賞罰結果出爐：

柳同春既系命官，不能殫力圖賊，乃裝僧脫逃，革職。

……

三年後（順治九年），浙江巡按御史杜果幾次接待了本省的一個上訪官員。

都司柳同春向杜果提出，四年前的江西事變自己功勛如何卓著，代價如何慘烈，卻被兵部認定為「臨陣脫逃」，非但沒有封賞，還遭到革職處分。當時柳同春就提出申訴，兵部官員「念其雖系逃官，未經從賊，且妻子家口盡死於賊，情亦可矜」，不久恢復都司原職，順治七年調任浙江。柳同春委屈、憤懣，完全不認同朝廷的處分。看到昔日同儕，甚至原本遠不如自己的官員不斷升遷，再看自己，孑然一身、宦遊無著，柳同春滿腹積鬱，需要傾訴。

杜果頗為同情柳同春的遭遇，於六月代奏了柳同春要求旌表家人、封賞自己的奏章。

柳同春的奏章首先搬出了「太祖配天恩詔」。這是順治五年，朝廷入關後第一次隆重祭天、祭祖後頒布的加官晉爵令，其中明確要求，對順治元年五月以來歸順的文武官員，功勞未經敘錄的「察明敘升」，並且「給與世襲詔敕」。之後，大批官員得到了升賞。就在杜果上奏的順治九年六月，近百名降清投誠官員得到了封賞。柳同春自認為符合恩詔封賞標準，尤其是「闔門死難獨職最慘」，更應該旌賞。接著，柳同春自陳順治元年以來的功勞，特別是江西事變中的貢獻和代價。

順治皇帝批覆：「著兵部確察虛實具奏。」

兵部堅持柳同春是「逃官」，「未有逃官家口被叛兵殺害，議加贈恤之理」，柳同春借此「妄求恤典，於理不合」。對於柳同春強調「不肯從賊、妻子死難」的慘狀，兵部認為當初已經給予了適當的考慮，撤銷他的革職處分、官復原職，如今「無庸更議」。

柳同春自然接受不了這個結論。與常人不同的是，面對兩次朝廷明確結論，其中還含一次皇帝的干涉都無果後，一般人會知難而退，尋一處心底埋下委屈與憤懣，柳同春卻愈戰愈勇，鍥而不捨地開始第二次上奏請賞。

順治十年八月，柳同春繞開上司，直接呈遞「自陳疏」，向順治皇帝陳述冤情，請求追加旌賞。他首先堅決否認臨陣脫逃，而應該認定為冒險報警。柳同春指責兵部一開始便處置失常，錯誤將自己革職，之後又「不肯認錯」。兵部官僚的失誤與頑固，抹盡了柳同春的忠忱，湮沒了柳同春的功績。

柳同春親手繪製了《御覽異慘圖》，圖文並茂陳述了南昌政變引發的危險、三十二口家人陳屍城門的慘烈、一路狂奔報警的驚險。得到柳同春告變後，清廷始知警變，一邊調遣安徽駐軍防禦，一邊以北京發兵援救。大將譚泰統兵進剿江西時，柳同春又「獻裡圖，首先鄉導。因得從湖口、九江抵至，南昌克復」。柳同春反問：「設令臣出奔稍後，被賊羈縻，勢日張大，誰實請援以保東南半壁？乃樞部誤疑脫逃，竟行革職，曾不思逃於何處？見何人隔省請兵？埋何名而隱何姓？」沒有他冒險告變，清朝就喪失了應變的黃金時間，平叛也不會那般順利。

江西事變是明清易代的重要事件，金王二人政變事發突然，迅速控制了周邊府縣，清朝塘報業已斷絕，叛軍在暗處清廷在明處。況且，長江流域殘存反清勢力，江西又盤踞江寧上游，如果金聲桓等人集合反清力量，順流而下，足以改變明清相持的格局。還有，廣東李成棟不久反正，投向南明，明朝一度有望恢復南方半壁。良機轉瞬而逝，南明勢力最終沒有把握住，主因是內部分裂、黨同伐異；清朝轉危為安，柳同春的星夜報警是重要的偶然原因。柳同春在自陳疏中稱「請援以保東南半壁」，並非誇大其詞。柳同春涉險，是上天對清朝的眷顧。

柳同春的功績，尚不止於此。之後他又招降了總兵鄧雲龍等人，收服寧武奉靜新高六個州縣，擒獲南明監國瑞昌二位藩王和胡總督等七名官員，繳獲南明璽印等等。柳同春本人講，南昌平定之時，傳言朝廷會安排柳同春出任巡撫，後來吏部推舉了另外人選；又傳言柳同春將出任左布政使，柳同春力辭。讓柳同春不滿的是，自己當年招降的人，或者參加南昌政變後又投降的人，反而官運亨通。鄧雲龍現在是清軍總兵，蔣顯捷升任了道臺，薛柱為江西瑞州府推官。柳同春毫不客氣指出：「已經賊用、直待築城挖壕之後，方出投降，如蔣顯捷等百餘人，反而升擢三四級不等；即臣招降之鄧雲龍等，亦受旗下甲喇章京。獨臣孤忠未白，初時反行革職，今雖復職而血戰恢復全家死難之功，竟置不錄，顧與眾逆之人較若天淵矣。」

柳同春將自己四年間的不公正待遇，歸咎為「其時墨勒根王（多爾袞）號令不一，唯憑樞部抑功而揚罪」。主持清朝入關之初政務的多爾袞逝世於順治七年，第二年順治皇帝即否定多爾袞，發起清算活動。柳同春將不公的根源指向多爾袞，可謂深謀遠慮，順應了當時清算多爾袞的大環境。自陳疏就歌頌「皇上親政以來勵精圖治，嘉興維新」，必會改正自身冤屈。

自陳疏的效果好於第一次，順治皇帝御覽圖文並茂的奏疏，頗為感動，批覆「深為可念」，再次讓兵部核查。但是，兵部堅持維護原判。

兩次告御狀失利後，柳同春屋漏偏逢連陰雨，順治十一年因「汛地失防」遭到兵部降二級的處分，後因緝賊有功、官復原職。想必知曉情況的同僚、朋友也勸過柳同春，路已走盡，安心向前看，過好餘生吧！柳同春就是不聽別人的勸。是非曲直一定要有結論，不然萬事混沌、黑白不分，談何優劣、進退？底層出身賦予的倔強基因，還有南征北戰塑造的剛硬性格，促使柳同春繼續申訴、上訪。

順治十二年二月，順治皇帝第三次看到了柳同春的訴狀。

柳同春新的自陳疏，指責兵部「含糊議覆」，認為兵部事實認定不清楚，起因是兵部的官僚們根本不了解前線情況，只看文書做出決策。而江西事變的文書，幾乎都是前線簡略的塘報，對柳同春這樣的個體經歷和慘痛犧牲不會詳述。（這極可能是造成柳同春委屈的客觀根源。）柳同春要求查驗當日的印信執照，並詢問征討江西的滿族大臣，確認自己的功績。

當然，柳同春再次自陳自己的卓越貢獻：「當逆賊彼猖之日，江西文武盡降，滿地皆賊，兩廣鄰封，無非賊踞，設使賊從上游飛渡，江南半壁何以支撐？非臣越城請兵，何以知虛實之情形，為戰守之勝算？且賊困贛州城，民自皆殘食，若非援兵早至，贛豈能全？而廣東李成棟數萬勁賊直犯江西，又豈能一朝殲滅？」他也詳細開列了一批在江西事變中「降賊而後歸」反而得到升賞、重用的官員名單，反問「不降賊而請兵誅賊者反不得相同」？

柳同春請求旌賞，已經不是追求個人政治前途，還是給死去的家人一個交代。他自陳「此臣所以仰天泣血痛心疾首者也」，懇乞朝廷再查，並發誓「一字涉虛，罪甘寸磔」。

柳同春的對天發誓，他的動之以情曉之以理，以及一而再再而三的請旌求賞，順治皇帝認為「情同甚切」，第三次把奏章發給兵部，要求該部認真核查柳同春的功績。

皇帝雖然沒有直接下結論，但傾向性相當明顯。兵部官員也就不再固執，逐一詢問了當年參與江西平亂的滿族大臣。各個當事人都作證，柳同春扮僧請兵，妻子為賊所戮，以及招降總兵鄧雲龍等人都是事實。兵部據此推翻了柳同春「臨陣脫逃」的結論。既然「脫逃」不存在，柳同春不僅無罪，反而有功。其冒死報警、家破人亡、招降納叛等事跡，足以獲得相應的表彰、升賞。兵部的結論是，柳同春的功績「不繫破敵之功，世襲自難允從」，建議先提升為參將、暫管副將事，遇到有副將空缺優先推補。

順治皇帝批准了。

七年的曲折，最終迎來了遲到的肯定。公義雖然沒有缺席，柳同春最年富力強的年歲、在政治上最佳的發展時期卻已經錯過了。因為公義的遲到，柳同春受的傷害是無法彌補的。

順治十二年八月，柳同春升職為密雲副將。次年六月到任。

順治十三年十一月，柳同春妻子安氏獲得旌表。朝廷給銀、建坊。

順治十八年閏七月，柳同春升任江北狼山等處地方總兵。柳同春上疏請求面見順治皇帝，遭到拒絕。八月，柳同春到任狼山。

康熙元年，柳同春為其弟柳生春奏請，獲補御前三等侍衛，升二等拜他喇布勒哈番。柳同春之子柳毓芳也獲得「世蔭」。雖然兵部在結論中特別提到「世襲自難允從」，但柳同春的弟弟、兒子還是透過特別奏請等其他途徑得到了相應的旌賞。

康熙六年，柳同春年邁辭職，回到闊別幾十年的太康故鄉，死後入鄉賢祠。

柳同春晚年回顧一生，不慶幸在征伐廝殺中倖存，不自豪最終升遷到了總兵的高位，而是將自己的申訴求賞的材料集結成書。他對順治皇帝感恩戴德，取皇上「深為可念」之批覆，定書名為《天念錄》。

田甘霖：風雨土司城

崇禎十五年（西元一六四二年）秋闈，田甘霖著琵琶襟上衣、纏青絲頭帕，拎著食盒和文具，和湖北的秀才們一起擠進武昌考場。秀才們對田甘霖「非我族類」的裝扮，難免交頭接耳議論一番。

田甘霖是來自鄂西南深山密林的土人子弟、漢書所謂「武陵蠻」的一員。武陵蠻聚居在湘鄂川黔交接的廣袤山區，長期為化外之民，明朝弘治年間開始推行文教，陸續有出山參加科舉之人。田甘霖便是土人（當地）的佼佼者，從小攻讀應試，弱冠時考中秀才功名，人生軌跡幾乎與漢家子弟無異。遺憾的是舉業未精，他在當年的湖北鄉試中名落孫山。

考場失利並未打擊田甘霖多少，他溯江而上，返回大山裡的故鄉——容美（今恩施鶴峰縣一帶）。期間，田甘霖仿效前人創作了《忠溪春日遣懷效李長吉〈南園〉》：

書生原不止雕蟲，摩筆空中看玉弓。

珍重好天休放去，攢眉信是使君風。

田甘霖當年整好三十歲，對未來還是滿滿的信心，相信自己還能在科舉道路上有所斬獲。他出身容美田氏，家族掌管容美地區可以上溯到唐朝，正式世襲容美土司將近四百年了。田甘霖沒有生計之憂，相反朝廷熱衷向土司階層推廣文教，命令土官子弟不入學讀書，不准承襲官爵。各地土司在明代紛紛興辦學校，學習四書五經，容美土司概莫能外。由於容美沒有官學，沒有科舉名額，田甘霖等人為了取得功名，往往到附近州縣附讀。田家幾代人都有考中秀才的，但攻克舉人功名就要

看田甘霖這一代了。回鄉後，田甘霖精研學問，以備再考。

可惜，田甘霖沒能迎來下一屆科舉鄉試。就在他落第後不到兩年，甲申之變，崇禎自縊，明朝滅亡。田甘霖當年參加的考試，便成了明朝最後一次鄉試。

噩耗傳來，田甘霖悲痛難當。當年除夕之夜全家團聚，對亡國同樣不能釋懷的田甘霖之父、容美土司田玄寫下了十首〈甲申除夕感懷詩〉，序言寫道：「余受先帝寵錫，實為邊臣奇遘，赤眉為虐，朱芾多慚，悲感前事，嗚咽成詩。」慷慨悲歌后，田玄令三個兒子田霈霖、田既霖、田甘霖步韻以和。田甘霖和詩多首，其中有「痛惜朝中黨，相傾枉自勞。文人誇御李，勇士但爭桃」，「誰釀年來禍，舉朝亟失時。人人皆狡兔，著著是卑棋」等慷慨之詞。他猛烈抨擊朝廷腐化、將帥無能，哀其不幸怒其不爭。田甘霖相信王朝能夠重振，而振興朝綱的希望自然落在自己和同道的手中。常年的儒家教育，使得田甘霖深深認可明朝是天下正統，自己是明朝一臣子。忠君報國，天經地義，這個君就是明朝皇帝，這個國自然是大明。明朝向土司地區推行文教，到了收穫果實的時節。

不僅是田甘霖如此想，整個田氏家族都是如此。

早在明朝尚未建立，朱元璋還是吳王時（至正二十六年，西元一三六六年），容美土司就主動歸順。朱元璋沿襲元制，承認田氏為容美宣撫司長官。容美在明朝取得了長足發展，歷任土司恪盡地方職守，熱情朝貢天子，積極響應徵調，與朝廷關係和睦，加上本地風調雨順，沒有發生戰亂與災荒，實力穩步發展，從西南眾多洞蠻部落之一發展成為湘鄂川黔交界疆域最廣、勢力最強的土司，占地千百里。

田甘霖祖父田楚產和父親田玄執政期間，容美趨於鼎盛。田楚產忠厚仁義，招徠流民，推廣文教，容美人口和社會都迅速壯大；田玄積極響應朝廷的徵調，曾派遣兒子田霈霖、田既霖、田甘霖和弟弟田圭、田瞻等率領土兵，自帶糧秣，協助官軍圍剿周邊農民起義軍，前後六七次，立有戰功。崇禎十三年，朝廷因容美土司鎮壓農民起義軍有功，升宣撫司為宣慰司，授予了土司轄區的最高級別。田玄也藉機擴張疆域，管轄現湖北恩施自治州清江以南大部分地區，以及湖南省部分地區，面積約在七千平方千里上下，比剛剛歸順明朝時擴大了三倍，到達了疆域的巔峰。

忠君報國的思想觀念，混合著容美土司與明朝朝廷的密切聯繫、容美土司蒸蒸日上的勢力，注定田氏父子不會在王朝傾覆之際默不作聲、無所作為，更不會逆來順受。

田玄迅速發兵，堵截經過容美的殘兵流寇，同時等待「王師」的徵召。他先是聽說福王在南京繼位，很快覆滅，又有唐王在福建登基，建號隆武。田玄派人用蠟丸包裹祕信，多次往返容美與福建，為恢復大業獻計獻策。隆武帝嘉獎田玄的忠誠，命令田玄保境安民、以待復興時機，並賜予一品服色加都督銜。順治三年（西元一六四六年），田玄病逝，長子田霈霖繼位。田霈霖亦自視為大明臣子，與南明朝廷的湖廣督師何騰蛟、堵胤錫等以手札往來，繼續商議匡復大計，並派人遠赴行在呈上「復國方略」。當時偏居西南的永曆帝賜田霈霖蟒玉、太子太保、後軍都督府左都督、正一品服色等。境外兵戈連年，不少明朝遺臣前來容美躲避戰亂，田氏家族都盛情接納。明朝遺老遺少們將容美視為桃花源般的樂土。

此時的田甘霖，完全贊同父兄的舉措。可嘆的是，思想觀念上的心心相通，並不等同於骨肉手足的和睦共處。長兄田沛霖承襲宣慰司後，竟然將三弟田甘霖全家軟禁在陶莊！

容美田氏不幸具有同室操戈、兄弟猜忌的惡性。田甘霖六世祖田秀

晚年就爆發了庶長子田百里謀權篡位，弒父殺弟的悲劇。當時只有六歲的五世祖田世爵，因乳母覃氏以親生兒子代死，歷盡艱險出奔桑植土司，後來冤案昭雪繼承官爵。高祖田九龍又遭到長兄田九霄的猜忌，不得不在長兄繼位後耕讀於深山，後來因為兄長、侄子相繼去世而承襲官爵。田九龍嫡長子田宗愈早亡，田九龍就選定嫡長孫田楚產為繼承人。不料，庶長子田宗元糾集族人誣告田宗愈為庶出，爭奪繼承人。田楚產不得不流亡十餘年。綜上，田氏族人有云：「世事變遷驚歲月，人情翻覆失疏親。」田氏的手足悲劇，如今要在田甘霖這一輩再度上演了。

軟禁地陶莊是山間一塊平地，四周深山溝壑，遠處清江奔騰，草木蔥鬱，雲蒸霞蔚，是遊山玩水的好去處，也是偏僻冷清的田氏囚籠。

田甘霖默念，達則兼濟天下，窮則獨善其身。傳統典籍中不乏清修無為、避世閒居的指南，田甘霖以此自洽。日常勞作之餘，他也借酒澆愁，「醉翁堂上坐，亦有獨醒時」，不過絕大多數時間「低頭思往哲，托意自匪夷」，放空思緒，將身心都託付無垠無際的虛空。長江以南罕見飄雪，冬日的一天，田甘霖看到一座山頭落滿了雪花，與周邊鬱鬱蔥蔥的山林構成鮮明對比。他提筆寫下了〈雪後晚眺〉：

一山猶白一山青，疑是寒溫氣未平。

吾亦無心難作解，閉門且去叩莊生。

時局動盪，田甘霖正值大展宏圖之年，卻困於蕭牆之禍，羈於窮山僻壤彈丸之地。他胸中氣難平，卻無力去追問個究竟，轉向老莊尋求無為避世之道。

在遙遙無期的軟禁生涯中，田甘霖最大的慰藉來自妻兒。田甘霖有幸娶得賢妻覃美玉。覃美玉比田甘霖小十歲，是利川忠路土司之女，不僅識字，還通曉音律，並由此入選了容美土司的戲班。她在容美的演藝生涯豐富多彩，先是戲班的臺柱，後來擔任了教習。在一次演出中，田甘霖、覃美玉一見鍾情。西元一六三八年，十六歲的覃美玉嫁給田甘霖，並在第二年生下了長子田舜年。田甘霖夫妻將田舜年視作珍寶，即便是在軟禁中也盡己所能給年幼的兒子最好的養育。田舜年整天隨父親識字讀詩，隨母親練音辨律，日後成長為容美田氏最著名的藏書家、曲藝愛好者和文教贊助者。

就在田甘霖自比「不合時宜者，杯中了此生」時，容美和家族捲入了天翻地覆的局勢。容美貧瘠閉塞，但這裡的群山萬壑「屏藩全楚，控制苗蠻，西連巴蜀，南通黔粵」，具有重要的策略地位。隨著清軍進占荊楚和巴蜀，南明政權偏居西南，容美所處的湘鄂川黔交界處恰巧成了各板塊的交界處。先前閉塞偏僻的山區，搖身變為進可攻、退易守的抵抗根據地。農民起義軍餘部，紛紛匯聚到這四省交界處。從田甘霖遭軟禁的第二年（永曆元年，西元一六四七年）開始，郝搖旗、劉體純和李過、高一功率領的大順軍陸續占據交界處的州縣，聯合利川縣的王光興和譚文、譚詣、譚宏三兄弟，分段屯兵，操練征戰。各部推劉體純為首，聽其節制，形成占有二十餘縣、擁兵數萬的抗清基地，史稱「夔東十三家」。清朝稱之為「西山寇」。

夔東十三家與南明政權合作，一度收復湖南失地，推動形勢好轉。一絲復國曙光閃現，南明永歷朝廷派遣東閣大學士文安之總督川、湖諸處軍務，便宜從事。文安之，天啟年間進士，甲申國變之後從故鄉夷陵避亂容美。南明福王起用其為詹事、隆武帝召他為禮部尚書，文安之都因為兵戈隔斷而沒有赴任。在容美避難三年間，文安之經常與田玄及其諸子吟詩作對，互相抒發亡國之情，結下了深情厚誼。永曆帝轉移到貴州後，文安之毅然奔赴行在。文安之的文雅情操、忠心為國，都讓田玄父子敬佩不已。安之離開容美時，田玄父子安排了盛大的送別儀式。如今，文安之歸來督師，田霈霖等人滿心歡喜。

文安之卻是懷抱愁緒而來。南明政權顛沛流離，卻傳承了晚明朝堂的內訌傳統，將帥爭權奪利，相互傾軋。文安之在行在無所作為，自請督師夔東，晉諸將郝永忠、劉體純、王光興等為公侯。可他無一兵一卒，名為督師，實則仰仗夔東十三家立足。

容美土司與夔東十三家以清江為界，江北屬十三家，江南屬土司。長江三峽與清江一帶，民少地貧，保障不了數萬兵馬的長期給養。十三家農民軍難免在駐地搜刮物資，支撐長期抵抗，其中不乏有跨江燒殺擄掠行徑。田霈霖因其名屬「官軍」，隱忍不發。

順治四年（西元一六四七年），農民軍將領「一隻虎」李過攻打荊州失敗，敗軍潰退進入容美土司轄境。田霈霖未加防範。不料，李過帶兵大肆劫掠，不論是官廨倉庫，還是民舍野積，一律擄掠殆盡。容美田氏三百多年的積蓄，毀於一旦。境內一片狼藉。更令人髮指的是，李過連前任司主田玄及其夫人的墳塋都不放過，敗軍將田玄墓掘盜一空。事後，李過所部滿載搜刮來的金銀糧草，揚長而去。

一隻虎浩劫，奇恥大辱。容美田氏效忠明朝，沒有獲得回報，反而橫遭慘禍，連累父母屍體受辱。田甘霖聞訊，捶胸頓足，自忿容美在明朝眼中，連走狗都不如。事後，督師文安之除了空言安慰，對擁兵自重的李過也是無可奈何。容美田氏更是寒心至極，現任土司田霈霖日夜拊心，時而悲歌慷慨，時而涕泣流連，一年後憂憤暴蹶而卒，享年三十九歲。

田霈霖僅遺有遺腹子，眾人便要推二弟田既霖繼位。田既霖為人恬靜寡言，不好聲色財寶，也是從小走科舉之途，當年和田甘霖等兄弟一同參加了明朝最後的鄉試，落第返鄉後就接連遭遇了變故。田既霖本就有魏晉之風，兼之三年內父、兄先後死去，而容美劫後滿目瘡痍、內憂外患，自知才不配位，對土司之職堅辭不受。族人力推，田既霖答應暫代兄長的遺腹子任職，等侄子長大後再歸權還政。不想，遺腹子誕生後即告夭折，田既霖不得已，承襲容美宣慰使之職。他自知非治亂之才，無力掌舵夾縫之中的容美，思慮再三，於順治八年（西元一六五一年）從陶莊將三弟田甘霖接回，委以政務。

田甘霖回歸時，容美政見紛紜。有主張盡起兵馬，傾巢而出，向農民軍報仇雪恨的；有要求向永歷朝廷申訴，嚴懲李過等兇手的；有建議向清朝示好，脫離明朝陣營，另謀出路的。土人全民皆兵、臨戰徵發，實則無一人為職業軍人，劫後的容美參戰男丁不過二兩千，軍械奇缺，如何與農民軍一戰？南明永歷朝廷，自身四處游離，如何能給容美主持公道，又怎會為了勢單力薄的土司處罰倚為柱石的十三家？田甘霖悟透了中央王朝之所以千百年來維持各地土司世襲一方，鞭長莫及、直接統治成本過高自然是一大原因，土司勢力微不足道則是另一大原因。即便造反，土司除了割據本地之外，對朝廷而言無足輕重。容美定期貢獻山珍特產，滿足朝廷天下一統的認知即可，或許這也是朝廷對容美的主要印象。

那麼，投靠清朝又如何呢？田甘霖滿心不悅。天子之位，正統者續之。朱明王朝為法統正道所在，已有近三百年。即便天命轉移，也將在華夏之內擁立新天子，哪裡能由東北蠻夷之邦的滿族人坐了天下？容美投靠清朝，不就是自甘墮落，屈身蠻夷了嗎？左思右想，田甘霖力主觀望再定。

個人境遇的改觀並沒有給田甘霖帶來家庭生活的福音，反而造成了悲劇。妻子覃美玉是田甘霖的賢內助，隨著田甘霖逐漸掌握實權，家族成員將攻擊的矛頭對準了這個無辜的女人，誹謗她「刑夫克子」。覃美玉無以自明，加上性情剛烈，於順治十二年（西元一六五五年）自縊，以死來「保夫安子」。田甘霖痛失愛妻，卻無處發作。日益緊張的局

勢，也不容他沉浸在喪妻之痛中。清王朝的統治，在各地迅速穩固，四川、湖廣、貴州州縣陸續落入清軍之手。夔東十三家成為了清朝圍困的孤島。順治十三年（西元一六五六年）春，容美土司南境的湘西永順、保靖兩大土司投向清朝，容美三面為清軍包圍了！

不當家不知柴米貴，不臨深淵不畏抉擇難。空談是非對錯容易，親手將事情辦成難。田甘霖的「天下正統」、「夷夏大防」、「忠君報國」等等觀念，在冰冷的刀槍面前，一文不值。度過難關，讓家人活下去，才是首當其衝、至關重要的事。田氏先祖從唐至明始終延續對容美地區的統治，正是應時而動、順勢而為的成果。容美貧苦之地、兵微將寡，一味固守成見、負隅抵抗，田氏一族早就蹤影全無了。因此，田甘霖勸導二哥田既霖歸降清朝。

當年六月，容美土司田既霖派人聯絡清軍，表示願率所部兩萬人投誠，並上繳明朝頒賜的印信。清朝聞訊，授田既霖為容美等處軍民宣慰司，加少傅兼太子太傅銜，賜蟒玉正一品服色，並賜尚方裘帽、名馬弓矢等物予以優待。可惜，田既霖沒能等到正式的封賞，就在順治十四年（西元一六五七年）初病逝。田既霖無子，臨終前拉著三弟田甘霖的手，欲言又止。兄弟二人相對流淚。最後，田既霖囑咐道：「所飲恨切齒者，未報惡鄰辱我先親之恥耳，弟不可忘。」歷經一隻虎浩劫，容美與農民軍結下了深仇大恨，進而與明朝離心離德。不久，清朝封賞抵達容美，田甘霖接受新印，正式成為新一任容美土司。

容美土司降清，夔東農民軍大為不安，極為不滿。第二年，「（劉）體純、（塔）天寶遣其將劉應昌等四人，將銳卒二千渡江，晝伏夜行，不四日抵容美，擒田甘霖及其妻子以歸，遂盡逐江南民北渡」。第一場浩劫，夔東十三家不僅挾持了田甘霖及其家人，還脅迫上萬容美居民向北遷移到清江北岸，充實農民軍的人力。田甘霖開始了在劉體純軍中的囚徒生涯。這一次，不斷流亡的南明朝廷和近在咫尺的文安之，還是束手無措，不施援手。

順治十六年（西元一六五九年），清軍三路攻進雲南，追擊南明政權。處於絕對劣勢的永曆皇帝孤注一擲，派使者聯絡夔東十三家進攻重慶。文安之組織劉體純、李來亨等將領調撥兵馬、集齊戰船，溯江而上；聯合梁平、萬縣一帶的譚文、譚詣、譚弘所部兵力，直抵重慶城下，三面圍攻。無奈各部保存實力，畏縮不前，而且不服文安之調度。譚弘、譚詣甚至殺害譚文。文安之要討伐譚弘、譚詣，後者乾脆率部投降清軍。文安之聞變，謀劃調集大軍平叛，可嘆無人響應，其他將領反而撤軍自保。文安之對恢復一事徹底絕望，重返容美隱居，鬱鬱而終。農民軍遭此大變期間，田甘霖跟隨行軍，輾轉多地。他是在巴東的囚禁地聽聞文安之逝世噩耗的，作〈哭文相國先生〉以示憑弔：

炎海瘴江幾度深，君恩未報卻相侵。

經綸漫措擎天手，慷慨孤縣夾目心。

虎豹重關何處覓，嘯吟多句獨堪欽。

可憐杜宇春來恨，啼向愁人淚滿襟。

田甘霖哭文安之理想破滅、壯志未酬，何嘗不是在哭自己？理智要求他投降清朝，內心還殘留著對明朝的眷戀。兩年前，南明政權內訌，兩大軍事支柱秦王孫可望和晉王李定國兵戎相見。孫可望兵敗後，竟然降清。田甘霖曾作詩〈聞黔中晉李秦孫構難奉詔解之事與五代晉梁符合感而賦此〉：「傷心莫話黔中事，王氣蕭蕭不忍看。」當時便對南明失望至極，經過兩年的囚禁生活，再到如今文安之之死，田甘霖對明朝的好感已經消耗殆盡。文安之的死，不僅是一個老友的故去，更是容美田氏與明朝朝廷橋梁的崩塌。

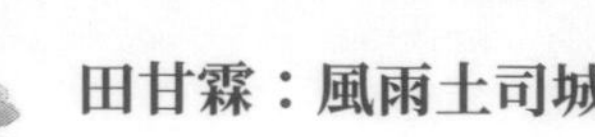

重慶戰敗後，夔東形勢急轉直下，農民軍日益窘迫。田甘霖兒子田舜年等人千方百計籌措資金，商議贖人。康熙元年（西元一六六二年）容美以數萬金贖回土司田甘霖。田甘霖結束長達四年的囚禁生活，返回故鄉，第一件事便是向清廷上書，陳述自己被裹脅的詳細情形：

臣以邊方遠臣，慕義向化，西南首倡，於順治十二年投誠，十三年繳印，十四年蒙換新篆，並賜袞帽弓馬，猶渥逾涯，頂踵莫報，仰戴天朝洪恩，遂宣布德意，實期招諸土司，盡歸版圖，以答皇恩。不期深中賊忌，身受慘禍，於十五年正月內，遭劉二虎賊眾掩襲，寨破被擄，除欽頒印信並嘗賚等項，盡被擄掠，題報在案。凡臣闔家眷屬，及舍把軍民人等，感忍恥受辱者四年餘。幸賴皇上宏庇：應襲長男舜年，親屬官僚臣田商霖、田鼎等，未落虎口，得以設處措費，鬻子質婦，不下數萬金，贖臣生還……

也就是在這一年，吳三桂俘獲並縊殺永曆皇帝，南明滅亡。九月，四川、湖廣、陝西清軍從三路大舉進攻夔東十三家，戰事異常慘烈，延續兩年之久，直至康熙三年八月，最後一路農民軍將領李來亨在彈盡糧絕之後，攜全家自焚殉國。堅持反清二十一年之久的夔東十三家徹底失敗。湘鄂川黔邊區為清朝所控制。

田甘霖不悲不喜，亦無感慨。星辰更替，陽光如常照耀在飽經蹂躪的容美土地上，田甘霖忙於招徠土民，恢復生產。他懇請周邊清朝州縣，從夔東十三家中逃出的百姓，如系容美難丁，乞恩放回。年過半百的田甘霖，帶著兒子田舜年、孫子田炳如，親自動手，栽竹種樹，日役其間。除了勞作，田甘霖對抗無情歲月的另一大利器，就是詩歌。他感嘆「冉冉百年機易盡，難將皮袋貯悉悲」，轉而信佛，可心靈深處「瓦全溷世余非念，玉隱昆丘孰與攻」，終究難入佛門。一得空，田甘霖就帶著兒、孫前往陶莊祭掃亡妻。

就在田甘霖以為蒼天已經放過歷經苦難與坎坷的自己之際，平靜的晚年生活戛然而止。吳三桂造反，三藩並起，吳軍攻入湖廣！

康熙十三年（西元一六七四年）初，吳軍在湘西屯兵十餘萬，與清軍隔江對峙。周邊的巴東、建始、利川等縣紛紛歸降吳三桂，容美再次面臨何去何從的抉擇。田甘霖沒有先前的猶豫，接受了吳三桂的「容美都統、承恩伯」印信。容美土司派遣軍隊協助防守吳軍占領的澧州。田甘霖對此類情形已然「經驗豐富」。這一次，容美不僅沒有受損，還趁亂出兵占領堡壘要塞，對外擴張勢力；對外，田甘霖、田舜年父子取消下級土司的世襲權，強化集權。

田甘霖的生命，也在三藩之亂中走到了盡頭。他的一生，不論付出了多少，承受了多少，都不過是時代大潮中的一粒塵埃，無關大局。所有的苦難掙扎，不過讓容美田氏免於覆滅而已。年少的志向隨風散了，受教的學說漸行漸遠，看不見了。活下去，才是最重要的。田甘霖確信自己的人生選擇，無可厚非。他卒於康熙十四年，享年六十三歲，有子田舜年、田慶年兩人，都是覃氏所生。

數年後，吳三桂病死，清軍反攻，容美土司馬上重新歸附清朝。新任土司田舜年上繳偽印，容美軍隊主動協助清軍平亂。田舜年於康熙二十年邀功稱：「一聞王師南渡……同心戮力，統兵殺賊，臣親率文武部落四十餘處剿殺、防禦。」清廷有聲音認為容美田氏騎牆做派，不堪信用，康熙並加處罰，重新授予印信。

康雍乾盛世到來，容美市面迅速繁榮、人口流入眾多，社會結構發生巨變，反而遭遇了生死挑戰。朝廷開始在西南土司地區「改土歸流」。田甘霖長子田舜年統治容美三十多年，晚年屬意長子田炳如承襲土司，不想家族內部又起紛爭。田舜年為湖廣總督所忌，最終死在武昌監獄。朝廷挑選田舜年的庶子，年少即送入北京國子監讀書，後任宮廷

侍衛、直隸州知州的田旻如承襲容美土司。朝廷本意，當是認為田旻如漢化已深，便利推行改土歸流。不想，田旻如襲位後，強烈抵制歸流改革。雍正十一年，因容美拒絕改流，朝廷發兵進剿，田旻如眾叛親離，自縊而亡。

田旻如死後第二年，鄂西十五位土司齊集省城武昌，公請歸流。雍正十三年（西元一七三五年），清朝在原容美地區設鶴峰州和長樂縣。延續四百二十五年歷史的容美土司徹底沒入歷史。

高調的自殺：朱術桂

農曆六月，熱浪開始肆虐海島。太平洋吹來的海風，也似乎與熱魔勾勾搭搭，全然沒有了往日的輕柔爽快。臺灣島，邁向酷熱難捱的蒸籠模式。

六十六歲的朱術桂，心卻像墜入了千年寒冰，冰冷透底。

此時是一六八三年，在大陸是康熙二十二年，在臺灣是永曆三十七年。在熱浪統治海島的幾天前，臺灣水師在與清朝水師的彭湖大戰中大敗。扛著永曆旗號的臺灣鄭克塽軍隊逃歸臺灣本島，飄揚龍旗的清朝康熙軍隊占領了澎湖列島。鄭克塽勢力經歷一番激烈的「戰與和」的辯論後，最終決定投降。年僅十三歲的鄭克塽，在臣下的裹挾下，與清軍洽降。

家居的朱術桂聞此「噩耗」，嘆道：「主幼臣強，將驕兵悍，不知托足何所矣。」朱術桂是經歷了明末清初戰亂顛沛的一代人，目睹了鄭克塽祖父鄭成功那代人南征北戰、收復臺灣。那代人中忠於明室的部分人，跟隨鄭成功軍隊遷徙臺灣暫息。托庇於鄭氏的軍力，朱術桂等人得以幽居臺灣二十年，沒想到從鄭成功到鄭經、再到鄭克塽，鄭氏一代不如一代，最後發展到內憂外患，內有權臣脅迫幼主，外有清軍大兵壓境，求苟安而不可得。如果不想棲身於異族鐵騎之下，剃髮易服，唯有重新上路流亡一途了。青壯年時，朱術桂輾轉奔波不以為意，如今年近古稀、飄零海外，放眼茫茫大洋，既無力也無處可去了！他不禁發出「不知托足何所」的感嘆，淚眼婆娑中思緒飄向了千里之外的故鄉：湖北

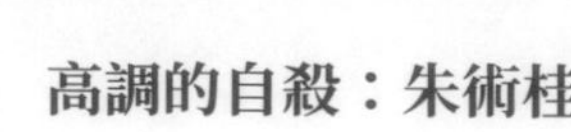

長陽……

朱術桂出身天潢貴胄，是明太祖朱元璋的八世孫。朱元璋第十五子、遼王朱植，在靖難之役期間被移往湖北荊州安置。明成祖朱棣因朱植未在靖難期間支持自己，並不待見這個弟弟，加之遼王世系本身缺乏作為，遼藩宗室逐漸邊緣化，最終在隆慶二年因為時任遼王行為不端而遭撤藩。遼藩旁系則散在鄂西南各地，開枝散葉，默默無聞，長陽王就是其中之一。朱術桂西元一六一七年生，是長陽王的次子，屬於朱明皇室的疏宗小王子。

史載朱術桂「儀容雄偉、美髯弘聲、善書翰、喜佩劍、沈潛寡言、勇而無驕」，具體情形則不可考。考慮到明朝對宗室子弟有諸多限制，生怕其中出現文武雙全的權力威脅者，只希望宗室子弟在溫柔富貴鄉中無所事事過一生，再結合朱術桂生平無所作為的事實，這些史載更多是溢美之詞。但從中，我們也可以看到一個美貌沉靜的貴族形象。畢竟是薰陶了七八代的宗室，朱術桂帶有與生俱來的貴族氣質。

然而，朱術桂也僅有貴族氣而已。身為和皇帝親緣疏遠的宗室，而且還是次子，朱術桂很難沾染多少皇權的光芒。依明制，他最多頂著將軍的虛銜，優渥終生。長陽雖非魚米之鄉，可地處長江邊、清江畔，風光旖旎，適合清靜終老。

亂世重新書寫了朱術桂的命運。崇禎十五年（西元一六四二年），張獻忠攻陷荊州，故鄉呆不下去了。二十五歲的朱術桂隨兄長、長陽王朱術雅避禍湖南。不想，這一走就與故鄉越行越遠，直至遠隔重洋，唯有遙想。

兩年後，崇禎皇帝自縊，明朝滅亡。福王朱由崧在南京稱帝，改元弘光，偏安東南。朱術桂兄弟視之為正統所繫，趕往南京朝賀。弘光帝封朱術桂為鎮國將軍，隨長陽王鎮守寧海。清軍迅速擊潰弘光王朝，次年攻克浙西，寧海失守。朱術桂與兄長朱術雅在亂軍中失散。當時魯王朱以海在紹興監國，不知長陽王朱術雅存亡與否，於是令朱術桂襲封長陽王。不久，唐王朱聿鍵在福建稱帝，建元隆武，延續明朝國祚。隆武帝承認朱術桂的王爵，改封朱術桂為寧靖王，派往方國安軍中任監軍。

此時的南明朝廷，一改限制宗室藩王的舊制，分派諸王監軍。一方面固然有監督軍事、振奮士氣的考慮，更多的是希望各支明軍殘餘各保一系宗室血脈，盡可能地延續朱明國祚，無奈中透著心酸。於是，寧靖王朱術桂一生的「主要工作」，便是輾轉各部監軍——實則依託各部將領尋求庇護。清軍占領浙江後，福建軍閥鄭彩迎朱術桂南下廈門。此後，朱術桂就「監軍」鄭氏的部隊了。

西元一六四六年，桂王朱由榔在肇慶稱帝，改元永曆。永曆帝命朱術桂同時監軍鄭鴻逵、鄭成功兩部。有文章稱，永曆帝晉爵朱術桂為遼王。朱術桂終於躋身一字王的行列，恢復了祖宗的榮耀。但是這條記載缺乏信史證據。不過，風雨飄搖之際，永曆君臣們疲於保命，一字王和二字王又有何所謂，只要能活下去，延續朱明血脈就是最大的榮耀。

朱術桂在廈門、金門居住十餘年後，永曆十八年（西元一六六四年）三月，鄭經奉朱術桂渡海至臺灣。其時，鄭成功已死，鄭氏在沿海遭遇清軍壓迫，不得不退守臺灣。鄭氏在臺灣奉行明朝正朔，穿戴大明衣冠，以明朝地方政府自居。朱術桂繼續「監軍」臺灣，同時置辦田地長期居住。連橫《臺灣通史》記載「延平入臺後，士大夫之東渡者蓋八百餘人」，臺灣地區成為明朝遺民的一大歸宿。遷徙人群中，包括魯王世子朱桓、瀘溪王朱慈曠、巴東王朱江、樂安王朱俊、舒城王朱著、奉南王朱熺、益王朱鎬等明朝宗室。在臺灣，他們可以繼續生活在明朝的旗幟下。

鄭氏集團對以朱術桂為首的明朝宗室，還是相當禮遇的。李慈銘記

載：「成功以王（朱術桂）為宗室之冠，有大事坐王於左，宣而行之。每大清使至，王西向坐，宗人從王坐，成功西坐東間，其敬禮多如此。」無論是軍政大事，還是外交場合，鄭氏都推朱術桂等人出來，在旁見證。朱術桂是鄭氏集團「明朝認同」的具體表象，是「大明王朝在臺灣」的重要象徵。在「臺灣是大明王朝的臺灣」的基本認知，乃至「北伐中原、恢復大明」的大方向上，鄭氏集團和朱術桂是完全一致的——儘管鄭氏集團是一個事實獨立、自行其是的政權，朱術桂並不能參與決策；儘管隨著時間的推移，軍民上下都意識到「北伐中原、恢復大明」絕無可能。

殘酷的事實是：在鄭成功收復臺灣的當年，永曆十六年、西元一六六二年，吳三桂絞殺了永曆帝朱由榔。南明王朝在法理上已經滅亡，明朝宗室近支血脈由此絕嗣。但是，臺灣一直延用永曆年號，彷佛拒絕接受現實。永曆年號在臺灣一直延續到第三十七年。

那麼，鄭氏政權為什麼不推舉朱術桂稱帝，名正言順延續明朝國祚呢？一方面，朱術桂血脈疏遠，而且沒有子嗣，不太適合稱帝；更主要的原因在鄭氏一方。鄭成功對隆武帝感情深厚，心理上難以接受其他人選，何況鄭成功在世時以為永曆帝尚且活在人間。等永曆帝死訊傳到臺灣，掌權的鄭經對朱明皇室的感情，遠不如父親那般親近。鄭經君臣更多的想奉明朝正朔，而不想捧一個明朝皇帝在手中，徒生掣肘。最終，朱術桂沒能更晉一級……

往事在腦海中一一閃回，又消失在記憶的深處，朱術桂擦拭了眼角的淚水，定定神，提筆在牆壁上大書曰：

自王午流寇陷荊州，攜家南下，甲申避亂閩海，總為幾莖頭髮，保全遺體。遠潛外國，今已四十餘年，六十有六歲。時逢大難，全髮冠裳而死，不負高皇，不負父母。生事畢矣，無愧無怍。

短短幾十字，儼然自傳，又是聲明。支撐朱術桂選擇顛沛大半生，而不是像許多宗室一樣投降清朝或者隱逸山林的信念，一是保持漢家衣冠，全髮冠裳見列祖列宗於地下，背後是夷夏大防，抗拒以夷變夏的信念；二是對朱明江山的堅持，源於皇家血統的尊嚴，背後是忠君愛國，毅然擔當社稷興亡的信念。不想，在暮年之際，大半生的堅持即將走到盡頭。

朱術桂最大的悲哀是，日思夜盼「王師北定中原日」，不料迎來的卻是「戎狄南下吞江左」。朱術桂並不反對大一統，但反對由夷狄來統一中華。如今，滿清統一中國已成定局，天下皆成清朝之地，朱術桂再無寸土可避。貴族的榮譽，不容許朱術桂剃髮易服，向昔日的夷狄下跪磕頭；監軍的職責，也不允許朱術桂隨同全軍繳械投降。他長嘆一聲：「是吾歸報高皇之日矣」，決意自盡殉國。

決心既定，朱術桂最放不下的就是親人。早年顛沛時，朱術桂與兄長朱術雅流離數省，相依為命，感情很深。浙江戰亂，兄弟失散，朱術桂因不知兄長下落而承襲了長陽王的爵位，後來得知兄長尚在人世，馬上向隆武帝要求奉還王爵。遺憾的是，兄弟倆失散後再沒有相聚。朱術雅曲折轉向廣東，一六四七年清軍攻破廣州，朱術雅隨同二十多位滯留於此的明朝宗室投降，結果集體慘遭屠戮。念及於此，朱術桂似乎多了一分拒降殉國的決心。

朱術桂的原配王妃已死，沒有子嗣，身邊尚有五位姬妾。六月廿六日，他召集姬妾袁氏、王氏、秀姑、荷姐、梅姐五人訣別：「孤不德，顛沛海外，冀保餘年，以見先帝先王於地下。今大事已去，孤死有日，若輩幼艾，可自計也。」姬妾皆泣對道：「殿下既能全節，妾等寧甘失身。王生俱生，王死俱死，請先驅狐狸於地下。」五人遂自縊於室。後人感佩五人忠烈，建有五妃廟祀之。

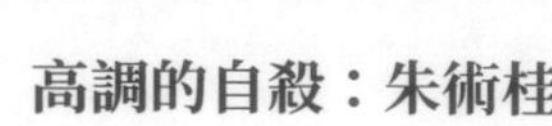

次日（六月廿七日），朱術桂加翼善冠，服四團龍袍，束玉帶，佩印綬，坦然迎來生命的最後一天。他先派人將寧靖王印送交鄭克塽。此時鄭克塽尚未正式降清，還是大明的延平王、大明的大將軍，而朱術桂始終是永曆帝派來的監軍，監軍自盡前將印信交付主帥，也是常理。鄭克塽得知，驚訝之餘當即率文武官員趕來。他並沒有勸阻朱術桂自盡，而是兩人「嗟嘆別之」。雙方都決心已定，沒有任何調和、妥協的可能，那就道不同不相為謀，讓近半個世紀的交情好聚好散吧！

接著，朱術桂開始拜辭天地祖宗。「寧靖王要殉國了！」朱術桂自盡的消息很快就傳開了，當地耆士、老幼紛紛湧入府邸。他們也不是來勸止朱術桂自盡的，同樣是來告別的。朱術桂自盡之前燒毀了田契，把位於臺灣南部的數十甲田地全數送給佃戶，又將府舍捐為佛寺。加之他平日清靜自守，在民眾中口碑甚好，今日前來告別的百姓為數眾多，一撥接著一撥。朱術桂都整理衣冠，一一答拜。於是乎，一幕怪異的場景出現了：人們或激動、或惋惜、或感慨，湧來和一個高調的自殺者告別，就是沒有人制止即將到來的自殺行為。

大家相互尊重，相互理解。你憧憬你的統一，我執著我的堅持。朱術桂和周圍的人一樣，認為大一統王朝是中國歷史發展的常態，但他死也不能接受大一統的清王朝。他心心念念的還是恢復大明王朝的榮光。百官和百姓勸不了朱術桂，唯有含淚相別。

臨死前，朱術桂在硯背題絕命詞曰：「艱辛避海外，總為幾莖髮。於今事畢矣，不復採薇蕨。」（今高雄縣路竹鄉寧靖王廟書絕命詩為「艱辛避海外，總為數莖發，於今事畢矣，祖宗應容納」。）其中的「採薇」，典出伯夷、叔齊不食周黍，採薇自守，是忠貞舊朝、決絕新朝的典型象徵。歷代遺民多引此自喻。

題畢絕命詞，朱術桂投繯自縊，「全髮冠裳而死」，實現了「全髮」

和「著漢家衣冠」的願望。滿人的髮式、服飾與漢人明顯不同，頭髮與衣裳的區別在明末清初彰顯了滿漢之別，進而附帶了濃厚的政治含義。明朝遺民「寧全髮而死，必不去髮而生」。同樣寓居臺灣的明朝遺民沈光文就有言：「吾二十年飄零絕島，棄墳墓不顧者，只欲完髮以見先帝。」

朱術桂自盡後，兩名王府侍宦也從死其旁。

他人的自殺，或許是懦弱逃避的行為，但是，朱術桂的自盡是勇敢者的行為。它是對信念的堅持，是決絕的抵制，給顛沛流離的一生畫上了一個強有力的感嘆號。儘管朱術桂之前的言行乏善可陳，但最後的投繯自縊，是他最轟轟烈烈的舉動，也是他一生最重要的言行。他用自盡，吶喊出了大明王朝最後的抵抗！他的死，給朱明皇室和大明王朝書寫了濃墨重彩的收筆。

七月初五，鄭克塽正式交納降書。朱術桂的自縊，鄭克塽的投降，象徵著大明王朝在理論和實際兩方面的徹底覆滅。

康熙六十年（西元一七二一年）臺灣朱一貴起義，曾追尊朱術桂為「大明懿宗秉天正道元睿良敏敦文簡武思仁貞孝考皇帝」。民間私謚朱術桂為「明懿宗」。

劉聲芳：紫禁城大夫

從雍正八年（西元一七三〇年）秋天開始，一車車的煤炭源源不斷地運進圓明園。

這座皇家園林風光秀麗的東南角，飄起裊裊黑煙，之後常年縈繞在青山綠水之間。

年逾古稀的劉聲芳會同內務府總管，主持此項工程：替皇上煉製丹藥。當今雍正皇上深信黃老方術，早在潛邸時即煉製丹藥自用。雍正四年以後，皇上開始長期服用丹藥，近來更是召募張太虛、王定乾等深諳「修煉養生」的道士共襄煉丹盛舉，最終決定傾力研製「長生不老仙丹」。看著道士燒爐煉藥，劉聲芳在心底暗暗嘆了一口氣。

劉聲芳可是一代名醫，而且是管理太醫院事務的首席御醫。行醫六十餘載，劉聲芳自然清楚，世間哪有什麼長生不老的仙丹？道家所謂的丹藥，含有汞、鉛等重金屬，長期服用會造成中毒。丹藥中毒不僅有理可據，而且有史可查。可嘆的是，皇上已經深陷其中，聽不進去諫言了，還安排劉聲芳這位首席御醫來主持煉丹，多麼尷尬，多麼諷刺？出了差池，還不是要劉聲芳來承擔罪責，由劉聲芳來收拾殘局？

「御醫難做啊！」劉聲芳在心底長嘆了一聲，轉身步履蹣跚而去⋯⋯

年過古稀之後，劉聲芳和諸多老人一樣，常常不自覺地回憶過去。他回憶最多的是爺爺。劉聲芳是江蘇淮安人，父親早逝，自幼由祖父撫養長大。爺爺是一位行走鄉間的郎中，背著藥箱、拉扯孫子，行醫謀生。劉聲芳異常懷念那段純真、美好的時光，爺爺教他唱「湯頭歌」，

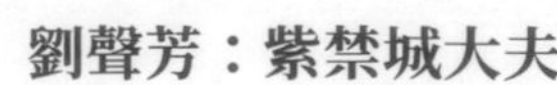

他看著爺爺望聞問切。爺爺還不時高興地向劉聲芳炫耀收集的民間單方、驗方。後來，爺爺年邁不能出診了，劉聲芳便背起了爺爺的藥箱，繼承祖業，走街串巷。再後來，方圓百里都盛傳劉聲芳醫術精湛，前來就診之人越來越多，最後連南巡的康熙皇帝都聞名過問。康熙四十二年（西元一七〇二年），康熙皇帝南巡途中，招攬劉聲芳入太醫院任職。劉聲芳達到了一個民間大夫所能追求的最大成功。

祖父早年偶爾向劉聲芳提起過：「我們當大夫的，沒有不想進紫禁城行醫的，可真進了紫禁城，沒有不把腸子悔青了的。」劉聲芳起初不解，進宮沒幾年就深深折服於爺爺的遠見睿識。御醫供職太醫院，日夜待命給皇家瘮疾，還要承擔扈從、保健、防疫等差使，真是深宮如海，自由全無。更大的壓力是無形的，時時敲打著人的每一根神經。皇上是天子，御體康健與否關係著江山社稷的安危，連接著無數臣民的禍福。給皇上診治容不得絲毫差錯！每一次診治、每一道方子，都在種種規章制度注視之下，御醫能夠發揮的空間很少。而中醫又無固定之法，診病多有仁者見仁智者見智之時，稍有創新的病案便無法通過同行評議、官僚審核。同行與官僚們，自然希望龍體康泰，診療沒有丁點冒險，如此才能皇上安康，皇上安康方能大家安全。須牢記，皇權生殺予奪，隨時可取人性命。龍體有變，都無須皇帝下令，層層安保制度便會嚴懲御醫。之前，皇帝駕崩或大病，嚴懲診治醫生的先例，不勝枚舉。可是，任何疾病對人體的傷害都是不可逆的，任何醫術都不可能藥到病除，更不可能包治百病。生老病死是不可抗拒的自然法則。遺憾的是，沒有人會聽御醫陳述這些道理。從皇帝到朝野文武，不聽細節、不擔責任，只要療效。如此環境，醫術再高超的御醫都磨成了中規中矩的泛泛之輩，不敢越雷池一步。太醫院不求有功但求無過，御醫們明哲保身，謹小慎微。

皇上龍體欠安之時，便是御醫們戰戰兢兢之日。御醫出診，便踏上沒有援手、只有潛在危險的未知征途。明朝嘉靖年間「壬寅宮變」，嘉靖皇帝被宮女勒得奄奄一息，御醫許紳趕來急救，在生死線上救活了皇上。嘉靖皇帝加封許紳太子太保、禮部尚書，許紳無福消受，很快就病死了，留下遺言：「吾不起矣。曩者宮變，吾自分不效必殺身，因此驚悸，非藥石所能療也。」許紳戰勝了病魔，卻輸給了巨大的精神壓力，搭上了性命。

劉聲芳的診療風格，暗合太醫院的行事做派。他本是平和穩重之人，用藥平穩，不用寒熱生猛之物，而且主張劑量適中，激發人體自身免疫調節功能來對抗疾病。入宮之後，劉聲芳先後給康熙皇帝、赫世亨、蘇瑪拉、大阿哥福晉等位高權重者治病，逐漸得到重用。康熙四十九年，劉聲芳升遷為太醫院右院判；康熙五十二年，因為經手診治的宮女死亡，劉聲芳受加級革退處分；康熙五十五年，劉聲芳因「開錯藥方」，內務府擬處以降三級、罰俸一年的處分，康熙皇帝開恩寬免；康熙末年，劉聲芳擔任太醫院院使，成為了太醫院的首領。當然，其中的升降起伏，百味陳雜，就只能劉聲芳一個人衡量其中的甘苦得失了。

劉聲芳能當差太醫院三十年，很重要一點是有幸遇到了一位寬容的皇帝——康熙。康熙皇帝是劉聲芳的同齡人，和劉聲芳醫學理念相通。他坦然接受了生老病死的自然法則。人生便是一個逐漸走向死亡的過程，誰都不能抗拒。保健也好、診療也罷，最成功也只是延緩了這個過程。而且藥石是輔助，根本還看一個人的心態和身體底子。更加難能可貴的是，康熙皇帝待臣屬和善，越到晚年越寬容。

康熙皇帝博學好問，對醫術頗多涉獵，但並不固執己見。（這一點，康熙的孫子乾隆截然相反，乾隆相當自負，常反過來指導御醫如何診療、如何開方；六世孫光緒，乾脆親自動筆刪減御醫方子中不喜歡的藥材，添加上偏愛的材料。）康熙四十五年八月，劉聲芳和同事奉旨診治

護軍參領莫爾洪之病。經過診治，莫爾洪病勢時好時壞，食慾大減，最後竟然茶飯不思了。康熙皇帝得知，甚為惱火，痛批劉聲芳等御醫「皆因醫學粗淺之故，所以往往不能救人！」不過，康熙皇帝也就是動動嘴皮子，罵完便罷，再根據自己經驗，提出了他的治法，讓劉聲芳等人「照文試治可也」。劉聲芳御醫生涯最大的紕漏是康熙五十五年的「開錯藥方」事故。對如此硬性錯誤，劉聲芳主動承認過錯，坦然準備接受懲罰。好在提前發現錯誤，沒有產生惡劣後果，康熙皇帝最終寬免懲罰，著實出乎劉聲芳預料。更嚴重的事故發生在御醫李穎滋手上，其診治的庶吉士朱恕不幸身故。此事說是大夫術業不精、態度不正，李穎滋也無話可說。康熙皇帝只是口頭指責李穎滋：「朱恕無福分，遇李穎滋而被殺矣！著將此諭譯為漢文，給李穎滋看。」終康熙朝，沒有一個大臣因細碎獲罪，沒有一個大臣受株連獲罪。

龍椅易主，雍正皇帝給劉聲芳出了大難題。老御醫寄希望於六十年行走江湖、三十年出入紫禁城的閱歷，能再次幫助自己逢凶化吉。

雍正皇帝大刀闊斧，革故鼎新，有旺盛的慾望和飽滿的幹勁。為人方面，雍正愛憎分明，對勇於任事、真才實幹者不吝獎賞，對庸碌無為、私心牟利者，雷霆重擊。劉聲芳行走紫禁城二十多年，雍正對他早有所聞，繼位之初也得到了劉聲芳的悉心照料，稱他為「好大夫」。劉聲芳是太醫院院使，為正五品官，在雍正元年得到了「俸食一品，兼賜四轎」的恩賞。劉聲芳出身卑寒，儘管憑藉醫術獲取榮華富貴，心底依然羨慕科舉正途。行醫畢竟是末技，讀書當官才是天下第一等好事。劉聲芳年近七十，三個兒子還不太成器，不能獨立，因此向皇上申請破格蔭子入監一人讀書。清朝制度，文官在京四品以上、在外三品以上，武官二品以上，可以蔭一子入國子監讀書。劉聲芳的正式品級不夠，但雍正批准了其子劉俊邦入監讀書。雍正七年十月，雍正皇帝又御批，賞賜因病未應鄉試的劉俊邦舉人功名。因為事發罕見，《清史稿》專門評述：「劉聲芳子俊邦以疾未與試，賜舉人，尤為特典。」可見在雍正前期，劉聲芳與雍正關係良好，頗受寵信。

劉聲芳的官品水漲船高，雍正七年由太常寺卿升遷為戶部左侍郎，從正三品升至從二品；雍正八年因治療雍正皇帝及其最親密的弟弟兼政治盟友怡親王允祥有功，加太子少傅，尚書銜。至此，劉聲芳達到了一名御醫所能達到的最高階，自古以來能如此成功的醫生屈指可數。自然，劉聲芳因醫崛起，加官晉爵都是額外恩賞，無須真實去戶部辦公。他始終管理著雍正的太醫院，繼續當紫禁城首席大夫。

伴駕雍正越長，劉聲芳越發現康熙雍正父子倆的差別。康熙通融靈活，雍正嚴厲刻薄，而且多疑。多疑是紫禁城裡最大的凶器，是皇帝導向暴戾兇殘的前奏。遺憾的是，雍正日漸多疑。雍正初年，皇上心腹大臣、浙江總督李衛推薦懂醫的道士賈士芳給雍正皇帝。雍正皇帝頗為賞識賈道士。一日，賈士芳給雍正按摩，口誦咒語：「天地聽我主持，鬼神聽我差遣。」雍正帝勃然變色，認為賈士芳心懷不軌，下令處斬，並株連賈氏家族。在康熙朝可能一句玩笑就能化解的誤會，到了雍正朝就變為幾十條人命的血案。

雪上加霜的是，常年服用丹藥之後的雍正皇帝，性情並未修養得當，反而記憶衰退、情緒不穩、表現暴躁。身體也出現失眠難安、食慾不振等等症狀。

劉聲芳剛服侍雍正之時，皇上正值年富力強的盛年，加之剛剛品嚐到最高權力的滋味，四十歲出頭的雍正皇帝在皇權的加持之下，身體並無小恙。劉聲芳加以調理，雍正感覺更好，君臣因此相安無事。雍正雷厲風行改革多年後，國事並未出現預期的昌隆，問題反而層出不窮，精神的失落、疲憊強化了他對丹藥的依賴，而後者反過來加劇了身體和精

神的雙重不適。剛剛年過半百的雍正，迅速衰老，喜怒無常。劉聲芳清楚，宮中人的厄運要來了！肩負龍體保健職責的御醫，必然首當其衝！

果不其然，最先遭殃的便是御醫。趙士英是劉聲芳的後任，於雍正八年六月出任太醫院院使，加光祿寺卿銜，也算深得雍正器重的御醫。不料，僅僅半年後的十一月，雍正便痛罵趙士英「舉動言語荒謬乖張，是其福量淺薄，下賤小人」，革去職銜，暫留太醫院戴罪立功。御醫劉裕鐸的命運更為悲慘。他在雍正六年還是雍正皇帝稱讚的「當代第一名醫」，兩年後的雍正八年就成了草率行醫的庸才，而且是潛伏著的、雍正競爭對手胤禩的黨羽，要被推出去正法！在眾人搭救之下，劉裕鐸遭革職，流配新疆從軍。

雍正自身感覺越差，越懷疑御醫誤人。正如他相信皇權可以改天換地一樣，雍正深信世間總有辦法對抗生老病死。這個辦法，就需要御醫去尋找、去施行了。更要命的是，雍正皇帝不僅僅滿足於延年益壽，還要煉丹服藥長生不老。如此一來，御醫們的日子就更難過了。種種糾結與壓力，直接間接地匯聚到負責太醫院的劉聲芳那裡。一個七十多歲的老人，身心老邁、精力不濟，開始不堪重負了。

大劑量服用丹藥後，雍正身體大滑坡。他懷疑這是劉聲芳越來越不用心了。雍正的不滿先宣泄到劉聲芳的兒子身上。雍正八年十一月，朝廷明發上諭：「劉聲芳之子劉經邦從前在知縣之任聲名甚屬平常，久為戶部司官，甚屬庸碌無能，不能辦理一事，著將革職。」革職後，雍正還不解恨，要求劉經邦將「在戶部司官任內歷年坐食分規飯銀悉追出交還戶部」。劉經邦尸位素餐極可能是事實，但追繳他「坐食分規」的伙食銀，確實刻薄了，而且絲毫沒有給身為太子少傅的父親劉聲芳留臉面。朝野無不將此視為劉聲芳失寵、失勢的信號。

一個多月後的雍正九年正月，又一道諭旨頒布：

劉聲芳在太醫院效力有年，屢加特恩，用至戶部侍郎。伊於部務，茫然無知。上年夏秋間，朕體偶爾違和。伊並不用心調治，推諉輕忽，居心巧詐。深負朕恩。著革去戶部侍郎，仍在太醫院效力贖罪行走。其從前所賞伊子蔭生，及舉人，俱著革退。

革職罷官，想必在包括劉聲芳在內的許多人意料之中。但罷官的理由，值得細思：雍正指責劉聲芳對戶部政務茫然無知，可是劉聲芳始終主管太醫院、服侍皇帝左右，戶部侍郎本就是額外恩賞，如今反而指責劉聲芳對恩賞的兼職不稱職，真是欲加之罪何患無辭。雍正再指責劉聲芳對自己從去年夏秋開始的「病症」玩忽職守，居心巧詐，革去職銜，效力贖罪。雍正的一貫風格是「一擼到底」，幾年前賞賜給劉聲芳兒子的功名，全部追回。

一道諭旨，將劉聲芳打回了 30 年前。

行走康熙雍正兩朝宮廷，曾經的達官顯貴劉聲芳，此後再無確切紀錄，人約在一年後的雍正十年（西元一七三二年）去世，享年七十八歲。一代名醫，黯然謝幕、悄然退場。

劉聲芳逝後，劉家迅速沒落。乾隆三十二年（西元一七六七年），宛平縣劉李氏呈控董九霸占她家的兩張藥材行牙帖，聲明這兩張牙帖是其父、戶部侍郎劉聲芳生前於雍正六年（西元一七二八年）間抄沒罪臣家時蒙恩賞所得。對此，提督衙門在咨送刑部的公文中表示「年久無憑，亦無查明辦理，相應請旨」。牙帖是清朝牙行經紀的官方憑證。牙行評議物價、撮合交易、吞吐物資，都要出具牙帖方才合法。地方官府一度將發放牙帖作為補貼地方財政的重要手段，導致牙帖日漸氾濫。雍正年間下令禁止徵收牙帖稅，命令各省布政使司衙門規定各地牙帖數目，報部存案。牙帖立刻變為稀缺資源，擁有者變身既得利益群體。牙行經紀角色，或父死子繼、或親朋承頂，幾成慣例，有人甚至將牙帖視

作祖產，代代相傳。有力參與經紀的，就招人合夥或乾脆出租牙帖，從中分潤。此處的「劉李氏」極可能是劉俊邦三兄弟中某位的妻子。劉家由兒媳婦出面爭奪牙帖，說明已經淪落到靠出借家傳的牙帖維持生計的地步，而且在合作過程還被人霸占了牙帖。

案子結果無考，劉家的落魄卻是真真切切，令人嘆息。

齊周華：精神病患者

乾隆三十二年十二月二十日，西元一七六八年一月二十日，浙江天臺人齊周華在省城杭州慘遭凌遲處死。罪名是癲狂忤逆。

此事轟動當時，一是當事人齊周華情況特殊：他已七十歲，是個著作頗豐的文人，在儒林享有一定的名聲；二是此案的處理相當慘烈：齊周華慘遭凌遲，朝廷查抄齊家，株連宗族及文友。這樣的大案子並不多見，老百姓難免議論紛紛。

輿論猜測齊周華到底是因何而死。人們盛傳，齊周華是個「老瘋子」。此事禍起當年十月，巡撫大人熊學鵬至天臺縣查倉，齊周華主動呈狀狀告親屬、鄰居，甚至自己齊氏通族，凡是有關係的親友都被他告了個遍。這樣的人，不是發瘋了是什麼？至於齊周華為什麼發瘋，他原本是什麼樣子的，反倒沒有人真正關心了。

齊周華到底是個什麼人呢？他給自己取了許多筆名，獨孤損、獨孤跛仙、懵懂道士、尚古先生、忍辱居士、甚辱居士、岳六子跛仙等。這些名字很大程度上體現出齊周華的自我認知，孤獨、迷茫、屈辱、隱忍，以及外在的不如意和內心的堅持之間的矛盾。他的一生，都在兩者矛盾中度過。

齊周華於康熙三十七年（西元一六九八年）三月二日出生在臺州府天臺縣縣城，幼失怙。二十入縣學，三十入府庠，天資聰穎加上勤奮好學，年輕時就嶄露頭角，和堂弟齊召南並稱「天臺二齊」。時任臺州知府楊匯賞識齊周華，評價他的「文章豪邁不羈，光豔萬丈，氣骨雄峻，

巍巍然如喬岳焉」。齊周華應該自視頗高，志不在揚名浙東的丘陵，而期望繼續讀書精進，走出家鄉去治國平天下。齊周華讀書做學問，固然也想應試當官，但不純以讀書為工具。他真心信奉所讀的儒家經典，親身實踐古聖先賢的教誨。他真的相信理想會實現，個人的努力與付出能夠彌補現實與理想之間的差距。這是齊周華和那些以讀書為敲門磚，時時刻刻思索把書本轉化為榮華富貴的人最大的不同。他是有信仰的。書齋教給齊周華的另一個特點是堅持。堅持，往好了說就是堅韌不屈，往壞了說就是固執，撞了南牆也不回頭。讀聖賢書，必行聖賢事。有了理想，不去身體力行，和沒有是一樣的。何況，儒家思想本就是入世的，就是鼓勵在困難中砥礪前行的。

康熙五十三年（西元一七一四年）齊周華十七歲時，遭遇了一件震動頗大的事情。其四世祖的墓地為一豪強霸占，對方強迫齊氏簽訂契約。齊周華對此非常憤慨，對祖父說：「家國一也，宋（趙）構而苟安，毋寧蜀（劉）備而戰敗，不然何以見祖宗於地下？」激昂之餘，齊周華手撕契約。這種基層的案子，主導判決的不是是非曲直，而是當時雙方的勢力強弱。結果，齊家墓地之爭為官府所抑，合理主張被壓抑了十五載。此事多少觸動齊周華，了解到了現實的陰暗面。但是，齊周華從黑暗中學會的不是妥協，而是強化了個體努力能夠改善現實的信念。青年齊周華成長為了一名堅定的理想主義者。

如果不出意外，天臺山下的齊周華會成為一個帝國的官僚，宦海沉浮，或者遊學民間，著書立言，成為一個學者。

雍正七年（西元一七二九年）秋，齊周華與堂弟齊召南同赴浙江鄉試。齊周華的文章慷慨豪邁，獲得了房官的推薦，可主考官嫌齊周華文章過於深刻，擱置不理。齊召南則中了副榜。齊周華自視頗高，名落孫山，打擊不小。更大的打擊，接踵而來！

第二年，雍正八年，「呂留良案」案發。已故學者呂留良生前撰著反清，以「華夷之別」直指清朝統治合法性的要害，結果遭到剖棺戮屍，焚毀著作。其子呂葆中斬決，株連甚廣，釀成朝野震驚的大案。雍正帝命將廷臣擬議的判決發交全國各級學校：

據內外大小臣工議：「將呂留良、呂葆中剉屍梟示，伊子呂毅中等立決，其餘子孫十六歲以上皆斬。至所著書籍盡行燒毀」等語。著行文各直省學政，詢問天下各生監等，是否照依部議？著秉公據實取具甘結。有獨抒己見者，不許阻撓，一併具奏，欽此！

上命表面上鼓勵讀書人各抒己見，其實是一場思想文化政策的大宣講，而且要天下官辦學校的學生出具甘結，簽字擁護政府對呂留良案的處置。對於絕大多數書生來說，這壓根就不是問題。但是在齊周華那裡，這是一個大難題。

齊周華對呂留良文字中反清的內容或許並不贊成，但是對呂留良的學識卻是認可的。一個人的觀點和學問並非一體，學問好的人政治不一定正確，政治正確的人則可能是不學無術之人。齊周華就認為呂留良學問精深。當時，齊周華年過三十，自然知道朝廷此舉的用意，知道表態的潛在危險。可內心的堅持、倔強，讓他又不吐不快。

經過了一番天人交戰，齊周華做出了影響一生的決定：他撰寫了〈救晚村先生（呂留良）悖逆凶悍疏〉。文中稱讚呂留良的著作「能闡發聖賢精蘊，尊為理學者有之」，其中涉及反清的內容固然要禁止刊行，但其它講義、文集、詩集，久已發行，讀者自有公論，應該免於禁毀。朝廷對此案處置不妥，不應牽涉株連。

齊周華拿著奏疏，按照流程，先找了父母官、天臺縣訓導王元洲，請王元洲呈送上級。這給後者也出了一道難題。王元洲很清楚不能為呂留良叫屈，當然也不能代呈相關奏疏，不然會惹禍上身。問題尷尬之處

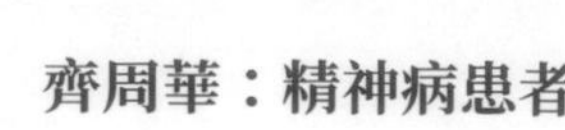

在於，朝廷公開號召讀書人各抒己見，明令地方官員「不許阻擾」，要奏報基層的意見，齊周華是在響應朝廷的號召，而代呈他的奏疏是王元洲的職責！

王元洲應該是委婉地勸說齊周華收回意見，在遭到明確拒絕後，採取了置之不理的態度。他躲著齊周華，就是不代呈奏疏。倔強的齊周華乾脆繞過縣裡，直接到杭州向浙江學政闡述意見，要求向朝廷呈報上書，同時控告天臺訓導王元洲阻擾學生上書。

浙江學政置身於與王元洲同樣的尷尬之中，也採取了同樣的處置方法：置之不理。

這時候，魯迅先生所說的「臺州人的迂」在齊周華身上表現得淋漓盡致。他在品德、學識和若干情緒的支配下，近乎飛蛾撲火地踏上了北上京城的長途。齊周華徒步上京，找到了刑部，一來要上書為呂留良爭取公論，二來控訴省、縣兩級官府阻擾自己的上書。

刑部也遭遇了省、縣兩級的尷尬。但是，刑部的大人們，耍得一套圓滑瀟灑的好手段。他們告訴齊周華，上書言事要符合程序，刑部把你的意見轉給浙江巡撫衙門處理，你回杭州找撫臺大人吧！

齊周華返回杭州，即遭到官府拘捕，打入大獄。在獄中，齊周華受到酷刑，「無刑不受，死而蘇，蘇而死者數矣」，但他始終堅持己見。浙江官員覺得此案相當為難，癥結就在於齊周華堅持「獨抒己見」，即便意見不對，可在明面上這是諭旨公開允許的，很難從此入手結案。據說，主審官員也不願為難齊周華，「開導」他說：「你這個痴人，盡說痴言瘋話，還不認罪受罰？」自認瘋癲，受一頓責打，就可以出獄了。事情也便消於無形，官民兩便。可齊周華拒絕認痴。回到牢中，獄友責備他不通人情，他說：「認痴就不是痴，不認痴，才是真痴。」

齊周華的腦筋是筆直的，是堅硬的。它彎曲不了，那樣不符合齊周華對聖賢教誨的理解。理想要高於現實，為理想奮鬥要優先於利益考量。終其一生，齊周華都沒有學會能屈能伸，倔強地堅持戰鬥到底。

官府以齊周華呈控王元洲是挾嫌妄告為由，把他長期監禁在牢中，先是關押在杭州監獄，不久押回原籍，繫於天臺縣獄，雍正十二年夏復囚於杭州臬司獄。臬司監獄是南宋風波亭故址，在獄中堅持創作的齊周華，把獄中所作詩文彙編為《風波集》。但是，監獄生活並非詩文寫作那般恬靜，而是嚴重損害了齊周華的健康。後來，齊周華別署「蹺仙」，瘸了一條腿，很可能是受刑所致（一說齊周華自幼殘疾）。

這麼一個殺不了、放不得，頑固得不近人情的囚犯，讓官府十分為難，甚至驚動了閩浙總督郝玉麟。郝總督寫了一副對聯送給齊周華，聯曰：「物外有人閒始見，山中可樂老方知」。勸導齊周華超脫世事的意思非常明顯，也隱含著勸誘齊周華自認瘋癲，放歸山林的允諾。齊周華應該看懂了總督大人的好意，但這種好意是與他的價值觀相悖的，自然不能接受。

雍正死後，乾隆繼位，照例大赦天下。浙江官府藉機把齊周華掃地出門。乾隆元年（西元一七三六年），齊周華出獄。

經歷六七年的牢獄之災後，齊周華發現外面的世界物是人非。原本的功名之路，無法再取。齊周華出獄的當年，堂弟齊召南高中進士，點了翰林，之後青雲直上，遷侍讀、侍讀學士，進而擢內閣學士、禮部侍郎。乾隆皇帝很欣賞齊召南的博學鴻詞，齊召南也的確在金石、詩詞上頗有進獻，風光一時，與堂兄的落魄形成極大的反差。

齊周華處江湖之遠，選擇棄儒巾改作道裝，開始漫遊名山大川，從此浪跡山水三十年。他的足跡先後踏及金陵、黔楚、桂林、陝西，最後終於武當山。

人生的不如意，曾經讓齊周華在金陵弘覺寺發出過「予欲分禪榻終

老於此」的感嘆，並且自擬了華陽子、含玄子、懵懂道士、跋仙、逃禪子等灑脫求仙的名號。他對現實失望至極，對信仰產生了疑惑，希望透過尋仙修道求得心靈的解脫。然而，齊周華內心的根底還是入世的，他始終是一個堅定的儒家鬥士。歸隱只是暫時的念頭，為儒家理想而實踐卻是根深蒂固的。「本業儒，為儒累，棄儒而遊方外，蓋苦心儒者也。」雲遊是迫不得已，何嘗不是間接求道、探訪志同道合者的嘗試。在黃河岸邊，齊周華見河中砒柱，作歌：「岩岩砥柱中流阻，下舟容易上舟苦，識者羨爾不隨波，我獨憐爾不得所。」這砥柱猶如他內心的信念。君子立於天地，齊周華也以中流砥柱自喻。

從黃河南下武當，齊周華為武當的險峻秀麗所吸引，為武當的仙道修行所吸引，駐足垂十年。十年中，齊周華寫作、修行，坐看雲起雲落，臥聽松俯竹倒。他走過名山大川，看慣了巨大的山石，卻絲毫沒有厭倦單調，還日夜與山石為伍。巨石給人以力量、給人以慰藉。它坦然面對風吹雨打，儼然是堅強戰士的寫照；它耐得住寂寞，默默挺立幽靜山林，有志者視之為同道。中國傳統的知識分子，對名山大川有著天然的親近，一則借山川來磨練自己的心性，二則有窮者山居獨善其身、達者出山兼濟天下的理想設計，頗有在山中修煉兼待價而沽的意味。山居的齊周華，就寫作、整理自己的作品，定名為《名山藏》。《名山藏》，藏之名山以待來者。不用說，既然藏之深山，齊周華也自知文字不一定見容於當道。這其中的矛盾，正是清代讀書人的糾結痛處。

與山石為伍的十多年，齊周華不是在逃避，而是強化思想觀念，直到乾隆二十一年（西元一七五六年）其長子奉祖母之命迎接他返回故里。

齊周華雲遊半生，歸來仍是一個少年。

此時的齊周華年近花甲，自知一生即將塵埃落定，念念不忘者，唯有凝聚畢生心血的《名山藏》。齊周華屢次計劃刊刻出版，屢次遭到親友反對。其中尤其有力者，當屬堂弟齊召南。齊召南在朝為官，深知堂兄的文集有礙自己的前程，因此屢次勸說乃至阻擾《名山藏》的刊行。對此，齊召南日後的說法是：「曾見過他〈天臺山遊記〉一篇，時文數篇，他要刊刻，我因他文理不通，阻他不刻，他便恨我。」事實上，齊周華的文章並非「文理不通」，齊召南大力勸阻的真實原因是文集「語犯時忌」，政治上不正確。齊召南仕途一帆風順，之前就有政敵以其堂兄齊周華為口實攻擊他，齊召南有口難辯，乾脆宣稱齊周華「已死」。單純剛直的齊周華，因此與齊召南反目成仇。而妻子、兒孫阻攔齊周華出書，除去政治擔心外，還有實實在在的生計考慮。有口飯吃，畢竟優於思想傳播。

齊周華不惜與整個家族為敵。他一意孤行，要刻集行世，竟不顧家口生計，開始變賣家產資助文集出版。妻子、兒孫都來勸阻，齊周華一律視同仇敵，罵妻子老而奇淫、兒子大而不孝，甚至拳腳相向。親友拗不過老小孩，只能眼睜睜看著《名山藏副本》問世。齊家宗族眼看此事鬧得家族反目、生活悲苦，宗族集議開除了齊周華的族籍——不過他也不在乎。

齊周華手捧《名山藏副本》，欣喜若狂。旁人見狀也許發笑，可如齊周華一般的讀書人，對文字有著神奇的期望，對書籍有著熱切的想像。齊周華有了《名山藏副本》，彷彿人生得以完整，又彷彿人生有了重新出發的資本與動力。內心深處的信仰、堅持和出版的衝動，使得齊周華在乾隆三十二年十月浙江巡撫熊學鵬至天臺縣查倉期間，持所刻《名山藏副本》初集、《諸公贈言》、《半山學步》求巡撫大人作序。事實上，齊周華刻書時，虛構了許多名人的序言，如今來求巡撫序言，大概還是為了誇耀目的。同時，齊周華再呈《為呂留良事獨抒己見奏

稿》，繼續為呂案申訴。此外，他還狀告同族齊召南、齊軒南，妻兒姻親並齊氏通族——有人據此認為齊周華已經瘋顛，也有人說齊周華意在與親屬劃清界限，保全後者。

熊學鵬瀏覽圖書和呈狀後，大驚失色。乾隆朝的文字獄並未寬鬆，相反有蔓延、深挖之勢。熊學鵬不敢怠慢，立即將齊周華緝拿待罪，還與閩浙總督蘇昌會銜上奏。於是舊案復發，乾隆皇帝下令將齊周華凌遲處死，家屬「開恩」斬監候。《名山藏副本》查禁，凡是列名其中的文人，及出版者一併問罪。

案發前，堂弟齊召南因為在乾隆十四年墮馬，傷及頭顱，卸職歸家休養。乾隆還念及齊召南的傷情，齊召南尚有東山再起的希望。齊周華事起，乾隆震怒齊召南「族內竟有如此狂悖之人」而不早報，把他逮詣京師，吏議坐隱匿，判處流放抄家。乾隆法外開恩，判決齊召南奪職放歸，發還抄沒家產的十分之三四。齊召南返鄉後即撒手人寰。有清一代，浙江臺州頗不受清廷待見，順治十八年爆發「兩庠退學案」、雍正初期停止浙江鄉試，都嚴重影響了臺州讀書人的仕進道路。宋明時期，臺州科舉昌盛，宰相、狀元不絕於途，開府封疆者為數眾多，清朝統治臺州兩百六十六年，各縣中進士的只有三十八人，不到明代的七分之一（這三十八名進士中，有十七人是在清末光緒年間考中的，當時因為臺州士紳組織武裝收復了臺州，統治者對臺州的觀念有所改變）。臺州進士大多是縣級官員，也有為人幕僚者，齊召南是清代臺州人中官職最高者，得此下場令人唏噓。

回到齊周華，其所著書籍，悉追版燒毀。齊周華的作品生前僅刻過二次，第一次是乾隆四年慈溪二老堂版《初學集》與《需郊錄》二種。第二次是乾隆二十六年的《名山藏副本》。《名山藏副本》是將除已刻的《初學集》、《需郊錄》外，合《太平話》、《風波集》、《過秦草》

等未曾刊刻的著作汰去舊名，選結成集的。《名山藏副本》初集成功躲過了清廷的查禁，傳之後世，「為清代文字獄受害者僅存天壤之文字」，民國及一九八〇年代皆有再版。

清室告終，浙江人把杭州西湖小流洲的原清朝名將彭玉麟的「退省庵」改為「浙江先賢祠」，以祀黃宗羲、呂留良、齊周華、杭世駿四人，尊四人為「四賢」。

曹綸：領官俸的造反者

嘉慶十二年（西元一八〇七年）春天，乍暖還寒。北京宋家莊的林清來到宣武門內一帶訪友。

林清找尋之人，是漢軍正黃旗下曹府的曹綸。十幾年前，林清在蘇州糧道衙門當差役，隨長官至高郵查看漕務時認識了時任高郵知州曹大人的三公子曹綸。因為年紀相仿，且都是北京人，兩人相談甚歡。如今，林清對曹家地址的記憶已經模糊了，只依稀記得曹綸祖上三四代都為官仕宦。蹊蹺的是，他詢問了好幾戶人家，都不清楚附近有一個世代官宦的曹家。最後，還是一家當鋪的夥計，指了報子街（現西單至復興門一段長安街南側）某宅極可能就是林清尋找的「曹府」。

那是一座門漆完全剝落、瓦楞枯草搖曳的小宅門。林清叩響了三次生鏽的門環，裡面才傳來緩緩的步履聲。好一會兒，一個清瘦的男子披著一件破舊長袍，打開了半扇門，疑惑地打量著林清。時隔十多年，林清一眼就認出眼前之人是曹綸，只是頹廢、萎靡得厲害。林清自報家門後，曹綸也認出了林清，驚喜地把客人迎進屋來。

曹家廳堂真正是家徒四壁，沒有一件稱得上是家具的物件。門口有座磚土搭的醜陋灶臺，拆了門框的臥室裡面有張木條拼湊、上覆稻草，姑且可以稱之為「床」的物什。更讓林清尷尬的是，曹綸的妻子衣服破爛不堪，補丁疊補丁，布條下垂不蔽膝，令人不忍直視。最讓林清震驚的是，屋子角落的稻草堆裡躲著兩個半大男孩，竟然赤身裸體，無一絲布帛！

林清一把握住曹綸的手，直言：「曹兄如何落魄至此？」

曹綸眼泛淚花，漲紅了臉，用力握住了林清的手，羞愧地低下了頭。

林清當即表示：「曹兄一寒至此，林清雖薄於金銀，但通財濟乏，乃道義所在。」他拿出數鎰整銀，每鎰二十兩，贈送給曹綸：「聊解曹兄燃眉之急。」曹綸感激涕零，和妻子千恩萬謝後收下。

略話舊情之後，林清唏噓而別。出門後，他留心向鄰居打聽曹家境況，驚訝地發現曹綸原先在鑾儀衛當差，一年多前剛升任了本旗的佐領，乃堂堂朝廷命官。曹家的生活卻一日不如一日，鄰居極少看到他家人外出。曹綸當差時才不得不外出，常年累月穿著那件破舊長袍，據說在家則衣不蔽體。曹家是「爛窮之人」，好似宅門瓦楞上的枯草，自生自滅，無人問津。

曹綸祖上是從龍入關的八旗將士。他們是大清王朝一統江山的核心依靠，在制度設計與實踐操作中都占據軍政要職。曹綸曾祖父曹金鐸官至驍騎校，是京師禁旅的中級軍官；伯祖父曹瑛官至工部侍郎，躍居了高位；祖父曹城外任雲南順寧府知府；父親曹廷奎歷任江蘇高郵知州、貴州安順府同知。漢軍正黃旗曹家稱得上是官宦世家，深受皇恩。外人看來，曹家不是金碧輝煌、奴僕成群，起碼也得是衣食無憂的小康之家，怎麼會落魄至此呢？

曹綸既非花天酒地醉生夢死之人，也沒有遭遇大病大災大變故，曹家的沒落是形勢的必然。八旗子弟站在王朝權力金字塔的頂端，占盡利益、權位等優勢，錦衣玉食者自然有，但多數旗人逐漸從耀武揚威的武士滑落到節衣縮食的窘境。朝廷為保持武備，規定八旗子弟只能從軍從政，不能從事他業，設計各項制度將這些政權的依靠力量供養起來。八旗子弟的收益主要有三塊：旗地、軍餉、官俸。清初圈占民田，分配給入關的八旗子弟，稱為旗地。旗人定期收取田租；旗人家族家家出子弟當兵，有一份軍餉可領；軍政各界優先安排旗人為官，旗人官員有俸祿、養廉等固定收入。這套制度，在清初能夠保證八旗家庭的優裕生活。幾代之後，八旗滋生人口日眾，朝廷俸祿的標準和官兵員額並未隨之提高，收入不變，支出增加，八旗家庭的生活品質隨之下降。加之，旗人習俗遠非儉樸，尤其是自詡為特權階層和官宦人家的旗人，裝點臉面和交際應酬的開支無謂存在，家庭開銷居高不下。正常收入不足以支撐高消費，旗人紛紛寅吃卯糧，或者典賣田地。種種因素複雜絞纏，把旗人推向了貧困深淵。

儘管朝廷三令五申禁止旗人典賣田地，可旗人早在康熙朝便紛紛出賣旗地。賣地款用盡後，旗人就開始典賣軍餉祿米。城東官倉一帶，每到發糧日，八旗兵丁拿了糧食就轉賣給倉前的米舖夥計，或者早早把領米憑證典當給了米舖。口糧之外，家具、衣物乃至軍械都可以典賣。因為軍械為朝廷所發，為將士保家衛國必備，因此朝廷嚴禁旗人典賣軍器。收當有罪。清代北京當鋪的招幌，其中多銘有「軍器不當」四個大字。每逢旗人婚慶或典儀之日，當鋪門口多有旗人來租借衣冠、配飾乃至兵器的，裝扮臉面，按日付費，是為京城一景。

這股落魄窮酸風，竟也蔓延到了旗人官員身上。官員比一般旗人優越之處在於有官俸可領。無奈明清兩代官員低薪。清朝七品知縣，每年俸祿才四十五兩紋銀，止二品侍郎一百五十五兩。而一個幸運的自耕農，年收入也有大好幾十兩銀子；鄉間小地主的收入則可能與二品侍郎相等。當然了，清朝官員還有養廉銀等額外收入，根據缺分不同從幾十兩到上萬兩不等。看似不少，但是京官的額外收入微乎其微，數以千萬計的養廉銀是外官的專利。清朝官員沒有法定辦公費用，且需自聘幕佐，相當於一人勉力維持整個衙門的運轉。官員的額外收入充當行政經

費尚且可能不足，能落入腰包多少全靠個人「經營」能力了。萬一遭遇罰俸、分攤、賠補等案，官員更是入不敷出、常年欠債。少數幸運者和權勢人物積蓄了雪花銀，多數官員也就是小康生活而已。

旗人官員，有朝廷的俸銀，在外有養廉在京有恩賜，可依然維持儉樸生活，一旦受處分或去官，生計便捉襟見肘。雍正年間八旗「都統、前鋒統領、護軍統領、副都統內，頗有家計艱窘之人」（《清世宗實錄》雍正元年八月），都統為從一品，前鋒統領為正二品，高官如此，一般官員自然不能倖免。光緒年間官員何剛德在筆記《春明夢錄》中回憶：

滿員進署，半多徒步，其官帽怕塵土，罩以紅布，持之以行。每遇朝祭，冷署堂官蟒袍，竟有畫紙為之者，且閒散王公貧甚，有為人挑水者。

沒有謀得一官半職的旗人，如果不想坐吃山空、坑蒙拐騙，就只能不顧從業禁令，在底層刨食。廣州駐防旗人蕭茂清自幼喪母，淩晨起身磨豆漿，趕早去市場賣漿，每天得銅板百數十枚，與老父親相依為命。蕭茂清之流只是特例，絕大多數長期閒置的旗人，生活難以為繼，忍饑挨餓乃至賣兒鬻女者都有。乾隆年間發生過「統治階層」旗人自甘墮落，冒充百姓賣身為奴的奇事。正白旗楊立住曾在內務府養狗處當差，被斥退後度日艱難，竟然同其妻富氏冒充民人，以價銀十六兩，自賣為奴，後因不堪打罵逃出，被主人抓回吊打，才被迫說出旗人身分。這是乾隆三十二年五月的事。乾隆四十三年十月又曝出鑲黃旗秦宏佩「假冒民人，帶同妻女賣身為奴，甘心下賤」的案件。二十多年後的曹綸一家蝸居在稻草中瑟瑟發抖，便不足為奇了。

曹綸家畢竟世代官宦，家境起初尚可。嘉慶二年，其父曹廷奎病故於貴州任所，因為居官清廉，身無餘財。曹廷奎長子曹長紳早卒，次子為武備院工匠，無力也無財治喪；責任就落在了第三子曹綸身上。曹綸傾盡家財，萬里扶棺，讓父親回京歸葬。曹綸至此陷入赤貧，奴僕傭人很快散去。曹綸和妻子析薪執爨，每天吃兩頓稀粥，有時連稀粥都吃不上，只能以餺飥（一種極薄的麵片湯）充饑，艱難餬口。或許是家庭背景的作用，曹綸於嘉慶八年終於謀得了官職，出任了整儀尉，兩年後又擔任了公中佐領。曹綸已經位居中層官員行列，達到了無數百姓夢寐以求的人生終點。可對曹綸而言，除了每月多了一筆微薄的俸祿外，曹家生活的實質並未有任何改觀。曹綸有三個兒子（女兒未明），養家責任很重；長子曹福昌又要談婚論嫁，緊接著孫輩便出生了，曹綸硬著頭皮也要操持喜事，畢竟這是曹家的大事。他賣了家具衣物、當了官服朝珠、賣了兵器馬甲、典了祿米憑證……只剩年久失修的小宅容納全家蝸居的稻草了。

同情曹綸等旗人生計艱難的，大有人在，但像林清一般慷慨解囊的卻寥若晨星。從曹綸家出來後，林清馬上送了數襲衣物給曹綸，解決了曹家數口人輪流出門的難堪。四月，曹綸病癒後，造訪林清家致謝。林清提議兩人結為兄弟，曹綸欣然接受。此後，林清對曹綸多有資助，大大緩解了曹家的困頓。嘉慶十三年秋，曹綸扈從皇上去木蘭圍場狩獵，林清饋贈他騾一頭、馬一匹、銅錢百緡。當年十月，曹綸因為賣宅產與人訟獄，林清暗中相助。五六年間，林清替曹家出錢出力之數，或許不弱於曹綸的正常收入。

隨著交往深入，曹綸對林清的情況也大致了解。林清未上過學，但人很聰明，且豪爽幹練。他十來歲就出入衙門當長隨、差役，跟隨多位主子走南闖北；中途也經過商，開過飯館、倒賣物資。但總體而言，林家並非富貴人家，林清並無多少積蓄。曹綸覺得，林清頗具「及時雨」宋江的風采，錢來得快也散得快，朋友交得多也散得廣。林清也托曹綸辦過事兒，主要是進城買米，托曹綸為之疏通關卡。曹綸二話沒說，將佐領圖記標在林清的貨物上，宣稱是八旗兵丁祿米。有幾次，曹綸還親

自護送稻米出城。

嘉慶十六年三月，曹綸升任獨石營都司，正四品。曹綸不僅能夠掌握一支軍隊，而且獨石營駐紮在長城隘口，是京城屏障，都司一職是響噹噹的「實職」。或許它不是很多人理想的職位，卻是曹綸的重大仕途進步。

赴任前，曹綸前去和林清道別。林清自然熱烈祝賀。曹綸感慨道：

辱吾子厚愛，食我以食，衣我以衣，饋我以金。今幸得外職，將遠離，前所貸於吾子者，臨別無以歸券，將奈何？

見曹綸還惦記著歸還數年來的饋贈，林清慷慨道：「曹兄這是什麼話？林清的錢財都是君子所賜。」曹綸不明白深意，追問錢財何來？林清支開他人，對曹綸說：

僕少孤貧，因遇異人授神術，凡求無不立至者，乃漸豐於財。今傳授日眾，眾推為坎教教主，領八卦九宮。此間地近王畿，恐好事者謂清聚眾招搖，陷清於法，清將束身以歸吾子，或同教者不肯從，子其訓諭而鎮撫之，有罪無罪，唯子所命。

林清坦承自己參與了民間「坎教」，習得了「神術」，還擔任了領袖，「請」曹綸判斷是否有罪。清朝嚴厲鎮壓民間宗教，視之為反抗的洪水猛獸，規定綠林山寨、幫派團夥等同於謀反組織。朝廷嚴厲鎮壓之程度殃及百姓結社自由，三人集結即為犯法，歃血為盟即為有罪，導致中國人結拜兄弟的形式不得不轉變為交換名帖。乾隆嘉慶交替年月，白蓮教起義，蔓延數省，靡費朝廷無數錢糧兵丁，教訓歷歷在目。曹綸再愚鈍，最基本的政治敏感還是有的。他立刻明白，林清領導著一個朝廷嚴禁的民間組織！這幾年來，不見林清從事什麼正經生意，四處走動，出手闊綽，原來是在暗中結社。而曹家得到的資助，顯然也是「坎教」的組織行為。

真相如此嚇人，曹綸始料不及。此情此景，顯然不能將林清扭送官府。曹綸也不想如此處理，可又該如何應對呢？思緒紛繁，縈繞上頭。

閃現的第一個念頭便是：「朝廷何其涼薄。」曹綸過了多年苦日子，對旗人的困窘生活感深入骨。祖輩上馬叱吒疆場，下馬理政一方，孫輩們過的都是些什麼日子？朝廷難辭其咎。它聽任少數達官顯貴貪婪跋扈，聚斂橫行，坐視絕大多數八旗子弟衣食無著、忍饑挨餓。曹綸就是遭忽視的絕大數中的一員，到當祖父的年紀才謀得了一個四品武職，估計餘生不是常駐邊塞，就是升遷有限，沒有提升生活品質的可能。貧窮極可能成為家族的遺傳病。除非有非常的機遇，曹家大機率要向底層墜落。而「非常的機遇」就擺在眼前！林清領導坎教，雖然宣揚吃齋靜坐、行善助人，但是曹綸確定林清等人另有所圖。事後，曹綸回憶自己當時「實在窮極無奈，貪圖富貴，料得林清事成後，自然給我一、二品」。對於仕途無望、向下墜落的人來說，富貴險中求，曹綸決定抓住高風險的天降良機。

思忖再三，曹綸避席，鄭重回答：

綸雖不才，豈為負恩不義之人哉？安有拯救於貧乏垂斃之時，不知所報，而反相陷害者乎？願吾子勿復忌。

曹綸明確傾向林清組織。不過，他覬覦富貴，試探林清所謂的「神術」。林清就傳授給他真空八字咒，告知誦咒可終身不患貧。曹綸還真念念不忘這八字咒語，到獨石口任職後經常誦唸，可惜一直沒有見到金銀的影子。五月，曹綸入京領餉途中，遇見林清組織的教徒孫三、劉九，還疑問為什麼唸咒沒有救貧效果？孫三、劉九回答：「必向林教主稽首而受，乃有驗耳。」曹綸一心求財，帶著長子曹福昌一造成宋家莊，奉林清為師，鄭重跪拜稽首。林清不答拜，只舉手回禮。曹綸父子正式加入林清的教派，成為該組織安插在清軍中的現任、實職武官。

曹綸加入的組織原本是嘉慶初年起事的白蓮教的分支，林清統一京畿組織後，改名天理教。該教另有河南分支，以李文成為首。他們平日行善救人，宣揚世界末日，根本所圖仍是榮華富貴。曹綸正式入教後，孫三、劉九告訴曹綸天理教的「起義計畫」：

今河南七卦俱屬林公，林公將起事。將軍若潛師以來，甚善。否則舉事以後，折簡以召將軍可也。

天理教顯然看重曹綸掌握的軍隊，希望曹綸能率軍前來直接參加起義；如不成，則等京城起義成功後，作為奇兵來壯大起義隊伍。可是，曹綸沒有百里奔襲京城的膽量，也沒有這樣的能力，更重要的是內心還在猶豫觀望。他不願過早暴露，他要將風險降到最低，在獨石口按兵不動。

等了整整一年，起事渺無音訊。嘉慶十七年五月，曹綸來京領餉，特地到宋家莊向林清詢問起事計畫。林清搪塞以時機未至，讓曹綸繼續等待。這次見面的「時機」確實特別。曹綸拜訪之時，河南分支的李文成派來的人正在內室與林清商量起義計畫。聽到曹綸來訪後，林清告訴河南來人，說曹都司值得信任，應該參與謀劃：

曹都司，吾故人也。貧乏不能自存，吾活之，故願其事。

來人力陳不可。林清會見曹綸時，來人就隱匿在屏風。林清呼喚他出來，來人問林清：「貴人為誰？」林清回答：「曹將軍。」來人疑惑地說：

林教主以輕財好施為眾推服，吾屬所以甘為林教主效死者，只以激於義耳。將軍為朝廷命官，必不肯與吾屬伍，而又詭自親附，與聞密謀，是必坐觀成敗，依違進退，將兩人利而存之，竊為將軍不取也。

曹綸在天理教中顯得格格不入。天理教徒幾乎全是城市貧民、農村流民，還有少數官府底層的吏役、宮中的低級太監。曹綸以堂堂正四品朝廷命官，廁身其間，身分懸殊得令教徒難以置信。河南來人難免懷疑曹綸偽裝加入，刺探到起事計畫後告密，或者坐觀成敗，待價而沽。

地位不同、利益不同，如何能讓人信服曹綸與他人會進退一致？曹綸慷慨答道：「以一死報林公。」話畢，他反手抽取佩刀就要自刎。在場眾人趕緊救下他。經此一舉，教徒們對曹綸的認知大大改觀。但林清等頭領依然沒有真心接納曹綸，既沒有讓他參與謀劃，也沒有將確定的計畫告訴他。

如此到了嘉慶十八年七月，曹綸前往熱河辦差，九月十三日從熱河返回。天理教已經確定了在九月十五日這個歷代造反者青睞的「好日子」，河南京畿同時起事的計畫。林清臨陣派人飛告曹綸。因曹綸辦差，來人無果而返。曹綸返回的第二天（十四日），河南教徒舉事的消息就傳到了獨石口。曹綸心知是林清等人所為。面對起兵參與或檢舉告發的抉擇，曹綸繼續騎牆，果真如教徒之前所料而坐觀成敗，等塵埃落定再做進退。為此，曹綸還沾沾自喜：「事成可得大官，事敗亦不至干累及己。」十五日，天理教徒攻入紫禁城，旋即事敗。簡報傳到獨石口，曹綸不知詳情，不知嘉慶皇帝緊急回鑾，更不知兒子曹福昌當天頭纏白布參與了奪宮行動。曹福昌參與的隊伍，原計劃由東華門攻入紫禁城。因為宮中侍衛緊急關閉城門，只有數十名教徒突入東華門。曹福昌等上百人困頓門外，很快作鳥獸散了。

這是中國歷史上，唯一一次起義軍攻入紫禁城。嘉慶皇帝哀嘆：「千古未有事，竟出大清朝！」

事後，朝廷熬刑嚴訊俘虜的教徒，在京畿地區大肆搜捕天理教徒。曹綸父子很快暴露。曹福昌被捕。緹騎趕到長城關隘，駐軍長官聽說有實職軍官參與謀反，不敢怠慢，調兵遣將趕赴獨石口抓人，甚至做好了

曹綸率部反抗、兵戎相見的最壞打算。不料，獨石營平靜如水，曹綸束手就擒，押送刑部。在天理教徒指證下，曹綸很快供認不諱。

竟有八旗正四品職官加入民間底層宗教、參預謀反大逆行為，嘉慶皇帝極為震驚！依照大清律例，曹綸父子凌遲處死，懸首示眾，並且罪及滿門。曹綸次子曹重慶、三子曹鶴齡斬首，與父兄同日行刑；曹綸叔叔曹廷琦、二哥曹維、侄子蔡咸亨論斬，改為斬監候，在當年朝審時歸入「情實」，未逃一死。曹綸妻子楊氏及女兒，曹福昌妻子夏氏、兒子曹積善及女兒，消去旗籍，給各省駐防八旗官兵為奴。嘉慶皇帝還下諭，把曹綸編入《逆臣傳》：

曹綸身為職官，甘心附從逆賊林清，謀為不軌，罪大惡極，實從來所未有。其身已顯伏國法，不可不將其逆跡書之簡冊，俾令遺臭萬年。著國史館將該逆事實編列《逆臣傳》，以為亂臣賊子之戒。

曹綸還連累了同旗長官。「失察」曹綸謀逆的正黃旗漢軍正、副都統福慶、祿康、德麟、拴住、來靈等五人，依失察時間長短予以處分，革職降級有差。朝廷下令加強對旗人的管理，重申旗人應該忠君報國云云。嘉慶皇帝沒有意識到八旗弊政的根源在於機械限制與特殊供養。他不做根本改革，反而在維護原有制度的前提下重申「忠君報國」，無異於掩耳盜鈴、自說自話。八旗子弟從朝廷的依靠力量，變為既得利益群體，進而退化為食利寄生集團，正在掏空王朝的軀體。

周覺春：我不是賤民

安徽省徽州府，地處皖南，丘陵環繞，峰巒疊翠，山水旖旎，在清代盛產文人秀才和徽商行賈，名揚天下。

祁門縣溶口鄉有一戶周姓人家，年輕寡居的母親與兒子周覺春相依為命。母親耕種幾畝薄田，兼及採摘縫紉，加上親友的幫襯，含辛茹苦拉扯大了周覺春。和天底下所有母親一樣，她希望兒子一生順遂，超越前輩。

眼看周覺春年齒日增，母親的憂慮卻日甚一日。窮人的孩子早當家，母親希望兒子做個勤勤懇懇的自耕農，或者走街串巷的小商販，或者學有專長的手上匠——除非豪門富戶子弟，徽州青年的出路無非這三條。周家有一門祖傳的手藝或者稱之為職業「吹手」，鄉間的喇叭手。但是，周覺春母親「欲子另圖生業，不令學習吹手」。這背後的原因，就是母親的深憂：溶口周家是「小姓」。

明清時期，徽州百姓分大姓、小姓。大姓不是官宦人家、書香門第，就是商賈大戶，無一不是大宗族。徽州地區，宗族勢力強盛。「大抵新安皆聚族而居，巨室望族遠者千餘年，近者猶數百年，雖子孫蕃衍至一二千丁，咸有名分以相維，秩然而不容紊」，「新安各姓聚族而居，絕無一雜姓摻入者，其風最為近古。出入齒讓，姓各有宗祠統之；歲時伏臘，一姓村中千丁皆集，祭用文公《家禮》，彬彬合度。」強盛的宗族勢力，維持地方規範，協助地方治理；一些勢單力薄或遠道徙來的零散人家，就托庇於大宗族。祁門溶口周姓的遠祖，自明朝開始就附居於

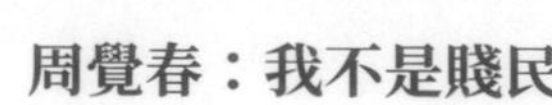

大宗族李姓的村莊旁邊，為李姓看墳、葬山、保管族產、演戲奏樂。作為回報，李姓之祖租給周姓農田十六畝耕種，除了糧賦外不多收一分一毫，權當工錢。這種免租農田和無償服務，是雙方達成的默契。周覺春這一房的周姓子孫，分配到的無償角色便是學習吹手並抬轎。凡遇李姓宗族婚喪祭祀，周姓吹手抬轎者輪流承值，主人家不給薪。

周姓對李姓的依附關係，「其起自何時，始於何人，年遠無從稽考，亦無賣身典身文契。並非朝夕服役、常川豢養」。雖說約定俗成，亦非奴婢僕戶，但溶口周姓「因習業低微，不與大戶平等相稱、同坐共食」，也不能與大家大戶聯姻，更不能報捐報考，稱為「細民」、「小姓」。

在徽州，小姓普遍存在。大姓為村落中著有宗譜，蓋有祠堂，建有祖墳的宗族世家。小姓依附於大姓，因住主屋、種主田、葬主山而需為大姓無償提供勞役，雖然沒有奴籍且自立門戶，社會還是鄙視為小姓。小姓因所持勞役不同而擁有各類稱謂，如拳頭莊、守墳莊、包袱莊、抬棺木莊、龍燈莊、吹燈莊、道士莊、火把莊、挑擔莊、抬轎莊、糧倉莊、守夜莊、守木莊、修房莊、搭戲臺莊等，名目繁雜。其中，承當喪葬勞役的抬棺木莊最卑微、為人輕視，而擔負家兵勞役的拳頭莊地位略高。祁門周家在婚喪祭祖中負責吹打演劇，也屬賤役樂人。除了婚嫁、科舉方面的限制外，小姓在社會生活中也受到全面歧視：小姓與大姓主人不得平等相稱；生兒取名不得犯家主諱；年節壽誕需到主家拜賀；衣著不許用綾羅綢緞，男不許戴大紅緯帽，女不得飾珠簪金笄；酒席不許用簋碗山珍；住屋正脊高不許超過兩丈；行走不許用成對書姓燈籠；葬不得妨礙主墳；碑不准超高二尺五寸等。小姓就是徽州的賤民階層。更可怕的是，賤民的身分是世襲的。奴婢的子女還是主人家的奴婢，樂戶的子女還得吹拉彈唱。理論上，賤民憑藉機緣脫離賤籍三代以上，子孫方有讀書應試的資格。

人的尊卑貴賤，在古代習以為常。傳統中國是身分社會，以士、農、工、商四民為良民，士為四民之首；以奴婢、娼優、隸卒等為賤民，另有地域特色的賤民群體。官府和良民歧視、壓制賤民，賤民們也自慚形穢、默認不公，原因何在呢？傳統社會以娼妓、優伶為賤，是因為身體髮膚受之父母，娼妓褻瀆身體、優伶出賣身體謀生，不僅不孝，而且對身體完全沒有自主；奴婢、衙役等人需忍氣吞聲、承受無端責打謀生，同樣是不孝，而且毫無尊嚴。地域性的賤民，比如浙江的惰民，從事抬轎、吹打、唱戲、保媒、接生、理髮等行業，也是高度依附他人、仰人鼻息的謀生立足手段。所有的賤因，都指向賤民群體不能對身體、職業和人生享有獨立權益，進而發展自由思想的可能。獨立與自由，在中國傳統價值觀中，始終占據重要的地位。如果一個人連獨立的精神、自由的思想都沒有，怎麼能成為傳統社會的菁英和統治者，怎麼能讀書應試呢？尊卑貴賤與精神內涵有關，與財富多寡無關，事實上部分優伶樂戶因商業上的成功，經濟實力超越了耕讀傳家的良民，但只要他依然以取悅主家為目的，以賣笑賣藝為謀生手段，就固定在賤民階層。相反，真正的乞丐不用動輒挨打受罵，自由遷徙，不是賤民；赤貧的苦力，也不屬於賤民，他們自主安排每天言行，規劃自己的人生。

身分尊卑長期存在，自有社會思想觀念的支撐。隨著商業經濟的發展、社會流動的增加，明清時期賤民階層要求突破身分束縛，追求美好生活的呼聲蓬勃而生。就官府立場而言，賤民或依附於他人，或不能進入正常社會，影響了朝廷戶籍、兵源和稅源。明清官府都支持賤民從良，除了娼妓、隸卒等律令明確的賤民外，對於其他群體或地域性賤民原則上都鼓勵從良。明清社會總體趨向平等，減輕歧視。清朝雍正皇帝進一步消除賤籍，雍正五年諭旨內閣：

山西之樂戶，浙江之惰民，皆除其賤籍，使為良民。近聞江南徽州

府則有伴儅，寧國府則有世僕，本地呼為細民，幾與樂戶、惰民相等。又其甚者如二姓丁戶村莊相等，而此姓乃系彼姓伴儅、世僕，凡彼姓有婚喪之事，此姓即往服役，稍有不合，加以箠楚。及訊其僕役起自何時，則皆茫然無考，非有上下之分，不過相沿惡習爾。

上諭提到的世僕、細民，就是徽州地區的小姓。對於這些區域性賤民，「應予開豁為良，俾得奮興向上，免至汙賤終身，且及於後裔」。雍正的上諭，理論上讓數以萬計的賤民家庭脫離賤籍，編戶為民，「令下之日，人皆流涕」。然而，現實遠非一道上諭能夠改變。思想觀念和社會輿論非一朝一夕能夠扭轉，賤民家庭從良後以何為生也是現實問題，因此絕大多數賤民家庭雖然有上諭的支持，無奈只能繼續操持舊業，重複先輩的生活。祁門溶口的周姓，「因相沿已久，又恐李姓不依，仍照常供役」，即便朝廷在嘉慶十四年再一次發布了開豁賤民令，周姓一族的許多人還是繼續給李姓服役。周覺春便成長於這個當口。

道光元年（西元一八二一年）八月十八日。

李姓的李應芳、李榮和兩個堂兄弟前往溶口挑貨。伴隨宗族勢力的興衰，身為大姓的李氏族人，也出現了貧富分化。李應芳、李榮和兄弟以販夫走卒為業，經濟情況應當不甚樂觀。不樂觀的經濟現狀，使得李應芳對小姓的從良改業頗有微詞。主觀上，他不願意坐視階層優越感喪失，不能面對與小姓平起平坐，甚至在經濟上不如後者的現實；客觀上，小姓改業後，大姓就需要重新僱傭工人提供勞役。雇工費用就需要宗族分擔。在商言商，李應芳覺得這是筆額外的負擔。尤其是李氏宗祠的祭祀、宗族的紅白喜事日益增多，樂人不足需要僱傭他人，李姓族人分擔的禮樂費用日益頻繁、高昂。一路上，李應芳就向堂弟李榮和抱怨小姓違背世代契約，大倒生活的苦水。

當日，李應芳在周家門口撞見了年輕的周覺春。

李應芳當即命令周覺春去溶口公祠學習吹打，當一名吹手。這是李應芳理解的鄉土社會秩序。周覺春斷然拒絕了：我尚未決定從事何業，但不會繼續低微賤業，我不是賤民。

李應芳無名火起，上前要將周覺春強行拉走。周覺春母親見狀，跑出來爭奪兒子，且大聲叫嚷。雙方在周覺春家門口拉扯之際，周覺春堂兄周成志聞聲趕來相助。周成志問清了情由，心生氣忿，這是要周姓世世代代依附李姓，子子孫孫從事賤業！他決心將周覺春奪回來，而且給李應芳一頓教訓。周成志叫來堂弟周容法、周立，胞弟周大毛，兒子周季受，一共五個人。周成志操起一根木棒，周容法等四人隨手拔出田旁的插籬、木梢，氣勢洶洶而來。

周覺春母子勢單力弱，李應芳很快將周覺春拉離家門，往溶口公祠方向走去。周成志五人追趕，在程家嶺攔住了李應芳等人。周成志大聲喊罵，李應芳拿起扁擔，轉身迎敵。周成志搶先動手，揮舞木棒毆傷李應芳的右肋。李應芳用扁擔格落木棒，反毆周成志。周成志奪住扁擔，彼此拉扯，又鬆手跌倒在地。李應芳扔掉扁擔，將周成志按在地上毆打。周成志的兒子周季受看到父親被人按在地上毆打，揮舞木梢連續打擊李應芳，毆傷李應芳的脊、膂。李應芳忍痛，起身撿起扁擔，反擊周季受。周季受不敵，李應芳追著他毆打。周容法趕到後，揮舞木梢加入混戰。李應芳很快囟門觸地而倒。堂弟李榮和見狀，手攜木棒上前幫忙。周季受持木梢毆傷李榮和的脖頸，周立用木梢毆傷李榮和的右腿，周大毛也用木梢毆傷李榮和的左肩。李榮和倒地喊罵。原先倒地受傷的周成志也拾起木棒，重新加入戰局，毆傷李榮和的左手臂。周李兩家毆打成一團，因人數懸殊，混戰最終演變為周姓五人群毆李應芳、李榮和。

群毆的動靜太大，吵到了鄉鄰。周姓的周隆等人趕到程家嶺，喝令

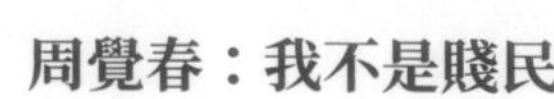

周成志等人住手，並將受傷的李應芳、李榮和抬去醫治。李應芳傷情過重，旋即殞命。

人命既出，官府介入。仵作驗傷，李應芳的致命傷在囟門處，是周容法造成的。李姓宗族要求嚴懲，且認為周姓以賤犯尊、以下犯上，要加重處罰。祁門縣衙起先定為「周容法毆死家主李應芳一案」，照顧到了李姓的訴求。可是，雙方並無賣身文契，且按照雍正、嘉慶等歷次條例開豁，周姓並非李姓的奴僕。而在開豁令下達後，周容法仍然照常供役，其賤民身分與否就相當模糊、難辨了。

經過周李兩姓宗族的反覆訴訟拉鋸，再考慮官僚機構的冗雜低效，此案竟然拖延了兩年多。期間，招呼族人的周志成被認為是主謀，並死在監牢中。由於史料闕如，後人無法得知當時具體情形。綜合道光年間其他案件的史料，我們相對能確定的是這場曠日費時的訴訟在兩年內牽動了兩個家族的所有神經和資源，眾多嫌犯、人證羈押流轉在各個審級，也能確定清朝黑暗的獄政是周志成庾死獄中的重要原因。

道光三年，安徽省認定「周姓與李姓素日雖不敢居於平等，其實並無主僕名分」，「毆死家主案」就變成了「共毆案」。安徽上報刑部，刑部最終定論為：

周容法合依共毆案內，原謀到官以後，未結之前，監斃在獄者，准其抵命，將下手應絞之人減等，擬流例，杖一百，流三千里。

傳統中國刑法，以卑犯尊加重處罰。奴僕傷害主人，即非有心，也課以重罪；告發主人，不論誣告還是屬實，都是有罪的。相反，以尊犯賤則可以減輕處罰。主人責打奴婢，毆死不問死罪，最重不過徒刑，一般是罰金；而主人誣告奴僕，一概不論。李應芳之死，刑部對周容法的刑罰並未加重，而是按照良民互毆致死、主謀已死、從犯減等的標準來核准的。

兩條生命，引起了朝野對小姓群體的重視。道光五年，安徽巡撫就小姓的身分問題奏稱：「若無賣身文契，又非朝夕服役受其豢養，雖佃大戶之田，葬大戶之山，住大戶之屋，非實有主僕名分者，應請除其賤籍，一體開豁為良，彼此有犯，並同凡論。」這就重申了之前的歷次開豁令，明確提出了「賣身文契」和「朝夕服役」兩條認定賤民的標準，為之後全國類似的賤民從良事件提供了操作指南。

當日發出「我不是賤民」抗訴的周覺春，後情無考。是否老死在草木繁盛的徽州山區，還是走南闖北行商外地？是重蹈了祖輩的覆轍，還是另謀生路，後人都無從得知。他就如清帝國億萬計的小民一樣，沒有文字、沒有痕跡，刑案卷宗記錄的瞬間就是他留給後來世界的全部軌跡。

官府對賤民的態度是明確而友好的，但良賤隔閡非一朝一夕能夠夷平。相反，徽州大姓與小姓之間尊卑分明、不容僭越的社會現狀，一直持續到民國時期。大姓再窮也不齒於做「吹喇叭、抬轎子、唱戲文」的職業，再艱難也不會迎娶小姓人家的女子。違犯者，輕則為族譜除名，重則遭到宗族的生命私刑。多數小姓的人生軌跡根本上並未改變，少數能力出眾又足夠幸運的小姓子弟，積蓄資金，漸漸參與鄉間事務，但在決策時往往不發意見，主動避讓大姓；也有讀書入仕或捐納得官的，但即便顯達一時，遇到之前的大姓中人，也敬稱為叔伯。無論是富豪還是顯宦，小姓仍然禁止與大姓通婚。

能顯達的小姓門戶，在徽州少之又少，即便富貴發達了在大姓面前仍自動低人一等。這種深植內心的自卑自賤，才是賤民存在的深層基礎。

鄧承修：雜途官的起伏

同治四年（西元一八六五年），湖北宜都舉人楊守敬來到北京參加會試。

天下讀書英才盡聚京城，搏個金榜題名，談何容易？而北京居，大不易，時刻考驗著考生的腰包。楊守敬本是偏僻地區的寒門子弟，自幼喪父，由母親含辛茹苦拉扯大，身子高過櫃臺不久，便當學徒經商。好在天賦聰明又肯用功，楊守敬陸續考下秀才、舉人，又兩次來京博取進士功名。可惜，兩次名落孫山，囊中羞澀，竟至租住困難。

無奈之下，楊守敬考取了景山官學教習一職。清代困於科場的老舉人、老貢生們，常以咸安宮官學、景山官學等內務府學校的教習職務作為仕途跳板。每月二兩銀子和些許祿米，令人不至衣食無著；任教滿一定年限後，會根據勤懶功過授予部分教員低級官職，令人對前途還抱有希望。楊守敬謀得教習職位後，正式加入了「北漂」大軍。

楊守敬雖出自寒門，卻好金石、書畫、典籍，在京稍為安定後很快融入文藝群體。他在一次探訪金石過程中結識了有著同好的戶部主事陳喬森。陳喬森又將他介紹給了同好金石的刑部郎中鄧承修。鄧承修的經濟情況略好，宅內有空房，便邀請楊守敬搬來同住。楊守敬便不好意思地蹭住在鄧宅，斷斷續續持續到同治十三年。也由此，楊守敬與鄧承修成了好友。

鄧承修小楊守敬兩歲，生於道光二十一年，來自廣東省歸善縣淡水（今屬惠陽市），二十歲（咸豐十一年、西元一八六一年）即中舉。鄧氏

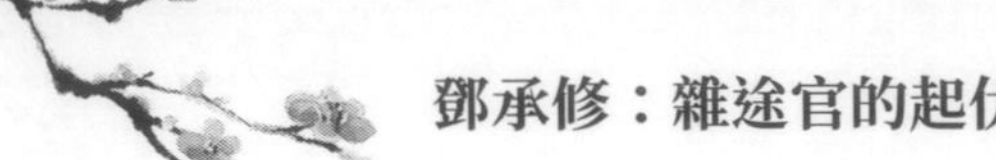

家資較為豐厚，於兩年後替二十二歲的鄧承修捐納為郎中，簽分刑部。郎中為捐納京官的最高職銜，無奈員多缺少，需要漫長候補。楊守敬入住鄧宅之時，正是鄧承修候補實缺之際。

是時，鐵香（鄧承修字）亦好金石，每日遊市上覓所得，其精者歸鐵香，其次者守敬收之，緣守敬無力買精者。然飲食之費、租屋之費皆鐵香任之。計鐵香亦非殷實富人，每年不過得其叔津貼數百金，而以之養吾閒人，其志非尋常好客之比。

文藝青年是需要金錢做後盾的，尤其是金石書畫等最耗銀子。鄧承修家資比楊守敬要殷實（其叔叔每年贊助數百兩銀子，這對普通百姓來說是一筆巨款），所以承擔了共同生活的飲食、租房費用，但依然沒有脫離與楊守敬同樣的階層，不然也不會在「遊市」上選購金石了。大古玩商、收藏家們，是看不上那些流連在街邊門市上的青年人和中低層官員的——大佬們生活在一個常人未能探知的高級交際圈裡。

而鄧承修的交際圈子，人數不多，主要有：廣東文昌人潘存，戶部主事；廣東遂溪人陳喬森，戶部主事；浙江紹興人李慈銘，戶部郎中。他們除了因為同鄉、同僚等原因相聚在一起，更有著類似的境遇。首先都是科場不順，沒有進士功名。其中李慈銘十一次參加鄉試，無不落第，年近四十還只是一個秀才。其次都是異途為官，除了楊守敬外，其他人都透過捐納買官。李慈銘一心得官，其母變賣家產以遂其志，不惜因此家道中落；陳喬森買官銀子不夠，還是潘存、鄧承修聯合給湊的。朝野視這些人為官場異途、雜途，以區別進士出身的正途文官。於是，鄧承修等人又有了第三個共同境遇：仕途不順。潘存在戶部主事「服官三十年，竟無所遇」；鄧承修、李慈銘捐納的都是郎中，卻長期沒有實職。京官原本俸祿低微，不足以養家，沒有實職則連俸祿都沒有，鄧承修等人既非富豪子弟，生活自然窘迫。

科舉功名和官員身分，完全不能遮蓋鄧承修這個小團體苦哈哈的真實生活。加之又是半道買官的讀書人，還維持多金的文雅生活，其中酸楚苦寒一言難盡。北京冬天極其乾冷，李慈銘的銀子大多花在圖書上，某年竟然無錢買煤，在寒冬中一邊顫慄一邊熬夜讀書。為求證文字，李慈銘翻箱倒篋，樂在其中，告訴不解的人說：「經義悅人，如是如是！」楊守敬受不了北京的窮苦，景山官學的差事沒有長幹，而是幾進幾出京城，出則謀生謀事、訪學問道，入則借宿鄧承修家，與北京的小圈子自娛自樂。

同治十年又是一個會試年，楊守敬還借宿在鄧宅備考。這一次，他收到了另一個圈子的「入場函」：陶然亭雅集的邀請。

陶然亭雅集由部堂高官潘祖蔭發起，翰林張之洞主其事，邀請在京的文化名人、青年才俊參會。那是一個鄧承修、楊守敬等人仰視的交際圈。京城裡平行著一個諸項完美、意氣風發的群體，他們進士出身，而且名列前茅；官居翰詹清要職位，前程似錦；指點江山，深得朝堂大員的賞識與支持。比如雅集主事人張之洞十六歲中解元，二十七歲中探花，年少得高名，如果不是中間父親去世、族兄張之萬兩次擔任考官，他高中進士的年紀極可能大大提前。張之洞等人有先輩趟出的官場捷徑可走，從翰林起步，在翰林、詹事、御史、給事中等清要崗位逐步升轉，然後由內閣學士轉為部堂卿貳，完成到高層官僚仕途的累積，這個過程需要十數年。而一般文官需要二十多年到達部堂卿貳級別，尚且還得是其中的幸運兒。之後，或是在中央部院輪崗，或是外放地方為督撫，目標都是競爭宰輔之位。此為明清官場理想捷徑。晚清李鴻藻、翁同龢、潘祖蔭等無不走的此道。即便沒有完成部堂卿貳的累積，由翰詹御史外放地方府道，最終以巡撫藩臬告老退休的，也不在少數，遠好過其他文官。鄧承修、楊守敬輩就不幸屬於「其他」。

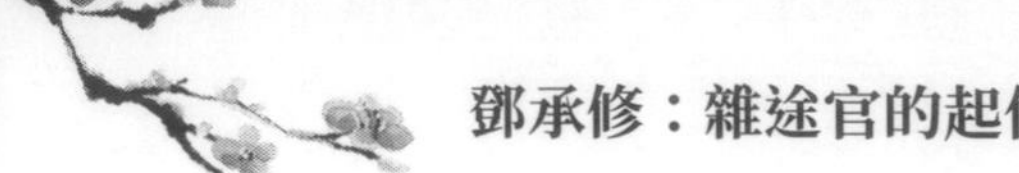

咸同年間，上述官場捷徑愈發顯耀，這緣於官場擁塞，高比例的軍功、捐納等雜途官員湧入。對比之下，不同路徑之人自我強化群體認同。李鴻藻、翁同龢等由此捷徑上位之人，不吝提攜同道後生，上下聲氣相通，聲勢壯觀。文人雅集便成了他們相互認同，交際友誼的重要形式。每屆科舉，總有清要先輩張羅雅集，網羅天下英才，預為造勢，也提前籠絡人心。

楊守敬雖科場不順，學識卻不斷增長，尤其是近年來在金石、書法諸項上名聲見漲，成為了張之洞等人延攬的目標。

多少舉子夢寐以求這份邀請。楊守敬卻覺察到其中的怪異。雅集雖是文會，會場卻直通官場，已在仕途者借此攀附奧援，未入仕途者藉機尋求賞識，揚名之餘都是實利，真正是個「名利場」。更有一個原因是，楊守敬收到了請柬，好友鄧承修卻被拒之門外。鄧承修同為文士，多年研修，為何不受邀請？鄧承修已經幸運地在同治八年獲補刑部四川司郎中的實職，可在清要先輩看來依然是雜途異類。思索之後，楊守敬參透了雅集的真意，反感這種「跡近標榜」的名利場，將請柬束之高閣，沒有參會。

當年，楊守敬再次名落孫山，繼續在北京進進出出。潘存、陳喬森兩人耐不住京官的窘困無助，陸續辭官歸里，教書育人，以鄉紳終老故里。李慈銘終於在第十二次參加鄉試後考中了舉人，繼續追逐進士功名。鄧承修也選擇了堅持，在刑部郎中任上案牘勞神，做起了部院俗吏。

俗吏通常沉淪下僚，因其刀筆雕琢容易出錯，常常受罰，且牽涉過多精力、思慮過細，反而限制了視野和資源，不容易脫穎而出。鄧承修極有可能終身在各部院衙門之間流轉，畢生心智耗盡在公文、謀生之中，但是他等到了一個改變命運的機遇：光緒皇帝繼位，大開言路！

在光緒繼位一年前的同治十二年（西元一八七三年），鄧承修「以部員補御史」，為抓住這次機遇預做了充足的準備。

清代掌管監察大權的科道官（御史、給事中），遴選嚴格，從德才兼備、未受處分的中層京官中考選，而且只對擁有科舉功名，一般是進士功名的官員開放。非進士出身的漢族御史只占約三分之一。後人無從得知鄧承修當日考取御史的情形，總之是非常幸運或艱難的。他邁出了這一步，仕途便大有好轉。清代官制：「在內翰、詹、科、道衙門品望最清，升轉特異他官。」多數御史歷俸數年後，內升多為京堂，甚至有內閣學士、侍郎的；外放地方，一般以道臺、知府任用，也有提升按察使的，而且遇缺先補，安排和日後升遷都快於其他官員。即便如此，御史依然重內升輕外放，大概因京堂卿貳的前程遠比道府寬廣。當然，也有御史為君王所不喜，外放偏遠知府，或長期不得升轉，終了餘生的，甚至有革職罷官、身陷囹圄的。

光緒初期大開言路，給御史們提供了發揮的舞臺。中國的士大夫本就有公而忘身、介直敢言的傳統，歷朝歷代都有挺身而出、揚利除弊的御史名垂史冊。哪怕其中有賣直邀名之人，朝野也相對寬容。光緒朝一旦開言路，言官奏章便如雪片般飛來，一來有表達慾望，如鯁在喉不吐不快，二來話語權也是實權，可以推進主張，可以打擊政敵，自然可以揚名立萬，謀取似錦前程。一時間「遇事敢言，日有獻替，雖臺長同官，且以白簡劾罷」成為風尚。

這股敢言風潮，之前的清要圈子掌握著主要話語權。李鴻藻、潘祖蔭、翁同龢等高官引為麾下，加以扶持。《國聞備乘》有「南黨北黨」條，專論此事：

李鴻藻好收時譽，諸名士皆因之以起。光緒初年，臺諫詞垣彈章迭上，號為「清流」，實皆鴻藻主之。唯鄧承修、邊寶泉無所依倚。鴻藻

每入見，凡承旨詢問，事不即對，輒叩頭曰：「容臣細思。」退朝即集諸名士密商，計既定，不日而言事者封事紛紛上矣。

「清流黨」人將陶然亭雅集的風格傳承下來，名為點評時政，實為協調行動，活躍在光緒早期的多次政治風波之中。這些清流的代表人物有張佩綸、陳寶琛、張之洞、寶廷、洪鈞、吳大澂、繆荃孫、黃體芳、何金壽、王仁堪等人。鄧承修是極個別被視為「清流」，但既沒有進士功名，又是捐納得官的另類。他和張之洞、張佩綸為代表的主流清流，始終是兩類人。

但是，在思想上，鄧承修忠實承襲了坐而論道、耿直敢言的言官傳統，和張之洞等人是契合的。部院、州縣官員追求工作的好壞、結果，言官更在意對錯、過程。而判斷是非對錯的標準便是儒家聖賢的教誨和觀念。天地有正道，政治清明全賴持正守道。現實政治的種種問題，在秉持此種觀念的人看來，都是混淆了是非、背離了聖賢教誨的後果，迫切需要糾正。鄧承修便是如此觀念之人，強調「臣之所慮者在於紀綱不振、賞罰不行」。紀綱是儒家理念和先賢教誨，是治國正道，而賞罰則是政治實踐，涉及行政的人事核心問題。鄧承修在言官任上的彈劾參奏，無不是圍繞這兩點展開的。（通觀歷代言官，指摘的核心都沒有偏離這兩點。）中俄伊犁交涉期間，鄧承修上疏痛斥朝廷專使崇厚「怯懦專擅，不顧國事」。因為崇厚用大批領土換取了俄軍的撤軍。鄧承修建議拒絕草簽的條約，另遣使臣，重新淡判；還建議選將練兵，蓄力養銳，做好與俄軍激戰的準備。至於彈劾朝臣言行失儀、官民紊亂身分等等，更是鄧承修等言官的常事。

言官不負實際行政責任，頻頻空發議論，難免給其他官員紙上談兵、不敷實用的感覺。每到內憂外患之時，又總是言官章奏迭上之際，很多官員譏為「殺賊御史紙上兵」。光緒初年，軍功、洋務等板塊官員大多無功名，學識較差，在正途言官面前頗有壓力，可心底頗為牴觸言官。雙方矛盾較為激烈，明裡暗中相互攻訐，客觀上強化了雙方的群體意識。這又給朝野一種「清流結黨」、空談誤事的感覺。言官的存在，毀譽相伴。讚賞者視為朝廷柱石、天下良心；明代權相張居正就「慎用清流」。

鄧承修一任御史，激烈參奏彈劾，成為此股言路中的先鋒人物。《清史稿》記載他：

先後疏論闈姓賭捐，大乖政體；關稅侵蝕，嬰害庫帑；以考場積弊，陳七事糾正之；吏治積弊，陳八事肅澄之。又劾總督李瀚章失政，左副都御史崇勛無行，侍郎長敘等違制，學政吳寶恕、葉大焯，布政使方大湜、龔易圖，鹽運使周星譽諸不職狀。會邊警，糾彈舉朝慢弛，請召還左宗棠柄國政。逾歲，彗星見，則又言宗棠蒞事數月，未見設施，而因推及寶鋆、王文韶之昏眊，請罷斥，回天意。是時文韶方向用，權仟轉重，會雲南報銷案起，又嚴劾之。

統計鄧承修彈劾的宰輔一級的人物，就有大學士、軍機大臣寶鋆、左宗棠、王文韶、文煜。其他達官顯宦有禮部尚書恩承、都察院左都御史童華、四川總督丁寶楨、廣東學政吳寶恕、使俄特使崇厚、雲貴總督張凱嵩、浙江巡撫譚鐘麟、戶部右侍郎長敘、山西布政使葆亨、湖廣總督李瀚章、左都御史崇勛、山西布政使方大湜等等。加上中低層官員，說鄧承修單挑整個官僚體系或許是誇大其詞，但說他得罪了半個帝國官場應當不為過。

光緒八年（西元一八八二年）鄧承修榮升職位更加顯要的給事中，聲名與張佩綸、寶廷等之前的政壇明星並駕齊驅，人送「鐵面御史」綽號。當時北京城裡有「勿聲張，聲張鄧鐵知之不敢當」的民謠，專門用來嚇唬吵鬧的小孩子。慈禧太后對鄧承修的評價也相當正面：「向來辦

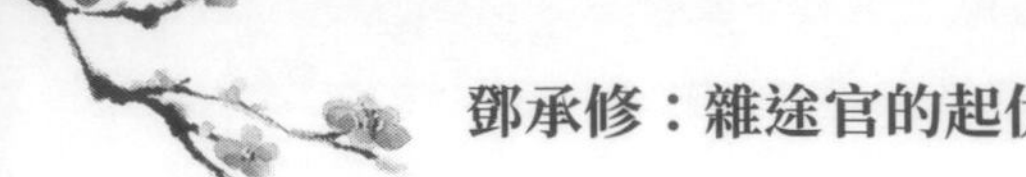

事尚認真，才具亦好。」

鄧承修罵遍天下，卻聲名鵲起，尤其是得到統治者的肯定，有他的過人之處。同時期，梁鼎芬彈劾李鴻章「可殺」，遭革職；黃體芳彈劾李鴻章辦海軍問題，降調御史。朝廷設言官，用為皇權之耳目爪牙。一旦言官調轉槍頭，指摘皇權過錯，便為統治者所不容。李鴻章練兵也好、辦洋務也罷，即便有錯，客觀上都在鞏固皇權，慈禧太后是支持的。李鴻章妥協也好、投降也罷，千夫所指，可哪一回不是慈禧太后准許的？很多清流拿捏不好批評李鴻章和抨擊皇權之間的微妙關係，如梁鼎芬、黃體芳一般黯然謝幕。鄧承修發言，無不維護皇權，他相信一個奉行儒家學說的中央王朝是國泰民安的前提。比如，山西布政使方大湜赴京聽候簡用，中途繞赴天津，由李鴻章代為稱病請假後逕自回籍修墓。鄧承修彈劾方大湜「避國門而趨權門，重私情而忘公義」，以劾方之名牽涉李鴻章，暗指李鴻章「結黨」，慈禧就接受得了。長年部院的刀筆歷練，鄧承修公文寫作、聖意揣摩確實強過書齋中摩挲金石的清流們。先前的俗吏歲月，並沒有虛度。

光緒十年（西元一八八四年），鄧承修連續官升三級：閏五月升內閣侍讀學士，七月授鴻臚寺卿（正四品），正式身處卿貳的行列。八月份，鄧承修兼任總理衙門大臣，再添一實權差事。咸豐狀元、光緒帝師、尚書翁同龢同時兼任總理衙門大臣，第一次零距離接觸了鄧承修，在日記中記下「始識鄧鐵香」。鄧承修終於揚名朝堂，握有實權。

有一個說法：鄧承修對總理衙門的差使起初是抗拒的，甚至情願「改就武職」，因朝廷不准才勉強供職。他一方面是擔心「寵任既溢其涯，顛覆亦隨而至」；另一方面因為總理衙門專同「夷人」打交道，遭人唾罵，唯恐汙了「名節」。前者是君臣相處的經驗總結，後者不免存有夷夏大防的偏見。深究原因，言官如想進步，勢必從事具體政務，政治理想終究要在現實中著陸。

就在鄧承修進入總理衙門之時，清流領袖張佩綸因為馬尾戰事遭到革職，發往軍臺效力。在此前後，統治者決定把清流言官的錚錚鐵骨和紙上擘畫付諸實踐，希望對內憂外患的解決有所裨益。清流名士紛紛承擔實際政務，張之洞外放了山西巡撫，很快褪去清流色彩，通達權變，變為洋務和地方菁英，終成一代名臣；張佩綸會辦海疆事務，署理福建船政大臣，在中法馬尾海戰中指揮失措，導致福建水師全軍覆沒。清流從政如張之洞般成功轉型，從「名流」變為「名臣」的鳳毛麟角；多數都如張佩綸般折戟沉沙，平添了一段趙括般的談資。眾目睽睽之下，鄧承修也裹入這股清流從政的浪潮。那麼，他會是哪種結局呢？

鄧承修兼職總理衙門的洋務，主要是處理中法交涉，這與他之前高調的參奏中法戰爭有關。光緒十年前後，中法在越南爆發戰爭，清軍全線潰敗。鄧承修先是彈劾雲南巡撫唐炯、廣西巡撫徐延旭喪師辱國，要求從嚴懲處，接著力主把廣西提督黃桂蘭等「軍前正法」，並上疏縱論兩粵防務。唐炯等遭革職判罪，黃桂蘭在軍營自盡。如今，鄧承修親涉其中，旁人自然產生「你行你上」、看你如何作為的感想。

中法交涉的第一個難題是朝廷戰和不定。晚清朝廷面對外敵，始終無法拋棄虛幻的優越感，堅定不了奮戰或和平的決心。中法戰火開啟，李鴻章為首的部分疆臣主張遲和不如早和。慈禧太后則下令廷臣會議，可又在會議期間突然發布諭旨，指出李鴻章「尚屬老成之見」，又不明確指示與法國和談。鄧承修明確主戰，主張以戰求和。他認為「三路攻越」是上策，「分兵為守」是中策，「不敢言戰」是下策，力主滇粵合兵迅速進攻，但是朝廷沒有採納。第二年，鄧承修赴天津，協助李鴻章與法國公使巴特納簽訂和約。此和約，是在清軍取得軍事勝利的背景下，朝廷反而向法國出賣越南權益的退縮之舉，堪稱外交奇聞。而一心求戰

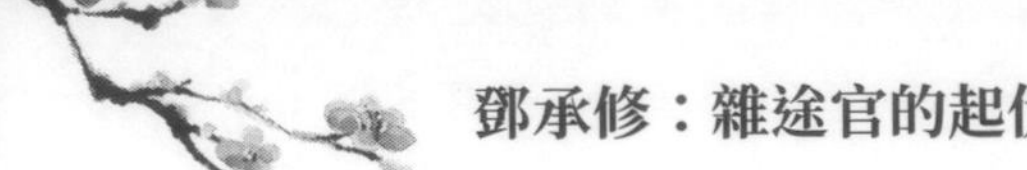

的鄧承修身為中方代表之一，心中不忿與屈辱，可以想見。

鄧承修還都後，申請歸家省親。未出都門，朝廷命他赴廣西與法國人會勘中越邊界。鄧承修跋涉數千里來到廣西邊境，單騎出關與法方交涉勘界事宜。

中越勘界是落實中法條約的具體舉措，攸關國家利益，關係子孫後代。之前，中國與藩屬國越南之間並無明確邊界，邊境地區確實存在大量模糊地段。行前，鄧承修的基本原則是對於中華土地，「尺寸不可出讓」。考慮到洋人做事情精密，此事不可能短時間完成，需要通盤籌劃。慈禧太后對鄧承修的原則是肯定的，密諭訓令鄧承修「多爭一分即多得一分之利益」。但是，轉到光緒十二年年初，慈禧又決定迅速完成勘界，還下旨斥責兩廣總督張之洞、勘界大臣鄧承修「膠執成見」，「久淪越地者，均不必強爭」，「總期速勘速了」。如此反覆，如此嚴詞，鄧承修騰挪的空間已近全無。

前方封疆大吏也不令人省心。雲貴總督岑毓英請求朝廷令法國退還於天津條約中竊取的北圻等地，於河內、海陽通商；兩廣總督張之洞則堅持模糊地帶為歷朝舊界，要求劃歸中華，進一步指出法國人兵病餉艱，越南動亂不已，建議朝廷毀約進擊。總之是持論不已。鄧承修位在疆臣之下，於勘界一事並不專斷。原本就不健碩的身體，到了烏煙瘴氣的南疆，接了費心費力的苦差，很快就病情四起。他身心疲倦，只能硬撐著勘界。

在勘界前方團隊，鄧承修也品嚐到了官場掣肘之苦。幫辦勘界事務的李興銳，長鄧承修十三歲，曾為江忠源、駱秉璋和曾國藩部屬，又受李鴻章薦舉前來。勘界時，李興銳為直隸候補道，同為正四品，但資歷遠非鄧承修可及。李在勘界時曾越過負責的鄧承修，擅自答應法人條件，事後為鄧承修所推翻。此後，李興銳與鄧為敵，且藉口疾病撂挑子。鄧承修心力交瘁，以病乞醫。慈禧訓斥其為「負氣規卸」，不久又痛斥其「飾詞規避，始終執拗，殊屬大負委任」，下旨將鄧承修交部嚴加議處，暫時戴罪立功，要求迅速完成勘界，「儻再玩延，致誤大局，者英治罪成案具在，試問該大臣等能當此重咎乎」？至此，鄧承修感受到了打碎牙齒和血吞的苦澀。

事非親歷不知難。清流上浮，好以上帝視角指點江山，卻不知在帝國體制下實務之艱，有抱負、有想法的官員，做事更難。可自己又不允許自己自暴自棄，尸位素餐。鄧承修只能遵旨，迅速推進勘界。期間，他於光緒十三年正月再次提出異議，結果又遭慈禧「勿再騖此虛言」的警告。一個月後，鄧承修完成中越邊境勘界任務，在中法文書上簽下大名。法國人舉辦了慶祝儀式，鄧承修「飲法人香檳酒，微醉」。香檳不易醉人，想必鄧大人的心已經亂了、氣已經泄了，酒精方才趁虛而入。

因為勘界功勞，朝廷「加恩寬免」鄧承修的處分。鄧承修去意已定，屢經懇辭，終於在光緒十四年（西元一八八八年）獲准開缺。他的仕途還有大把上升空間，兼之正是四十多歲的盛年，卻自斷前程。其中緣由，是他二十載京官、數年洋務實操的總結，是品嚐官場心酸後的取捨。辭職回籍後，鄧承修主講豐湖書院，以「端學術，正人心」為學規，同時讀書養母，一八九二年初病逝於惠州，享年五十一歲。

而在鄧承修指點江山的光緒六年，五十一歲的李慈銘考中了進士。年過半年的他特地刻了一枚閒章自嘲：「道光庚戌茂才，咸豐庚申明經，同治庚午舉人，光緒庚辰進士。」又過了十年，光緒十六年李慈銘也考取了御史。年過花甲的他已經過了爭論是非曲直的年紀，接受了北洋系統每年一千一百餘兩的「束修」，在清流同僚競相痛罵北洋總督李鴻章之時，「慈銘在言路，不劾李鴻章」。光緒二十年，甲午戰爭清朝慘敗，李慈銘聞訊咯血而卒，時年六十六歲。

此時的楊守敬已經遊蕩在各處書院、幕府、州縣三十多年，無進士功名，謀州縣官職而不得。光緒三十二年（西元一九〇六年），朝廷終於選授他為安徽霍山縣知縣。年近古稀的楊守敬淡然笑之，辭不赴任。他是鄧承修那個小圈子唯一一位邁入民國的，也是學術成就最高的，是清末民初公認的歷史地理大家、金石名家、書畫大師和藏書家。北洋政府因此聘其為參政院參政。一九一五年，楊守敬在北京逝世，終年七十六歲。袁世凱策令：「參政院參政楊守敬，學術湛深，著述宏富，碩德耆獻，海內知名。其生平事實，著宣付國史館立傳，以彰宿學。」

載灃：正常的失敗者

政治鬥爭，有勝便有敗。失敗者安靜退場，本是正常之事。但在中國歷史上，少有平心靜氣的失敗者，多的是懷恨陰謀的復辟者。民國時期，被推翻的滿族權貴中就出了一些復辟者，但滿族的復辟運動動靜很少，幾乎可以忽略。究其原因，從滿族自身來說，除了長期養尊處優導致資質退化，政治上難有作為之外，身為晚清政權領袖的隆裕、載灃二人的淡泊、豁達、與世無爭，是不可忽視的重因。

西元一九〇八年，慈禧太后臨終前，設計了隆裕皇后和醇親王載灃共同掌權的政治格局。她這麼做多半是出於私心，想把實權保留在葉赫那拉家族手中。但這一決定，影響了清朝的國運，也徹底改變了隆裕和載灃兩個人的命運。

隆裕太后時年正好四十歲。同治八年（西元一八六八年）正月初十，隆裕（正名葉赫那拉．靜芬，小名喜子）誕生在北京朝陽門內芳嘉園。父親桂祥是慈禧的胞弟。據說隆裕小的時候，慈禧就給桂祥留話：「喜子不要嫁給別人。」長大後，隆裕進了紫禁城，成了比自己小三歲的光緒皇帝的皇后。她既是慈禧的外甥女，又是慈禧的侄媳婦，當然在名義上，她是慈禧的「兒媳婦」。

中國共產黨建立政權後，很多作品把隆裕描繪成一個昏庸、悍妒又專權的女人，仗著慈禧的寵信橫行後宮。而在清人和民國的筆記中，隆裕是一個苦悶、平常的女子，並不受慈禧的寵愛。相反，慈禧相當喜歡聰明活潑的珍妃和工於心計的同治皇帝妃子瑜妃。隆裕既得不到慈禧的

關懷，又得不到丈夫光緒的愛，只能在後宮對坐枯燈，生活單調而枯燥。冷板凳一坐就是二十一年。老醇親王奕譞逝世的時候，隆裕身為實際上的兒媳婦，要上門詣祭。皇后駕到，總要犒賞門丁、僕嫗等人，需要上千兩銀子。隆裕根本沒有這個概念，同時也窮得拿不出這筆錢，就空著手去了醇親王府。最後還是王府代她出了這筆賞銀，對外宣稱是「皇后有賞」。隆裕知道實情後，大慚。一年後，醇親王府舉辦奕的週年殷祭，隆裕百般籌措還是沒有湊足賞銀，就藉口生病不去祭奠奕，說來實在有些悲涼。

關於隆裕的為人處世，經常出入宮廷的德齡評價她「個性溫和」、「不愛管事」。美國傳教士赫德蘭清末在華二十多年，其妻替許多朝廷貴婦看病，接觸高層人物。他們說：「隆裕皇后長得一點都不好看，她面容和善，常常一副很悲傷的樣子。她稍微有點駝背，瘦骨嶙峋，臉很長，膚色灰黃，牙齒大多是蛀牙。太后、皇上接見外國使節夫人時，皇后總是在場，但她坐的位置卻與太后、皇上有一點距離。有時候她從外面走進大殿，便站在後面一個不顯眼的地方，侍女站在她左右。在別人不注意的時候，她就會退出大殿或者到其它房中。她臉上常常帶著和藹安詳的表情，總是怕打擾別人，也從不插手別人的事情。」（赫德蘭《美國人眼中的晚清宮廷》）

隆裕的弟弟德錫回憶姐姐：「身為一個女人，她遵循了舊體制下『無才便是德』的傳統，所以她謹言慎行，從不囂張跋扈，從不怨天尤人，她努力地生活在那個沉悶的世界裡。」隆裕曾對弟弟說：「我知道在這個皇宮裡，大家都不喜歡我，而且我也不明白為什麼大家都不喜歡我。我每件事情都盡量做得小心，每件事情能忍則忍，能讓則讓，可為什麼大家對我還是這樣？」隆裕口中的「這樣」包括他人的誤解，也包括慈禧在世時自身的苦悶無助。她彷彿就是個鄰家大姐，一心要過安穩的好日子，談不上什麼遠大志向，也沒有執政的能力。

慈禧太后死後，隆裕升格成了太后。慈禧可能希望隆裕成為另一個自己，但隆裕既沒有能力，也沒有興趣成為「慈禧太后第二」。她暴得富貴，一時間有些手足無措，作為對之前苦悶、失敗的補償，「唯得時行樂而已」。她能想到的行樂手段也就是聽聽戲買買東西了，倒不會對國家造成什麼傷害。至於軍國大事，她都推給了載灃處理，當起「甩手掌櫃」。

辛亥革命爆發，載灃被迫下臺，隆裕不得不登臺親自決策。她幾乎以奕劻、袁世凱等人的意見為意見。隆裕在政治上獨立做出的、也是最有影響的決策，就是決定宣統皇帝溥儀「退位」。隆裕看重的是保全愛新覺羅家族的身家性命和那每年四百萬的優待條件。以恭親王傅偉為首的一批權貴激烈反對。頒布退位詔書之時，傅偉試圖闖宮大鬧。隆裕突然變得堅定起來，下令關閉宮門，強行頒布詔書，在形式上確認了清朝的結束。

和四十歲的隆裕搭檔的是二十五歲的攝政王載灃。

光緒九年（西元一八八三年）正月初五，愛新覺羅·載灃出生在北京宣武門內太平湖醇親王府。父親奕譞是道光皇帝的兒子、咸豐皇帝的弟弟、光緒皇帝的父親，諡號「賢」，清史稿中稱光緒「本生考」。他娶慈禧胞妹為妻，所以既是慈禧的小叔子、又是妹夫。奕譞的一生，戰戰兢兢，謹小慎微，為子孫定下家訓：「財也大，產也大，後來子孫禍也大，若問此理是若何，子孫錢多膽也大，天樣大事都不怕，不喪身家不肯罷；財也小，產也小，後來子孫禍也小，若問此理是若何，子孫錢少膽也小，些微產業知自保，儉使儉用也過了。」

載灃很好繼承了奕譞的作風，恪守家訓。「小時候但凡吃燒餅，載洵盡吃芝麻，盤裡甭管幾個燒餅，有芝麻的一層盡數歸他。弟弟載濤好吃麻醬，燒餅中有麻醬的部分全被載濤掃蕩。剩下的才歸載灃，載灃也

是一笑了之。」（龍翔等《最後的皇族》）長大後，載灃緘默少語，相貌清秀，不及中等身材。身為庶出的小兒子，載灃本來是和權力無緣的。但哥哥們不是早亡就是進宮當了皇帝，載灃成了事實上的最長子，九歲時父親去世，襲承了醇親王爵位。

胞弟載濤評價載灃：「遇爭優柔寡斷……做一個承平時代的王爵尚可，若仰仗他來主持國政，應付事亹變，則決難勝任。」晚清時節，滿族子弟缺乏可用之才。榮祿、奕劻之下無人可續。慈禧不得不超擢年輕人上臺。你說滿族自私也好，趕鴨子上架也好，人家總不能眼看著祖宗的江山無人接掌，任由外人做主吧？於是乎，滿族年輕權貴粉墨登場。載灃登上政治舞臺，是在八國聯軍大亂後去德國「謝罪」，時年十八歲。「德國本打算讓我父親見德皇時行中國式的跪拜禮，由於父親不答應，經多方交涉算是沒有再度丟臉。在見到德皇和在德國參觀後回到北京。這件事使慈禧覺得父親辦事有能力，更加重用他。」一九〇八年，光緒、慈禧相繼逝世，幼子溥儀當了新皇帝，載灃突然成了攝政王，「監理國事」。

溥儀的登基和載灃的上臺，帶有某種強烈的預兆。一九〇八年十二月二日，清朝最後一次登基大典。那天天氣奇冷。小溥儀被折騰了半天，等被抬到太和殿，再放到又高又大的龍椅上的時候，小孩子的耐性完全喪失了。溥儀放聲大哭。典禮剛剛開始，當時王公大臣文武百官正要對他三拜九叩呢！載灃單膝側身跪在龍椅下面，雙手扶住兒子，不讓他亂動。溥儀掙扎起來，哭喊得更凶了：「我不挨這兒！我要回家！我不挨這兒！我要回家！」三跪九叩禮磕起頭來沒完沒了，小皇帝的哭叫越來越響。載灃急得滿頭是汗，只好哄他說：「別哭別哭，快完了，快完了！」

典禮結束，文武百官竊竊私議起來了：「王爺怎麼可以說什麼『快完了』呢？」「太不吉利了！」大家都垂頭喪氣地散去，覺得載灃的話給剛剛揭幕的宣統王朝罩上了不祥之兆。三年多後，小皇帝溥儀就宣布退位了，載灃的「快完了」成了一句讖語。

半個世紀後，溥儀回憶道：「我父親雖然成了國家擁有最高權力的人，可是他是個老實人，也和我祖父一樣，都是把權力看得較淡。」「我曾看過父親那個時候的日記。在日記裡沒找到多少材料，卻發現過兩類很有趣的記載。一類是屬於例行事項的，如每逢立夏，必『依例剪平頭』，每逢立秋，則『依例因分發』；此外還有依例換什麼衣服，吃什麼時鮮，等等。另一類，是關於天象觀察的詳細記載和報上登載的這類消息的摘要，有時還有很用心畫下的示意圖。可以看出，一方面是內容十分貧乏的生活，一方面又有一種對天文的熱烈愛好。如果他生在今天，說不定他可以學成一名天文學家。但可惜的是他生在那樣的社會和那樣的家庭。」（溥傑《父親醇親王載灃》）

載灃在政治上乏善可陳。他和軍機大臣們同席議事，一切不敢自專，別人說什麼都覺得有道理，就是提不出自己的主張來。往好了說是「監國性極謙讓」，往壞了說就是「無能」。無能也就罷了，載灃還不敢任事。東三省總督錫良、湖廣總督瑞澂入見，陳述各自轄區的政務。載灃召對時只勞慰了幾句場面話，就說不出其他的了。瑞澂想向載灃匯報湖北革命黨的事，開口說了幾句，載灃就打斷他：「你的痰病還沒好嗎？」瑞澂馬上住嘴，不再說話。出使日本大臣汪大燮屢次上書密陳日本政治動向，提醒載灃關注日本勢力的擴張，一直沒接到載灃的回覆。汪大燮乾脆趕回國內，請求面陳機宜。他對著載灃慷慨陳詞，載灃默然無語，最後提醒汪大燮說：「已經十點鐘了。」說完就讓汪大燮退下。

當然，身為攝政王，載灃在一九〇九年到一九一一年間也不是什麼事情都沒做。時代畢竟不同了，新情況、新事物不斷撲來，而載灃多少

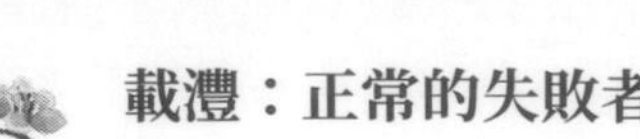

沾染了新觀念。在根子上，載灃肯定是希望大清王朝復興強盛的，也不反對洶湧時興的立憲思潮。他基本繼承了慈禧末年開啟的新政事業，繼續推動預備立憲。資政院、諮議局及其選舉，都是在這幾年搞得。只是，載灃相信一點：執政者必須掌握大權，滿族親貴們只有大權獨攬，才能確保王朝長治久安。載灃無視地方分權、近代化開啟的國情，重用少年親貴，大力推行中央集權，反而激化了矛盾，加快了革命的到來。話又說回來，你讓載灃主動放棄滿族親貴的權利，奉送給漢族人，未免對他期望過高。清廷立憲的本意，就是鞏固皇權，用改革來對抗革命，絕非採納西方民主制度。

不可忽視的根本一點是，載灃執掌的清朝大船，早已經破敗不堪，積重難返了。再精幹的舵手，都無力回天，更何況他這個不太稱職的舵手。

「在辛亥革命成功以後，父親立即主動放棄了攝政王的地位，回家以後反而高興地對家人說：『從今天起我可以回家抱孩子了！』說罷輕輕抱起了我。當時母親被他那種輕鬆的神氣氣得哭了一場，父親倒是心安理得地開始了新生活。」（《父親醇親王載灃》）宣統皇帝溥儀回憶：「（母親）後來告誡弟弟，『長大了萬不可學阿瑪那樣！』」「他對那三年監國是夠傷腦筋的。那三年可以說是他一生最失敗的三年。」（《我的前半生》）

從一九一二年開始，載灃和隆裕從高處跌落，過起了「退休生活」。

清朝滅亡後，隆裕在紫禁城裡又過起了沉悶無聊的生活。慈禧早早就決定了隆裕的人生，也毀了她的幸福。「隆裕曾經對爺爺（其弟德錫）說：說真心話，我是一個與世無爭的人。雖然嫁的是皇上，可並不像民間其他女子一樣，能享受到那種刻骨銘心的愛情。女人可以不要別的，但女人一定是需要愛情的啊。沒有愛情，我退而求其次，想尋求點平

靜，可在這個是非之地，我能有平靜嗎？」（那根正，郝曉輝《我所知道的末代皇后隆裕》）

「隆裕哭著說：我真的很難受，在這個皇宮裡，別人都以為我很風光，可到底有多難，只有我自己知道。夜深人靜的時候，我經常睡不著。家裡人都不明白，明明當了皇后，是到宮裡來享福來了，可我為什麼老這麼快。其實在宮裡的這些日子，對我來說，沒有一天不是煎熬，這也是我老得快的主要原因。」（《我所知道的末代皇后隆裕》）

蔡東藩的《民國演義》對隆裕的晚景有生動的描述：「隆裕太后長期憂鬱，以致積鬱成疾。雖然慨然下詔遜位，但實際上仍是『讓國仍存亡國恨』，以為愧對創業的列祖列宗。心中一直鬱鬱不樂……積成肝郁，嘗患嘔逆。延至民國二年（西元一九一三年）正月，胸腹更隆然高起，日漸腫脹……正月初十日，適逢她的『萬壽節』，循例於御殿受賀，見民國大總統袁世凱的專使梁士詒，用著外國使臣覲見的禮節祝賀，不免悲從中來，且宗室王公大臣多半迴避，不肯入賀，殿上不過寥寥數人，昔年權柄在握時的盛景全非。因此，愁病交加。再加上『萬壽節』內，天氣晴暖，殿中所用熏爐熱氣過高，感受炭氣，致使病情加劇。從此，臥床不起。」

「二月二十一日，隆裕後已是彌留，到了夜間，迴光返照，開眼瞧見宣統帝在側，不覺嗚咽道：『汝生帝王家，一事未喻，國已亡了，母又將死，汝尚茫然，奈何奈何？』說至此，喉間又哽咽起來，好一歇復發最後的淒聲道：『我與汝要永訣了。溝瀆道塗，聽你自為，我不能照顧你了。』言訖，已不能言。」

蔡東藩的描述多有文學的虛構，但也包含了若干真實的資訊。清亡後，隆裕對親手葬送祖宗的江山社稷耿耿於懷，抑鬱成疾。她常常在宮中漫無目的地遊走，沉默不語，餓了就吃些果品充飢。她還寫過「每睹

宮宇荒涼，不知魂歸何所」之類的文字。一九一三年二月二十二日晨，憂愁的隆裕太后病逝，享年四十六歲，入葬清西陵，陪伴並不愛她的丈夫光緒皇帝。

民國政府和社會輿論，對隆裕評價極高。她的葬禮備極哀榮。政治人物紛紛捧場，民國政府在紫禁城太和殿設立祭堂，頂端正中掛一大匾：女中堯舜。

載灃在清亡後的日子也過得很平淡，但他的心態很好，沒有鬱鬱寡歡，更沒有像隆裕那樣抑鬱成疾。

載灃曾書對聯「有書真富貴，無事小神仙」來明志。「父親本來是個淡泊的人，早晨起來向祖母請過安後，就到寶翰堂書房去洗臉吃早點，然後看書寫字。中午和母親一起吃午飯後，又到他的書房裡繼續看書。到了吃晚飯的時間，回到內宅和母親一起吃晚飯，飯後又到祖母處問晚安。然後他們夫妻倆說些閒話，結束一天的生活。」「父親喜歡讀書，各種書報雜誌都看，經常讀的是史書，尤其是《資治通鑑》。晚年自號『書癖』，他有方圖章，刻的是『書癖』兩字；也愛看戲，喜歡看楊小樓、梅蘭芳、譚鑫培等人的戲。他甚至還喜歡學點天文學。夏季夜晚，他給孩子們指認天上的星座。每逢日食出現，他和孩子們隔著薰黑的玻璃片觀察太陽，並把日食、月食經過的情況記入日記，附上工筆繪畫的圖形。我常想父親如果不當攝政王，專門讀書研究的話，一定會有相當成就的。」（《父親醇親王載灃》）

「一九一二年九月孫中山先生來北京，要見我父親。父親有些緊張。孫中山先生不是說過要『驅除韃虜』嗎？這『韃虜』不就是滿族嗎？父親懷著忐忑不安的心情在家裡接待了孫中山先生。一見面，孫中山先生就說：『你擁護共和，這很好呀！雖然你是攝政王，但將來在中華民國五族共和的大家庭裡，你還是有前途的。』我父親說：『我擁護民國，大勢所趨，感謝民國政府對我們的照顧。』」（《父親醇親王載灃》）孫中山向載灃贈送了照片。隔日，載灃回訪了孫中山。

偽滿洲國成立後，載灃又成了「皇父」，平淡的日子受到了打擾。干擾主要來自日本人和偽滿洲國的「邀請」。對日本人的拉攏，載灃一概婉拒，不受利用。

溥傑回憶：「父親生前堅持不參預偽滿洲國事，只是短時間去看望過溥儀兩三次。他曾表示不同意溥儀當偽滿皇帝，因為溥儀不聽，氣得哭了一場。溥儀想把父親留在東北，他用裝病等方法堅持回到北京。」根據溥任先生回憶，他十六歲時陪著父親載灃去長春看溥儀。「有一天晚上，屋裡只有載灃、溥儀、溥任的時候，載灃語重心長地對溥儀說：『別拿日本人當傻子，他們不傻。他們不會打下江山讓你坐，朝鮮就是個例子。古代的石敬瑭也是個例子。當這個皇帝沒意思，不如當個百姓，活得像個人。』載灃說完這話，神色怡然，彷彿放下了千斤重擔似的輕鬆。溥儀聽完這話，起身去拉門，還探出身了左右看了看，待關好了門，才悄聲對載灃說：『往後您別再出關，弟弟妹妹們也別再出關，就是我請，也別再來。』」（《最後的皇族》）

抗戰期間，載灃先是避居天津，一九三九年遷回北京王府。一九四七年他利用王府屋舍，出資創辦了競業學校。

一九四九年北平，中共政權執掌中國。載灃遣散了王府的下人，開始著手解決醇親王府的善後。徵得北京大學同意後，載灃把王府收藏的圖書、文獻等拉到北大，捐給了學校。接著，他賣掉了王府，得到了一億元錢（折合新人民幣一萬元），舉家搬到了西揚威胡同的一所普通四合院。整個院子有十幾間房子，載灃親手在庭院中栽了兩株海棠。載灃死於一九五一年二月，享年六十八歲，葬於北京福田公墓。載灃生前，在福田公墓購買了十個墓穴，或許有意讓家人一起安息於此。

附錄：嘉慶十年進士同學會

傳統中國，身分嚴明，但社會流動始終旺盛。「朝為田舍翁，暮登天子堂」和「舊時王謝堂前燕，飛入尋常百姓家」的上升下墜現象，國人習以為常。階層流動是社會穩定的調節閥，而科舉制在其中扮演了關鍵性角色。

科舉制度與階層流動的關係，近來漸成歷史學科的熱門話題。論者通常將考中進士作為一個家族社會階層晉升的終點。誠然，進士是最高科舉功名，進士高中即在理論上具備直接出仕的資格，且以七品官為起點。七品官已然位列官僚集團的中層。人們似乎默認，新科進士們前程似錦，其人生與家庭將繼續高歌猛進。那麼，進士們的仕途發展到底如何？是否實現了進一步的階層躍升呢？

我們選取科舉制高度成熟、社會環境和平的嘉慶十年（西元一八〇五年）乙丑科的進士為樣本，延後兩百多年給他們安排一場「同學會」，看看他們的宦海沉浮。

嘉慶十年，歲在乙丑，當年科舉故名「乙丑科」。夏四月戊寅放榜，《明清進士題名碑錄索引》記載了 243 名進士，計有一甲進士及第彭浚、徐頲、何凌漢 3 人，二甲進士出身徐松等 96 人，三甲同進士出身葉申萬等 144 人。

清朝對新科進士施行的朝考，是進士仕途分流的第一大坎。

除一甲三名進士直接授職翰林院修撰、編修之外，二三甲進士都要

接受朝考。朝考在清初原本帶有覆核的意味，後演變為進一步的選拔考試，考試內容除詩賦外偏重策論。朝考分出一二三等，再結合殿試、會試名次，其中的優秀者欽點翰林院庶吉士，餘者分發中央部院衙門見習、分發各省以知縣即用，或者歸班銓選等候分配。

兩宋以後，仕途首重進士。非進士不入翰林，非翰林不入內閣。入選翰林幾乎成了封侯拜相的必由之階。而庶吉士就是「預備翰林」。朝廷選擇優秀進士入翰林院教習三年，再進行散館考試，擇其精華正式拜為翰林，其餘量才錄用。庶吉士是高級文官的後備隊伍。嘉慶十年入選的比例略大於 1/3，彰顯朝廷對新科進士的重視之意。其中，二甲 96 人中有 64 人入選庶吉士，占比 66.7%。三甲 144 人中只有 17 人入選庶吉士，占比 11.8%。三甲進士在殿試中名次過低，除非在朝考中有超常發揮，否則很難入選庶吉士。

分發部院衙門見習的進士有 13 人，一般一年後以主事任用。明清京官仕進優於外官，京官晉升相對難度小，地方官上升競爭激烈，因此留在部院見習的出路僅次於預備翰林。13 人中，吳玉堂原本就是兵部候補主事，正七品官，中進士後以兵部主事即用。為何已經是朝廷命官的吳玉堂要「回爐」應試？首要原因便是科舉是官場正途，進士是正途中的菁英，朝廷遴選官員首重進士出身；其次是，許多官職限定了必須是進士出身的任職條件，主要集中在吏部、禮部、學官等領域。進士出身既可加重日後進步的份量，又可以擴展任職範圍，吸引了不少非進士出身的官員回爐考試。吳玉堂的特殊情況還在於他的兵部主事是「候補」的。清朝中期以後，官多職少，官員紛紛候補，有長達數年甚至十數年之久的。而進士出身免去了吳主事的候補期，何樂而不為呢？新進士中還有一名陳蘭策，是候補同知，正五品官，情況應與吳玉堂相同。

分發各省任「即用知縣」的 87 人，其中陳蘭策免去候補，以同知即用。走這條路的進士最多，超過了三分之一。所謂即用，也是相對候補而言。地方官職亦僧多粥少，各省皆積壓了大批分發到省的官員候缺。新進士到各省後，自然也要排隊。作為優待，一旦縣份出缺，儘先安排新進士任職，稱為「即用」。理論上，新進士相比其他出身官員可免候補期。實踐中，清朝中期後，地方督撫壟斷轄區官員調署權，進士的任職優勢並不明顯。《道光實錄》道光二年（一八二一年）記載，江蘇督撫違例將專管河務的縣丞王國佐，兩次委署吳江知縣，長達數年之久，正式的吳江知縣傅廷蘭遲遲未能實任。傅廷蘭便是嘉慶十年分發地方的即用知縣，此時距離他考中進士已經過去十六年了。

剩餘的 59 人，占比將近四分之一，需要實際情況實際分析。

他們當中的絕大多數人「歸班銓選」——《嘉慶實錄》中沒有載明人數或名單。對於科舉名次墊底，或者被認為年紀過大、過小、迂腐顢頇及有不適合任職的（如殘疾），通常進入帝國漫長的候補官員隊伍，等待各種挑選機會，稱為「歸班銓選」。比如，山東魚臺人馬邦舉，嘉慶十年中進士後歸班候選知縣，後來接受教職，出任曹州府教授，正七品官。朝廷通常將才能平庸、缺乏蒞民之才的官員改任品級相近但職責單純的教職。馬邦舉的傳記也承認他「幼時讀書性稍遲，比長，穎悟頓開」，變相承認了馬教授天資一般。

他們當中也有因病重、年邁、丁憂、奉養等各種原因無法出仕，或者自動放棄仕途的進士。後者最著名的可能要算《紅樓夢》中的賈寶玉了。賈二爺考中進士後，出家雲遊去了。在全社會的高度關注與資源傾斜之下，考中進士儼然是光耀門楣的盛舉。它寄託了整個家族的期盼、支持與犧牲，耗盡了應試者的青春、心智與理想。我們不能排除有人將進士高中作為人生的終點，當作給他人的「交代」，無興趣亦無心力任職，便選擇了放棄。

最後一途的 59 位進士中有 37 位查無任何仕途紀錄，占比將近三分

之二，足見此途「官運堪憂」。其中「歸班銓選」的進士，在同年昂首步入翰林院的同時黯然離京回籍，等候吏部選官，短則數年，長則十多年。山東濰坊人郭圩，當年 37 歲，回家候選知縣。郭圩家境一般，以進士之尊在鄉里開設私塾謀生。九年後，吏部通知郭圩赴任雲南省恩安知縣。雲南僻遠，恩安土瘠民貧，有出了名的陋邑。郭圩攜家帶眷赴任，第二年春死在了雲南旅舍，享年 47 歲。這是一個令人悲傷的故事。廣東南海人、名列三甲末尾的馮本泰也回鄉候選。馮本泰熱心公益，組織能力較強，鄉親們便推舉他為南海縣三堡保正。馮保長「上任」後遠近憚服，興利除害，行而有效。進士身分對他多有裨益，比如南海縣境內江河交匯地形複雜，常有盜匪出沒，馮本泰便能直接向廣東巡撫呈請，為家鄉爭取到添設官兵駐守，大大緩解了匪情。造福鄉里或許就是馮本泰考中進士最大的作用。這也從另一個角度說明，進士功名雖然沒有給部分進士直接的官職，但在其他方面給予了補償：社會地位、處世實權等等。

二甲中只有兩個人分流到了這最後一類。一位是「李新祐」。《湖南通志》和臨湘地方網站都有李新祐考中進士的記載，可惜其人之後渺無音訊，極可能是歲近暮年，或身染重疾甚至逝世，無法出仕。另一位是「蕭漢申」，能搜尋到知縣任職紀錄。蕭漢申極可能在朝考中表現太差，歸班候補得官。

三甲中有 57 人分流到了最末一途，占三甲總人數的 39.6%，占末途總人數的 96.6%。可見三甲進士在首輪仕途篩選中就遭遇了困境。57 人的日後品級幾乎都是正七品，只有齊元發一個人超過了正七品。《道光實錄》道光十一年記載，「崖州知州齊元發於所屬地方黎匪糾眾搶掠，不能先事查拏，稟報又復遲延，日久未能緝獲」，革職。當時距離考中進士已經過去二十五載，可見齊元發的仕途並不順利。另，當年的末名進士胡秉鈞，也在這最末一途，日後降職為訓導，從八品，是「同學會」裡品級最低的。

曲江宴罷，天各一方；鴻雁難覓，山海茫茫。

嘉慶十年243位進士，曾於嘉慶十五年編印出版了《嘉慶十年乙丑科會試同年齒錄》，記載了截至當年的各自情況。可惜，我沒有找到這本「同學錄」。該齒錄截止年月太早，對眾人仕途發展的研究意義不大，最大的價值或許是記錄了大家五年內的去向。今人編有《清代官員履歷檔案全編》，我也沒有這套大部頭，不知道收編有多少嘉慶十年的進士。透過查詢清實錄、《清史稿》、《皇朝經世文編》、《皇朝經世文續編》、《皇朝經世文三編》、《清朝通志》的電子資料庫，得出乙丑科進士仕途發展情況如附件《嘉慶十年乙丑科進士仕途統計》。

該年進士有37人查不到仕途紀錄。（他們在仕途之外多有痕跡，比如馮木泰在老家當鄉紳；他的同年夏正笏在湖北的鄂南書院教書。）剩餘的206人宦海留痕，其中仕途終點可考者106位，餘下一百位只能查到某時段職務，無法確定是否是終點。比如，查秦繩曾由刑部員外郎轉御史，「剛直敢言，彈劾不必權貴」；他因為帝師秦承業之子，子受父蔭，賞加四品卿銜。秦繩曾仕途終點未明，統計為四品卿銜。對於仕途幾上幾下的情況，如起伏間隔長久，取最後職務；如是最終斷崖式、懲罰式貶職，則統計最高官職。

清朝從三品官在地方為鹽運使，在中央為鴻臚寺卿、太僕寺卿一級的官員，不歸吏部銓選任免，需請旨而行；調動、整合資源的能力很強，具有全國影響力或聲譽。從三品及以上官員可算是最高階群體。進士的仕途起點為七品；從七品在地方為州判，在中央為翰林院檢討、國子監教授與博士一級的官員。自從七品至正四品的官員，處於官僚集團的中層，實權與影響力都比上不足、比下有餘，我們視之為中間層級群

體。正八品及以下官員是佐貳、雜職和教職，無論實權與影響力，還是物質收入都相當有限，僅僅是強過富裕百姓的低階群體。乙丑科進士有 21 人躋身高階官僚，占可確定人數的 10.2%。考慮到高階官員在清實錄等資料庫中無痕無跡的可能性極少，該科高階官僚的數字可信度很高，在總人數中的占比約為 8.64%。根據對同治七年（一八六八年）進士的統計，該科 275 名進士最後官位達到三品及以上的為 19 人，占比 7%。這是六十多年後的比例。考慮到同治及以後政治變動明顯，授官較為氾濫，進士躍升品級易於嘉慶十年，乙丑科高階官員的比例已經很高了。尤其是，乙丑科出了一代權臣、掌握道光朝實權二十餘年的穆彰阿，含金量很高。有人稱乙丑科進士為「龍虎榜」，是有一定道理的。

即便是臥虎藏龍的龍虎榜，進士躍升到高層的比例也不到百分之十。

絕大多數乙丑科進士停留在中間階層，計有 183 人，占可確認人數的 88.83%。另有兩人下降到了低級階層，占比 0.92%。這其中又有 124 人凝固在了正七品的起點。奮鬥一生，晉升到七品以上的只有 78 人，占比 37.86%，稍高於 1/3。再考慮到那些在金鑾殿前如同彗星般劃過，之後便消失在江湖山野的 37 名「失蹤的進士」，我們可以得出結論：

對於大多數進士而言，高中皇榜之日就是人生的亮點時刻，從此再未超越。

乙丑科進士終於（可能終於）官職最多的前三位分別是知縣、知府、編修。就官職種類而言，仕途終於州縣官員的最多，占比 58.4%，這與地方官員占朝廷官缺多數的現實有關。留在京城做學問的進士約占 17.8%，種類居次。這與進士「優於學問」的社會認知是一致的。

朝考分流的影響，日漸發酵，最終產生了巨大差異。庶吉士的發展是四類同年中最佳的。81 位庶吉士有 14 位躍升到了高層，占 17.28%。

成功晉升的有42位，占比51.85%，都遠遠高於平均數，不負朝廷栽培之意。

入選庶吉士的本就是進士中的佼佼者，躍升高層的更是菁英。然而，並非庶吉士都能獲得晉升。三甲入選庶吉士的17人中，除帥承瀚、穆彰阿、色卜星額、崇綬四人仕途進步外，其他13人都止步於七品。而後三者多少受益於他們的八旗身分。可見，庶吉士未必是每個人的仕途助推階段，它只為奮鬥者提供靠前的起跑線，不給坐享其成者提供保溫箱。

朝考分流分發部院主事的13人，有6人日後晉升，占比近半，同樣高於平均值。

即用知縣86人，有68人依然是正七品，占比79.1%。其中，只有鄭祖琛一人，從知縣奮鬥到了雲南巡撫兼署雲貴總督、太子太傅，穩居高層；另有正四品道員一位，知府、知州多人，都沒能從知縣奮鬥到高層。隋唐前，宰相起於州縣；隋唐後，州縣漸成濁流，仕進不易。嘉慶十年即用知縣晉升乏力，為此又添一例。

至於59位歸班銓選或無法出仕的進士，只有22人有仕途履歷。另據《嘉慶二十五年會試同年齒錄》統計，當年歸班銓選的55人到過了十三年編輯齒錄時的道光十三年只有4個人獲得官職，占7.27%；而不少庶吉士、即用知縣已經多數獲得實職，且有升至正四品的。當年即用知縣98人，已有62出仕，占總數的61.22%。可見，歸班銓選仕途比前幾類更難、更慢。

朝考分流的差異，本質上是仕途路徑的差異。清代選官重京官，京官身處政務中樞，視野寬、站位高、資源多，又接近權力核心，尤其是翰林院諸官，隨侍皇權，其聰明才智容易上達天聽，更容易獲得晉升。另外，清代官員升轉有慣例與順次。比如，京察優異的翰林、御史外放

知府乃至道臺，優於州縣官升知府。又如，編修升遷至品級同於巡撫的內閣學士，難度遠遠小於知縣升遷至巡撫——除非天降機緣，知縣升遷至巡撫，難於上青天。這便造成了庶吉士與部院主事的仕途發展，要勝於即用知縣、歸班銓選及其他同年們。

整體的歸納總結與冰冷的數據分析，掩蓋了個體的喜怒哀樂徬徨奮鬥。沒有個體，哪來群像？而乙丑科進士的宦海起伏中，隱藏著清朝仕途的規律。

乙丑科日後官居一品的進士一共 7 人，按進士錄取名次排序為：何凌漢、孫爾準、姚元之、鄭祖琛、覺羅寶興、穆彰阿、那清安。7 人中有 6 人出身於翰林，其中 5 人是庶吉士起點，那清安雖然已主事起步，但幾年後回流翰林院任職。這與人們熟知的「非翰林不入內閣」基本相符。唯一例外的是鄭祖琛，朝考後分發江西任知縣。他當年只有二十一歲，在此後的四十多年從沒犯錯，並且足夠幸運、足夠長壽，把握住每次晉升機會。鄭祖琛在江西省完成了從知縣到道臺（正四品，中層官僚的頂級）的躍升，之後外調他省，歷任道臺、鹽運使、布政使、巡撫、署理總督，加太子太傅銜。地方官在上升空間、晉升機會、升遷順次等方面明顯弱於京官，鄭祖琛的成功，是極度幸運的罕見例子。

皇帝的垂青，必不可少。七人中最典型的當屬覺羅寶興。寶興仕途早期並不突出。嘉慶十八年白蓮教徒殺入紫禁城，寶興當時正從上書房值班出來，在東華門遭遇教徒，馬上返回報警，為宮中應對留出了時間。嘉慶皇帝還京，立刻擢寶興為內閣學士，第二年實授禮部侍郎，躋身高層。客觀講，寶興政治素養一般，能將「高宗」誤寫為「高祖」，此後屢起屢伏，仕途坎坷，但已經進入了皇帝的視野，即便坎坷也是高層次的升降。寶興的第二次機遇降臨在道光二十一年，在四川總督任上升為文淵閣大學士，留任總督。當時，大學士琦善、協辦大學士伊里布相繼罷免，內閣中滿族大臣缺員。資歷深厚的寶興便成了皇帝最現實的選擇（從中亦可見民族成分對官員升遷的重要影響，清朝畢竟是滿族統治的王朝）。

新皇帝登基之初，通常即著手栽培心腹重臣。道光皇帝登基之時，留意培養滿族、翰林出身、年富力強、官居次高品級的官員。乙丑科進士中有兩位「候選人」：穆彰阿、那清安。兩人都符合皇帝的標準，都出任過多個部委侍郎，能力與資歷都到了尋求突破的時候。他倆都在道光元年躍升部院正職。那清安之後沒能再進一步，一是因為年紀偏大或身體病弱，於道光十四年去世；更重要的是性格「持正」，政治上不夠靈活。穆彰阿最終勝出，就勝在城府深厚、手腕高超。嘉慶二十年（一八一五年），穆彰阿署任刑部侍郎，剛正敢為，一日之內呈上二十多件斬立決的奏本。嘉慶皇帝卻認為他積壓案件，貶其為光祿寺卿。穆彰阿經此挫折，政治上迅速成熟起來，終成一代權相。

一品大員中有兩位名人之後：孫爾準是廣西巡撫孫永清的兒子；姚元之是大學問家、桐城派祖師姚鼐的孫子。家庭背景或多或少對子孫的仕途有所裨益。孫爾準從小耳濡目染了父輩行政之風，出翰林外放知府後，傑出的行政能力在地方如魚得水，從地方直升為閩浙總督。姚元之則繼承了祖輩文風，留在京城做學問。他的實操、政見俱非傑出，以文才見長，是清朝著名書法家，深得道光喜愛。可惜，姚元之後來與同年穆彰阿在洋務問題上意見不合，於道光二十三年被後者在京察中藉口「年衰」而「被退休」。

當然，家庭背景並非一定會助力子孫博取高位。乙丑科中還有兩位名人之後：山東聊城人傅京輝是順治狀元傅以漸的後人，民國教育家、學者傅斯年的先人，朝考後淪為第四途，只有巴縣知縣的仕途履歷；崇綬是乾隆朝宰相、一代名臣阿桂的曾孫，朝考時「所作詩文俱屬平

常」，皇帝開恩選他入庶吉士，「散館所作詩賦仍復平等」，最後加恩賞崇綬為藍翎侍衛，後情無考。兩人似乎都未得到家庭背景的滋養，家庭背景也未幫助兩人進一步躍升。

孫爾準等四人的履歷表明，上流階層子弟既有維持高位的，也有不能保持既有位置，向下層淪陷的。前者保持了政治傳統，有助於同化躍升到高層的新人；後者則騰退出了上層空間，保證了社會的流動性。中國傳統社會的流動性，在此也添一例。

科舉考試領跑的前三人，沒能在仕途發展中保持優勢。狀元彭浚，仕途終於順天府丞兼學政，這是一個正四品的中級官位。他的簡歷顯示，其人文采沒有問題，一度擔任過道光皇帝的老師，卻仕途進步緩慢、最終沒有獲得提拔，最大可能是政治實操能力一般。榜眼徐頲，在清實錄中有比較詳細的履歷，顯示其長期擔任皇家教習，似乎沒有承擔過需要負實際責任的行政職位，最後官職是以內閣學士之職提督安徽學政。道光三年，實錄記載追贈徐頲侍郎銜，估計徐頲考中進士時年紀不小或身體病弱。道光對他的追贈，或許是對他教習皇子皇孫的獎勵。探花何凌漢，頗為大器晚成，道光六年時，五十四歲考中進士，二十一年後出任順天府尹，仕途始終在京城各衙門升轉，擔任過大理寺、都察院和六部中除了刑部之外的堂官，終於戶部尚書。他是京官晉升的典型。一甲三名進士，仕途發展都遠超於二三甲平均值，但高起點並沒有完全轉化為仕途結果。政治實操畢竟與科舉考試形神俱異。

平步青雲者揭示政治規律，仕途平淡乃至失意者，也有「失敗的意義」。

相當一部分仕途不暢，客觀因素使然。最大的客觀因素是無常的生命。漫長的科舉考試相當耗費心力，許多考生皓首窮經，考中進士時身體羸弱或者年事已高。比如，歐陽敬任知縣第二年即病逝；牟安儒考中時已過知天命之年，一任知縣即告老還鄉；汪繼培乙丑年也已五十四歲，分發吏部不久即告假返鄉，再未復出。當然，年齡也不一定是仕途利器。雲南鶴慶人、乙丑科三甲進士段克瑩，時年僅十八歲，極可能是同年中最年輕者，後任貴溪、上饒知縣，再未進步。另外，孫源湘在庶吉士求學期間，請假而去，再未復出；李黼平入選庶吉士不久，辭官而去；李鴻祖一任知縣期滿，回鄉讀書自娛。

違法違紀等犯罪是另一大仕途失敗的重因。比如，汪汝弼散館後在泰山知縣任上貪贓枉法遭處分，後情無考。歐陽瑚、葉以倌等人不僅罷官，還發配邊關贖罪。乙丑科的傳臚（二甲第一名）徐松，當年才二十四歲，風華正茂，發展也遙遙領先同年，授翰林院編修，入直南書房，又得到大學士舉薦，任全唐文館總提調兼總纂官，還奉詔纂輯四庫全書，二十九歲便出任湖南學政，少年得志，朱紫眼看唾手可得。遺憾的是，徐松在上升的慾望和官場的壓力夾擊之下，上任不到一年就被御史奏參需索陋規、出題割裂聖經等九款罪狀。後經查明，徐松刻印自己作品、攤派生員購買牟利，遭罷官並流放新疆伊犁。徐松年輕氣盛，政治上極不成熟，升得快也跌得慘。流放後，徐松的人生徹底扭轉，從政壇明星變為西北史地第一人。

仕途升遷規則複雜，遠非三言兩語或白紙黑字能夠概括，更不能明確才能、政績等的權重。相反，政治制度自誕生之日就發展出獨立的邏輯，官員個體完全不能與之相抗，只能被動接受制度的裁決。乙丑科即用知縣楊嗣曾，順利升遷為登州府知府，後先降濟寧州知州，再降日照縣知縣，又從知縣升遷為臨清州知州，二度出任濟寧州知州，兩度起伏都沒有離開山東省，卻耗盡了楊嗣曾的政治生命，在知州任上休致。同年進士、湖南桃江人符鴻，是一個品行高尚之人。三年前，符鴻與同鄉陳瓊一起赴京會試，考過兩科之後放棄了功名扶病重的陳瓊回鄉。途

中，陳瓊病逝。符鴻就扶柩歸鄉。當年考官找不到符鴻的第三份答卷，得知情況後深為惋惜。三年後的乙丑年，符鴻中進士，分發河南，先後任淇縣、衛輝、靈縣知縣，後因母親去世回籍丁憂，復出後任來安、婺源知縣。符鴻資歷深厚，著述豐厚，卻始終未得提升。二甲第八十九名進士奚大壯中試後授湖北應城知縣，幹勁十足、卓有政聲，接受嘉慶皇帝的垂詢接見；兩次成功處理轄區的大旱，保境安民，得到官民交口稱讚。按說，奚大壯仕途看漲，不知為何遲至十一年後才升知州。道光元年其父重病，奚大壯離任回籍奉養老父。奚大壯是著名詩人，留有一句詩：「他年了卻風塵債，來與彌陀結淨緣。」千百年來，多少進士沉溺州縣，宦遊四海、隨波逐流，了卻一生。他們應該是進士的主流。

進士中名位不顯，但風骨凜然，不為外物所動堅持自我的那部分人，尤為可敬可佩。乙丑科進士賙濟，好讀史，喜觀古將帥兵略，騎射擊刺藝絕精，是文武雙全、學問與實操俱佳的人才。殿試之前，有人勸他：「答對策時，言語不要過激。」賙濟回答：「我剛考中會試，怎麼能欺君呢？」廷對時，賙濟縱言天下事，字跡都寫到了框外，結果列在三甲、歸班銓選，後來又改為淮安府學教授。知府王轂祭孔時不敬，賙濟面斥其過，兩人關係緊張。賙濟不得不因病告歸。兩江總督孫玉庭深知賙濟有才，有意栽培，委任他治理淮南北的鹽梟。賙濟調集營弁，勒以兵法，不久又感嘆：「鹽務不理根本，只是緝私，私不可勝緝。」鹽梟氾濫，根源在僵化腐敗的官營體制。賙濟最終掛冠而去。

山東省臨沭人王椽，二十三歲就考中舉人，中舉後以教書為業，後透過大挑擔任過多屆教諭，同時堅持考試不斷，終於在五十八歲高齡考中三甲第六十一名進士，分發湖北候補一年多無缺，又轉到河南候補，一年多仍無缺可補。候補期間，其父病故，王椽丁憂回籍守孝。候補及守孝期間，王椽沒有俸祿，又中斷了教學，生活拮据。同科進士、江蘇某知縣孫某邀他前往幫管田賦，並默許他以公肥私，本意為接濟王椽的生活。但是王椽清廉自守，不取一絲一毫，只領工錢。守孝期滿，王椽赴湖北候補，於嘉慶二十年春得到了京山知縣的實缺。當時，王椽已是六十七歲高齡了，興奮赴任。京山縣地處偏僻，政務長期疏忽。王椽上任後，建章立制，懲治敗類，穩定社會。民眾擁戴王知縣，一年後為褒揚其政績，特尋捕一大蟒蛇作為重禮相送。王椽一瞧見大蟒蛇，頓時昏死過去，治療無效而亡。

任何時代，向上流動皆非易事。嘉慶十年，朝廷發出了 243 張躍升最高層的入場券。但只有不到四成的人的地位有所提升，只有一成的人最終躋身高層官僚。多數進士停留在了官場的中下層。即便如此，進士相對其他功名，仕途優勢明顯，他們起碼有直接任官資格。而據統計，舉人有官職者的比例為 69.61%；貢生 27.72%；監生 4.19%。除極個別人外，舉人大多官至知縣，最高官至知府，比例約 1%；貢生大多官至訓導，教諭，最高官至知州，比例不到 0.1%。

進士中抵達高層者，幾乎都擁有翰林出身、京官快速晉升、外放封疆或謀求部院堂官的「成功路徑」；仕途失意者卻沒有明顯的「失敗路徑」。絕大多數進士或因為客觀限制，或困頓於制度與機遇，或淡泊名利，或風骨凜然不與官場合流，未能升遷，同樣書寫了豐富多彩的人生。他們中的許多人還將學術研究、文藝創作、教書育人等與仕宦生涯相伴隨，在其他領域鐫刻下了不可磨滅的印記。評價成敗的標準，不應該是唯一的品級高低、權勢尊卑。因為篇幅所限，乙丑科進士中眾多平淡無聞的人生不能一一展現，只能按時間為序輪播同年們的歷史瞬間：

嘉慶十七年，白鐘岳押運滇銅，遭遇極端天氣，在宿遷守凍。

道光元年，兵部查辦軍臺廢員，葉以倌蒙恩當年放回；歐陽瑚第二年放回。

道光三年，郭階平出任陝西蒲城知縣，此時距離他考中進士過去十八年了。

道光四年，道光皇帝親自評閱翰詹官員考卷。侍讀學士德遐學問不精，遭勒令休致。

道光十四年，漕運總督朱為弼在查辦漕運水手幫派械鬥殺人事件，當時他已多病纏身。

道光十七年，兵部司員陳宗疇引見時傾跌失儀。兵部奉命調查「陳宗疇是否偶爾失足，抑係年力衰老所致？」

咸豐三年，太平軍攻陷安徽桐城。一位老人自報家門：「吾前翰林院庶吉士、工部都水司員外郎馬瑞辰也！」馬瑞辰厲聲咒罵太平軍，遭太平軍殺害，時年七十九歲。

咸豐六年，六年前遭「革職，永不敘用」處分的一代權相穆彰阿病死。

後記

一個駐守長城的秦兵漢卒，職業生涯的大部分時間想必是持槍佇立在城牆上，遙望塞北的春花秋草，思念背後的故土親友，有時分心去盤算今日的醃菜、明日的值更；一名謀食運河的漕運船戶，是無暇欣賞運河兩岸的南北差異、風土人情的，他每日思索的不是期限、工錢，就是如何行船安全、如何打點漕標兵丁，或許他真的就在漕船上夾帶走私，甚至盜賣漕糧；一位行走州縣官府衙門的紹興師爺，長期在狹小的簽押房裡埋首案牘，也有很大機會患上腰肩疾病，擔心視力問題，年少時所學的草長鶯飛早已消磨成為上憲云云；一名從小家碧玉到尋常主婦的古代女子，做完今日的家務就要忙明天的三餐，撫養大兒女又要拉拔孫輩，人生重複幾百年前先輩的軌跡，所謂的「月上柳梢頭」與「無定河邊骨」都是平淡生活的異數⋯⋯他們不是歷史的主角，幾乎不可能在史籍上留下吉光片羽；他們也不是歷史的勝利者，不會留傳有他們的傳說戲曲。但是，他們是中國歷史的皇天后土，是我們的祖先。我們絕大多數人會沿著他們的人生軌跡行進。

本書就是有關中國歷史上的小人物、失敗者和配角的傳記合集。

每一位成功者，書寫勝利的歷史，將經驗教訓鐫刻永恆，無可厚非。但歷史不全是凱歌和掌聲，還有折戟沉沙和默默無聞。兼顧這些失敗者和無名之輩的人生，閱讀他們的故事，後人才能對歷史有一個全面、細緻的了解。比如，耿恭和玉門關十三勇士的事跡，讓後人感慨以一敵百的英雄氣概，國家不該遺忘每一位為國戰鬥的勇士。他們的歷史，是東漢前期漢朝的西域史。另一個類似的「失敗者」或許是李陵，

「將軍百戰聲名裂。向河梁、回頭萬里，故人長絕」。當年，李陵送別蘇武回歸漢朝時感慨，你我一別，你將名垂青史，我則成了飄蕩在草原的孤魂野鬼。李陵不應該成為無家可歸的孤魂，他是西漢匈奴戰爭的見證者，身上同樣閃耀著人性的光輝和英雄的氣概。又比如，後周韓通的故事揭示了另一面的歷史。那便是勝利者有目的地塗抹歷史，「塑造」歷史，進而扭曲了真相。所幸的是，歷史的痕跡不可能被完全抹清，故紙堆中的微光粉粒留下了微弱而強有力的線索。挖掘韓通這樣的「失蹤者」，歷史才能顯露出全貌。

歷史的智慧不單單存於帝王將相身上。主角的光芒，有助於他們的思想的傳播、精神的流傳。但每個人都是鮮活的，每個思想都是平等的，販夫走卒身上依然有思想的火花，有可取之處。成功是一個複雜的事件，而失敗同樣複雜。了解失敗者、湮沒者的所思所想，相信同樣有所裨益。不成功的思想既可以反證成功的意義與原因，也蘊含著之所以不成功的深層價值。比如，宋襄公的失敗有目共睹，但他對規則的堅持、對理念的遵守，依然值得肯定。沒有規則的環境下，任何人的成功都是沒有保障的。又比如，東晉末代皇帝司馬德文是一個亡國之君，但他從反面赤裸裸地揭示了皇權自我強化的內在邏輯：權力就是性命。再比如，王義方的「管不住嘴」，是功利和內心的掙扎，是識時務與堅持原則的糾結。他所處的困境，不會是孤例；他所做的抉擇，不會毫無意義。那些不懂得藏鋒，不會隱忍，率性而為的政治人物，自有其存在的價值，值得他人尊重。有的時候，成功的經驗總結會淪為千篇一律的說教，而失敗者的教訓汲取，可能更有助於後人修正人生道路，解剖現在、認知未來。

能夠留名史冊的，畢竟是少數中的少數。在宏大敘事中，只有這幸運的極少數才有機會出場，才擁有各自的故事，而其他人成為了「數以萬計」、「成百上千」中的一個個無名小點。對於宏觀歷史來說，每個人都微不足道。但對於親友故交來說，我們每個人都是一部厚厚的歷史。子女是父母的整個世界；每個人都在書寫各自的世界史。相信沒有人希望自己成為統計數據中的一點。本書就提到了許多既沒有歷史象徵意義，又沒有留下思想財富的小人物。比如，早唐的張弘愈畢生都沒有走出嶺南，沒有值得一書的事跡，沒有豐富的人生旅程，但對於張九齡來說，他是父親、是人生篇章中的起始頁；比如，劉保只是一個明朝可憐人，終身飽受侮辱、殘害與誤解，但他是父親畢生的牽掛、終身的遺憾。他行走在祖國的大地上，一心返回山西老家；再比如，周覺春只是南方鄉間微不足道一少年，只在訴訟檔案中提及幾筆，但他是母親的命根子，是堂兄弟心中的相互依靠。每一個個體都是獨一無二的，每一個個體的歷史都值得書寫和銘記。

人生沒有標準答案。沒有人一出生就注定成功，命運是不斷選擇的結果。不同的選擇導向了不同的人生，不同的選擇塑造了人的善惡。人生的結局掌握在每個人手中。傅游藝可以選擇不跪，繼續按部就班當一個唐朝中期的官僚，而不必冒險，最終遺臭萬年、禍及子孫；柳同春可以選擇認命，不念過去，不討說法，但他沒法向遇害的滿門親屬交代，他心裡過不去這道「坎」；曹綸可以延續困窘的破落戶生活，不必為人生冒險，也就不會有之後的故事。世間本沒有善惡，也沒有美醜，都是人們選擇出來的。每個人的觀念、認知、能力不同，選擇時面臨的環境千差萬別，背負的壓力、期望千奇百怪。一個細微的因素可能導向重大偏差。因此，選擇是沒有參考答案的。沒有兩個選擇是完全相同的。這是歷史的弔詭之處，也是魅力所在。

本書盡量挖掘不為人知的事件配角、犄角旮旯的歷史人物。一來受學識所限，一來受史料限制，最後的「成品」存在不少缺陷。本書諸多

人物中，只有李香君一位女性。女性在中國古代歷史上是被忽略的群體。因為忽略，所以史料難尋，權以勇敢追求幸福且氣節凜然的李香君作為女性的代表。

〈嘉慶十年進士同學會〉一文，與其他文章體例差別巨大，但因研究的是進士群體命運，更像是一篇群像傳記，故作為附錄收在書中。

有許多想寫的人物，最終沒能落筆。在此略提一二：南陳取代南梁後，蕭梁宗室在北周庇護下，割據江陵一隅，延續了數十年國祚，史稱「西梁」。我本想寫作西梁君主蕭詧。這位兒皇帝後期鬱鬱寡歡，每誦「老馬伏櫪，志在千里，烈士暮年，壯心不已」未嘗不揚眉舉目，握腕激奮，久久嘆息不止，最後在壯年因憂憤而背部發疽致死；嘉慶十年的傳臚徐松，而立之年出掌湖南學政，一年後科場案發，罷官流配新疆，仕途盡毀後卻誕生了「西北史地第一人」；稍晚的道咸年間官員張集馨，留下了一本《道咸宦海見聞錄》，宦海沉浮幾十年，卻每每在距離封疆大吏咫尺之遙時錯失機會。他是一個有才能、敢作為，政績歷歷可數，又沒有汙點的官員。恰恰因為有才而傲物，自信而超脫，張集馨不事鑽營逢迎，最終止步藩臬。

本書的文章，寫作的時間跨度極大。各篇品質也良莠不齊。我常常自我寬慰：每一本書都是作者遺憾的作品。本書亦如此。圖書難免存在差錯，我對書中的史實錯誤負責。

張程

不想青史留名，只想獨自瘋癲！淹沒於歷史的「配角」：

白痴皇帝 × 失蹤進士 × 無為御醫 × 終身賤民，歷史不全是凱歌和掌聲，還有許多未留名的默默無聞！

作　　者：張程
發 行 人：黃振庭
出 版 者：崧燁文化事業有限公司
發 行 者：崧燁文化事業有限公司
E-mail：sonbookservice@gmail.com
粉 絲 頁：https://www.facebook.com/sonbookss/
網　　址：https://sonbook.net/
地　　址：台北市中正區重慶南路一段六十一號八樓 815 室
Rm. 815, 8F., No.61, Sec. 1, Chongqing S. Rd., Zhongzheng Dist., Taipei City 100, Taiwan
電　　話：(02)2370-3310
傳　　真：(02)2388-1990
印　　刷：京峯數位服務有限公司
律師顧問：廣華律師事務所 張珮琦律師

定　　價：350 元
發行日期：2024 年 01 月第一版
◎本書以 POD 印製

國家圖書館出版品預行編目資料

不想青史留名，只想獨自瘋癲！淹沒於歷史的「配角」：白痴皇帝 × 失蹤進士 × 無為御醫 × 終身賤民，歷史不全是凱歌和掌聲，還有許多未留名的默默無聞！ / 張程著 . -- 第一版 . -- 臺北市：崧燁文化事業有限公司 , 2024.01
面；　公分
POD 版
ISBN 978-626-357-890-6(平裝)
1.CST: 傳記 2.CST: 通俗作品 3.CST: 中國
782.1　　112020868

電子書購買

臉書

爽讀 APP